主编
王以欣
张　翼

雏凤清声
——外国语言文学研究生学术文集

南京大学出版社

图书在版编目(CIP)数据

雏凤清声：外国语言文学研究生学术文集 / 王以欣,
张翼主编. — 南京：南京大学出版社, 2024.7.
ISBN 978-7-305-28205-8

Ⅰ. H09-53

中国国家版本馆 CIP 数据核字第 202479JT83 号

出版发行	南京大学出版社
社　　址	南京市汉口路 22 号　　邮　编　210093
书　　名	**雏凤清声——外国语言文学研究生学术文集** CHUFENG QINGSHENG——WAIGUO YUYAN WENXUE YANJIUSHENG XUESHU WENJI
主　　编	王以欣　张　翼
责任编辑	董　颖　　　　　　编辑热线　025-83596997
照　　排	南京南琳图文制作有限公司
印　　刷	苏州市古得堡数码印刷有限公司
开　　本	787 mm×960 mm　1/16　印张 16.5　字数 296 千
版　　次	2024 年 7 月第 1 版　2024 年 7 月第 1 次印刷
ISBN	978-7-305-28205-8
定　　价	78.00 元

网址：http://www.njupco.com
官方微博：http://weibo.com/njupco
官方微信号：njupress
销售咨询热线：(025) 83594756

* 版权所有,侵权必究
* 凡购买南大版图书,如有印装质量问题,请与所购
　图书销售部门联系调换

序

"桐花万里丹山路,雏凤清于老凤声"。本文集取名"雏凤清声",意在凸显外国语言文学研究生培养的"传承与创新"。南京大学外国语学院一向注重培养研究生的学术创新能力,助其拓宽学术视野、锤炼实践才干,已形成优良的研究生教育传统。2022年和2023年,学院在江苏省文学类研究生教指委指导下得到南京大学研究生院的大力支持,连续举办了两届"传承与创新——外国语言文学研究生学术论坛"。论坛主题涵盖外国语言文学学科的文学、语言学、翻译学、比较文学与跨文化研究、国别与区域研究等方向,邀请相关领域专家学者进行主旨发言和学术指导。专家对投稿论文进行了遴选和评比,共有四百余位研究生受邀发言交流。各个领域的青年学者对每位同学的发言做了精彩点评并给予建设性的学术指导。《雏凤清声——外国语言文学研究生学术文集》收录了第二届论坛的论文成果。文章虽略显稚嫩,但研究生在学术上勇于探索的热情难能可贵。入选论文由专家评审和论坛编委评议,经过多轮修改后定稿。为了进一步鼓励与支持研究生学术创新,我们将其汇编,并由南京大学出版社出版。

南京大学外国语学院始终坚持以"立德树人、服务国家"为导向,重视科研育人,不断推动研究生培养的高质量发展。学院秉承"传承与创新"理念,要求研究生在掌握专业知识和研究方法的基础上,拓宽视野,开展扎实研究,并通过有组织的科研方式鼓励和支持学生参与高水平讲座、工作坊和丰富多样的国际学术交流活动,引导学生关注学术前沿问题,不断提升科研能力,并积极尝试在国内外高水平学术平台展示自己研究成果。近年来,学院以促进学生全面成才与个性发展为目标，不断推进研究生培养综合改革，完善培养方案。其中"高水平国际化外语人才培养体系的创新与实践"研究生改革项目获得2019年江苏省研究生教育改革成果一等奖。学院的各项举措在外语专业研究生的培养中发挥了示范引领作用。《雏凤清声——外国语言文学研究生学术文集》就是对当前外语专业研究生学术创新成果的检视，希望能够助力提升外语专业研究生培养质量，更期待研究生在今后的学术研究道路上越走越宽，不断取得新的优秀成果。

杨金才

2024年6月于南京大学侨裕楼

目 录

文学研究

分类、物化、他者化:《白鹭》中的人与动物关系 …………………… (3)
《死者》与"西不列颠人":乔伊斯的民族认同 …………………… (14)
论《斗士参孙》中的压迫与抗争 …………………… (26)
新历史主义视角下历史、现实与记忆的交融
　　——论大江健三郎《万延元年的足球队》的"真相"与身份 ………… (37)
令人不安的死亡:再论狄金森诗学中的"善终"传统 ………………… (48)
《天堂》中的"反成长"特征与古尔纳的流散书写 …………………… (63)
从面向大众到远离通俗
　　——《螺丝在拧紧》的刊载渊源与亨利·詹姆斯的创作矛盾 ……… (74)
婚礼、盒子与歌唱队
　　——《詹姆士》三部曲的仪式书写与身份政治 …………………… (84)
不成熟的小说读者
　　——凯瑟琳·莫兰与现实生活的哥特事件 ………………………… (91)

语言学研究

"NP + 不存在"结构中 NP 指称非存在性的预设理论分析 …………… (103)
"机器翻译腔"的语言特征聚类研究
　　——以原创汉语新闻文本与机译汉语新闻文本为例 …………… (114)

汉韩母亲称谓型程式感叹语比较研究 ……………………（133）
自我贬损还是自我增强？
　　——汉语自嘲言语行为的性别差异研究 ………………（144）
语用身份视角下的网络会话冲突管理 ………………………（156）
叹词"哇"的语用功能及多模态协同实现 …………………（168）
宁波方言框式状语"再/重新……过"的句法分析 …………（186）
西方评价理论与俄罗斯语言评价理论研究述评 ……………（201）
生态文明建设下中国环境新闻话语的隐喻研究
　　——以《中国环境报》为例 ………………………………（212）

翻译研究

叶公超汉译《墙上一点痕迹》翻译活动的社会学研究 ……（225）
概念史视域下进化论术语汉译历时研究
　　——以"Natural Selection"为例 ……………………（236）
文学经典复译研究
　　——以《少年维特之烦恼》两译本为例 ………………（246）

文学研究

分类、物化、他者化:《白鹭》中的人与动物关系

上海外国语大学　蔡欣如[*]

摘　要:萨拉·奥恩·朱厄特的短篇小说《白鹭》展现了动物的生命与人类的利益之冲突的伦理困境。而以往的研究多从生态女性主义的视角解读,其中,动物往往被视为自然的一部分,对动物们拟人化、象征性、隐喻性的解读也使动物问题没有得到更加深入的讨论。本文从动物研究视角出发,描写了人类中心主义思维方式下被分类、被物化、被他者化的动物;西尔维娅最终的选择说明了与动物的直接遭遇,正视他者"面容",为跳出人类中心主义框架、实现"为他者"的伦理提供了可能性。

关键词:萨拉·奥恩·朱厄特;《白鹭》;动物研究;人类中心主义;伦理困境

1　引言

萨拉·奥恩·朱厄特(Sarah Orne Jewett, 1849—1909)是十九世纪下半叶美国乡土文学的代表作家之一,她以独特的敏锐性、富有同情心和细腻的笔法,观察那个时代的新英格兰地区及女性的命运,主要作品包括《深港》(*Deephaven*)、《乡村医生》(*A Country Doctor*)、《尖枞树之乡》(*The Country of the Pointed Firs*)和以《白鹭》("A White Heron")为代表的诸多短篇小说。她的作品不仅打破了美国主流文化将男性作为创作主体、把女性作为附属品的角色模式,还超越了单

---

[*] 作者简介:蔡欣如,上海外国语大学硕士研究生,研究方向为英语文学,电子邮箱:1737998511@qq.com。

纯的社会范畴,表现了女性和自然的认同(金莉,1999:86)。以往的批评家多从生态意识或生态女性主义的视角解读朱厄特的《白鹭》,赞扬主人公西尔维娅,一个9岁的小女孩,没有受到金钱的诱惑,也没有为了取悦异性的鸟类学家而说出白鹭鸟巢的位置,使白鹭免遭鸟类学家的捕杀,体现了女性与自然的认同和对鸟类学家所代表的男性中心主义和工业文明的批判。其中,动物往往被视为自然的一部分,对动物们拟人化、象征性、隐喻性的解读也使动物问题没有得到更加深入的讨论。

近年来,由人类中心主义引发的生态危机已经引起人们反思。正如哈根(Graham Huggan)和蒂芬(Helen Tiffin)所说,人类自然而然地将自己物种的利益优先于大多数沉默的物种的利益之上;动物和环境往往被排除在人类的特权阶层之外,因此变为被剥削的对象(2015:5)。在后人文主义时代,理论界的"动物转向"(animal turn)也使动物研究成为一个融合众多学科的新兴跨学科领域。动物研究反对西方形而上学的人类中心主义,致力于消解人与动物之间的二元对立,而且也为人类思考自身的存在与他者性问题提供了有益的启示(李俐兴,2019:107)。本文从动物研究视角出发,考察人类中心主义思维模式下被分类、被物化、被他者化的动物,并认为与动物的直接遭遇,正视他者"面容",为跳出人类中心主义框架、实现"为他者"的伦理提供了可能性。

2 被分类的动物

一方面,虽然人类也是动物,但在讨论动物时,"动物"这个词往往指代多个非人类物种。人类通过把动物贬为他者、把自己"逐出"动物的范畴确立了自己的主体性,并自诩拥有区别于其他动物的独特性与优越性。然而,人与动物的二元对立已经开始动摇,人的独特性也受到了挑战——"语言、工具使用、社会行为、心理活动,没有什么能真正令人信服地将人类区别于其他动物"(Haraway,1985:68)。本文讨论的动物用更为严谨的说法是指"非人类动物",但为了避免语句冗长,多数情况下仍使用"动物"这一词语。

另一方面,人类对动物进行了各种各样的分类,并且经常以动物对人类的使用价值为标准。例如,在宗教上,动物可能会被分为神圣的和邪恶的、洁净的和不洁净的。另一个更常见的分类方式与动物居住的位置有关,即判断他们是否为人类文化的一部分——荒野中的动物处于人类文化的界限之外,而被驯化的动物处在人类文化的界限之内(DeMello,2012:47)。根据一些19世纪的学者如纳撒尼尔·谢勒(Nathaniel Shaler)的说法,驯化不仅是文明的标志,有助于推进文明使命,因为通过驯化动物,人类把自己从野生生物中区分开来;而被驯化的动物也成了"文明"的动物(Brantz,2007:76)。家畜与野生动物的区分,反映的是"文明"与"原始"的对立,动物(也包括被"非人化"的土著居民)被分类成"完全受控制的"与"尚未被驯服的"。今天,我们如何利用动物至少一定程度上决定了我们如何分类他们;而我们如何分类他们,也反过来决定了我们如何对待他们(DeMello,2012:45)。野生动物若威胁到农作物或家畜,就会被视为害虫、害兽,从而为清除这些动物提供合法理由;反之,动物若对人类有利,则会被称为益虫、益鸟、益兽。

短篇中,乌鸦就不受提利太太欢迎。从提利太太与鸟类学家的对话可推测,她种植了一些浆果和谷物,而乌鸦属于杂食动物,会影响秧苗和谷物的产量。因此提利太太对经常喂养森林里的小动物的西尔维娅说,"只要不是乌鸦,我都乐意支持。"(Jewett,1886:9)提利太太对乌鸦的态度反映出她作为农场主的利害考虑,因为家里并不富裕,所以不得不精打细算。而提利太太的儿子阿丹却驯养了一只乌鸦作为宠物。据说这只乌鸦"像人一样聪明",在阿丹离开后的一段时间还常常飞回来(Jewett,1886:9)。并且阿丹善于打猎,"有他在的时候家里从来不缺山鹬和松鼠"(Jewett,1886:8)。可见,阿丹既能与森林中的动物建立亲密的伙伴关系,也能继续屠杀其他动物,这看似矛盾,实际上也是人类中心主义思维方式对动物分类的结果——作为食物的动物和作为宠物的动物被区分开了。正如卡罗尔·J.亚当斯(Carol J. Adams)所说,动物成了"肉"这一载体背后"缺席的指称对象"(2010:66)。被"肉化"的动物的主体性遭到否定,动物一旦被认定是可屠杀的、可食用的、为人类提供肉类而存在的,这类屠杀行为就被自然化、正当化了,人类也就不会去考虑和共情被物化为食物的动物了。然而不论宠物(Pet)、害虫/兽(Pest),还是利润(Profit),都是人类衡量动物利用价值并进行分类的结果。短篇中的人物对乌鸦的不同态度表明,这些分类的界限并不是固定的,归根结底还是人类对动物的态度决定了动物的地位。宠物作为"被文明化的"(civilised)动物,地位看似较高,但也处于被动的一方;当阿丹不再需要那只乌鸦时,又或许是因为无法带着乌鸦一起离开,乌鸦就被抛弃了。

不论被驯养的动物,还是野生的动物,西尔维娅都一视同仁。她将母牛看作重要的同伴,即使母牛喜欢"恶作剧",每天晚上要回家时总是藏在越橘灌木丛里,还懂得保持静止不让铃铛发出声音暴露位置,西尔维娅也当作在玩捉迷藏,并不为此气恼;赋予母牛人格化的命名——"哞莉夫人"(Mistress Moolly)也体现了她对母牛情感上的依恋。走在森林里听见画眉鸟的叫声时,西尔维娅的内心也充满喜悦。"野生动物都把她看作自己的同类。松鼠和各种各样的鸟跟她熟得能到她手里来吃东西"(Jewett,1886:9)。弗洛伊德在《图腾与禁忌》(*Totem and Taboo*)中写道,"孩子们并不像成年的文明人那样傲慢地把自己和其他动物划分开来,他们毫无顾忌地允许动物与他们完全平等"(Freud,2004:147)。的确,身为孩童的西尔维娅无需考虑产量、利害等问题,因此不会以经济价值衡量动物,对她来说,动物们提供的更多的是情感价值。换句话说,西尔维娅的"不分类"其实是因为动物们与她还没有产生直接的利益关系。在鸟类学家谈到白鹭时,西尔维娅回想起第一次在沼泽地的草丛见到白鹭时的情景。她曾偷偷地接近白鹭,但这只是她独自在森林中冒险的一次发现,紧接着她的回忆就转向了那片总是充满阳光的开阔地,还有提利太太对沼泽危险的警告;她更向往的还是离这片沼泽地不远的盐滩地后面真正的大海,与白鹭的第一次相遇并没有引起西尔维娅过多的注意,白鹭对她来说只是生活在森林中的众多动物之一。直到鸟类学家将白鹭与10美元画上等号,西尔维娅才开始动摇。"那一晚,无论怎么想也想不出,这随便提到的10美元,能买多少自己渴望已久的好东西"(Jewett,1886:12)。再加上西尔维娅对这位年轻英俊的鸟类学家的倾慕,她想帮忙找到白鹭,以此赢得他的好感,尽管她知道鸟类学家会把白鹭枪杀后制成标本。

虽然对动物分类的背后是人类中心主义思维方式的价值考量,直接影响了人类对待动物的方式,但这种区分性思维在哈拉维(Donna J. Haraway)看来,几乎不可能消除,"因为人类正是通过分类来认识世界,人类所做的全部工作就是不停地对世界进行区分和分类"(李俐兴,2019:111)。然而,不论短篇中人物对乌鸦的不同态度,还是西尔维娅的动摇,都体现了分类行为本身存在的不稳定性,作者突出这一矛盾,引导读者意识到这种区分性思维,说明人与动物的关系也不会是一成不变的。

3 被物化的动物

人类中心主义长久以来将动物视为服务人类的工具,"动物可以是人类的劳作工具,可以是人类享乐的对象,也可以是人类的审美客体。动物围绕着人类的需求而在场"(庞红蕊,2014:35),笛卡尔的机械论哲学甚至认为动物是没有理性、感受不到痛苦的机器(Descartes,1998:32)。动物的精神世界也遭到否定,人们倾向于认为动物是一种边缘的"像物一样的"存在——没有内心世界、忧虑或情感(Philo,1995:656-657)。美国哲学家、伦理学家玛莎·C.努斯鲍姆(Martha C. Nussbaum)列举了物化的七个特征:工具化(Instrumentality)、否定自主性(Denial of autonomy)、惰性(Inertness)、可替代性(Fungibility)、可侵犯性

(Violability)、所有权(Ownership)、否定主体性(Denial of subjectivity);并指出所谓的物化就是用其中一种或一种以上的方式来对待一个人类(Nussbaum,1995:258)。虽然努斯鲍姆讨论的物化主要是针对女性的物化,但这对动物的物化也具有参考意义。亚当斯在《肉的性别政治:女性主义—素食主义批评理论》(*The Sexual Politics of Meat: A Feminist-Vegetarian Critical Theory*)中阐释了被"肉"化的动物与被物化的女性的相似性;并且认为对非人类动物的称呼"它"(it)也剥夺了他或她的尊严,延续了将动物看作是低等的物体或财产的观点(Adams,2010:95)。在生物伦理学或动物伦理学中,物化是一种基于价值的概念,指擅自将动物工具化(unpermitted instrumentalization)、用作牟利的手段(Leyk,2020:108)。短篇中,除了把动物视为工具,还有另一种更直接的物化——把动物制成标本。

对提利太太来说,母牛只是用于产奶的工具,因此她总是对喜欢乱跑、磨磨蹭蹭不回家的母牛感到不满。母牛被她形容为"长角的折磨"(the horned torment)、"老麻烦"(you old trial)、"讨厌的东西"(a plaguy thing)。对母牛来说,牛奶的质量决定了她对人类的价值。"要不是这头牲口奶的质量好,产量也高,主人们绝对不会这么迁就她"(Jewett,1886:2)。在未受工业化影响的小农场中,人与动物的联系依然紧密,母牛仍然能够自由地活动、吃草,尚未达到工业化饲养场中剥削性物化的程度,但这种将动物工具化的思维也会伴随着工业化的进程加剧。

相比之下,鸟类学家对动物的物化程度更深。值得一提的是,短篇中"鸟类学家"(ornithologist)这个词只出现了一次,作者并没有透露这位年轻男性的更多信息,但掌握着鸟类知识的他并不热爱动物、保护动物,而是仿佛收集战利品一般,把各种鸟枪杀后制成标本保存。正如女性的身体被物化、成为父权文化中视觉消费的对象,被制成标本的鸟也彻底沦为了人类控制下失语的、无生命的凝视对象。在工业化以后,越来越多的美国人从乡村搬到城市,与动物的联系并不紧密。除了仍然以打猎为生的人,狩猎逐渐演变成了城市精英的娱乐活动,许多人打猎不是为了获取食物或利润,娱乐和奖品才是最终目的(DeMello,2012:69)。并且,动物被分割的身体部位还被人们当作"在家炫耀的战利品"(DeMello,2012:238)。同样,短篇中的鸟类学家枪杀鸟类、追寻白鹭也不是为了生存,而是为了满足自己的欲望。他自称从小就开始"收集"鸟类,每一只都是他自己用枪打、用网捕的,他已经制作了好几十个鸟类标本。并且近五年来,他一直在寻找两三种珍贵的禽鸟,只要找得到,就"一定要依靠自己的力量把它们弄到手"(Jewett,1886:10)。被他偶然瞥见的白鹭还从来没有人在这一带发现过,因此白鹭成了鸟类学家的目标。他不仅把鸟当作物一样对待,还把鸟制成了物,以实现永久的占有。

  动物的标本剥制最尖锐的讽刺在于,它需要先杀死动物,然后抹去所有的杀戮痕迹,才能使其尽可能接近"栩栩如生"的状态;早期的动物标本剥制手册记录了切除、隐藏弹孔的方法,甚至建议让受伤的动物窒息,以避免造成更多枪伤(Desmond,2002:160)。标本剥制的另一个讽刺在于,动物的"复活"需要将尸体完全肢解,再用人工制品替换掉一些软组织,最后重新组合摆好造型(Desmond,2002:161)。这种先剥夺动物的生命,再亲手"创造生命"的行为可以说是人类对"上帝造物"的模仿,只是这种"再现动物"的方式以真实的动物的消失为前提,在短篇中成为膨胀的人类中心主义征服自然、对动物暴力侵占的缩影。借助武力(猎枪)和科学的知识(解剖知识),人类剥夺了动物的自由和生命,将动物变为可以随意掌控的对象,从而纳入并成为人类文化的一部分。

  在朱厄特创作《白鹭》的时期,制帽业对用作装饰的鸟类羽毛的旺盛需求导致白鹭被大量捕杀,濒临灭绝,直到 1918 年联邦《迁徙鸟类条约法》(*Migratory Bird Treaty Act*)通过,白鹭的数量才逐渐恢复,有学者推测朱厄特因此将白鹭的保护作为该短篇的核心(Joseph,1995:83)。并且认为,白鹭是高度社会化的动物,他们密集的群居反而方便了猎人的大量捕杀。朱厄特将短篇中的白鹭设定为住在枯死的铁杉林中的单独一对,虽然不符合白鹭实际的生活习性,但她以这种方式强调了白鹭的稀少(Joseph,1995:82)。而吸引鸟类学家捕猎白鹭的理由恰恰在于白鹭的稀少赋予了其收藏的价值。这种以个人满足为目的、以个人利益为中心的价值取向导致他不仅对动物毫无罪责意识,对他人也没有同理心,在提利太太诉说自己的家庭往事时,他完全没注意到其中的悲伤,只想打探关于白鹭的情报。他知道西尔维娅肯定见过那只白鹭,还送她一把折叠刀作为礼物,以拉近关系;折叠刀这一符号更是凸显了鸟类学家的侵略性。

  尽管西尔维娅与动物的关系较为亲密,但看到鸟被枪杀带来的痛苦却不及她对鸟类学家的爱慕之情。她看着鸟类学家把树上正在歌唱的鸟儿打下。"如果没有那把枪,西尔维娅会更喜欢他"(Jewett,1886:12)。"天色渐晚,西尔维娅依旧充满爱慕地看着这个年轻人。她从未见过这么有魅力又讨人喜欢的人",甚至因为怎么也找不到白鹭而难过(Jewett,1886:12-13)。在她决定冒险爬上那棵巨大的松树,寻找白鹭的鸟巢时,她是为了那 10 美元,也是为了赢得鸟类学家的好感,而白鹭会因此付出生命的代价这一念头也暂时悬置了。在这个瞬间,白鹭也被西尔维娅物化了——从一个自由的生命变成了可以用来获利的交换品。西尔维娅无法理解鸟类学家对鸟的物化行为,但她还没有意识到,在她决定为鸟类学家找到那只白鹭时,她也对白鹭进行了物化,只是将要举起猎枪的不是她本人。

4 引起伦理回应的动物他者

不论被分类的动物,还是被物化的动物,都是被他者化的动物。他者对于自我的定义、建构和完善必不可少,自我的形成依赖于自我与他者的差异,自我的建构也依赖于对他者的否定(张剑,2011:118)。德里达认为,"人类"这一术语的意义建立在对一系列术语和身份的排除上,首当其冲的就是"动物性",人与动物之间清晰的划分和界限是用来保证人类统一完整形象的必要增补(李俐兴,2019:109)。动物是"完全的他者"(the wholly other),比他者更他者(Derrida,2008:11)。但"在哈洛维看来,动物不仅应该成为西方'他者'哲学的沉思对象,而且其主体并非意味着深渊式的不可知性。是否愿意站在动物的立场,破译动物的主体密码,这构成了哈洛维对于西方'他者'哲学的重要诉求"(但汉松,2018:30)。尽管人类中心主义遵循自我优先的法则,将人类的利益置于其他物种的利益之上,直接导致对动物的暴力,但被他者化的动物仍然能够引起人类的伦理回应,因为他者的"面容"召唤着主体的责任意识,要求主体摒弃唯我视角,这为实现"为他者"的伦理提供了可能性。

西尔维娅最终为何没有说出白鹭的位置呢?显然,她与白鹭在松树之巅上的第二次相遇是她改变决定的契机。朱厄特详细描写了西尔维娅与白鹭第二次相遇的过程:西尔维娅站在高高的松树枝干上俯瞰森林,寻找白鹭的鸟巢,这时,"一个白色的小点像漂浮的羽毛,从枯死的铁杉林中升起,变大了,飞高了,来近了,他稳稳地拍着翅膀,伸着纤细的脖颈和羽冠,从这棵地标性的松树旁掠过"(Jewett,1886:19)。接着,白鹭落在了离西尔维娅不远的松枝上,他一边鸣叫着回应巢中的伴侣,一边梳理羽毛。西尔维娅的目光一直跟随着白鹭,在她近距离地直视白鹭时,白鹭的"面容"呈现在西尔维娅眼前。列维纳斯(Emmanuel Lévinas)将面容定义为"他者越出他者在我之中的观念而呈现自身的样式"(列维纳斯,2016:23)。换句话说,面容使"我"与他人的相遇是一种"面对面"的相遇,没有这种相遇,他者就变成了一种抽象(孙向晨,2008:144)。虽然列维纳斯无法回答动物是否有面容的问题①,但"任何会与我回应,或唤起我的回应或

---

① 列维纳斯在"动物是否有一张面容"这一问题上表现出游移甚至矛盾的态度,这一点受到德里达的批判。在"道德的悖论"访谈中,列维纳斯认为狗的确拥有面容,但他不知道蛇是否有一张脸。

责任的对象都可以是伦理对象,动物当然也可以包括在其中"(王嘉军,2018a:32)。因为面容的意义并不在于脸的具体外形,而是一种可见性,动物的面容也不需要与人类相似才能呈现。只是在人类社会中,对动物的分类与物化过于普遍,他们可能是"工具"、"物品"、提供娱乐的对象,"永远不会在伦理上刺穿我,也不能以挑战我存在的方式打断我的运作"(Calarco,2008:67),或许这也是列维纳斯在动物面容上犹疑的原因。而在短篇中,不同于鸟类学家物化的目光,西尔维娅看到的是鲜活的生命个体,即使是被视为产奶工具的母牛,她也给予回应并对其负责。虽然白鹭并没有回应西尔维娅的目光,他"对人类的目光浑然无觉、漠不关心",而这本身也是一种"交流"——"你无法进入我的世界"(王茜,2021:123)。正如列维纳斯所说,他者的面容拒绝"我"的占有,拒绝"我"的权能(2016:182)。与白鹭"面对面"的相遇唤醒了西尔维娅对他者的罪责意识,即使提利太太斥责着她、鸟类学家直视着她的眼睛,西尔维娅也始终没有说话,因为她意识到自己的选择将决定白鹭的生死:"她耳中回荡着松树绿色树枝的沙沙声,她想起白鹭是如何在金色的空中飞来、想起他们一起看着大海迎接清晨。西尔维娅说不出话来,她不能说出白鹭的秘密,她不能放弃他的生命。"(Jewett,1886:21)

短篇中传达的这种以他者为导向、对他者负责的伦理,与列维纳斯"为他者"的伦理不谋而合。列维纳斯重建的主体"不是传统意义上自足的自我主体,而是一种伦理主体,其内核不是自我,而是他者"(李荣,2011:22)。在列维纳斯看来,主体是"sub-ject",是受动者,是隶属者,是后来者,也是人质,面对他者发出的伦理命令,主体无法拒绝(王嘉军,2018b:75)。虽然他者的存在限制了"我"的自由,但列维纳斯认为这是道德产生的必由之地(孙向晨,2008:160)。一方面,他者面容的脆弱性标示出同者面对他者的无限责任,另一方面,在与他者的伦理遭遇和对他者伦理责任的承担中,同者的主体性得以形成(杨国静,2020:42)。由于"他人之死这一事件召唤我的责任,他人会死这一事实也召唤我的责任","他者的面容会向我颁布首要的伦理诫命:汝不可杀害。然而如果动物没有面容的话,那也就意味着它是可以被杀害的,它的死与我无关"(王嘉军,2018b:76)。西尔维娅为了白鹭的生命放弃了自己的利益,而鸟类学家却以人类中心主义的目光物化动物,无视了动物的"面容",也拒绝对动物承担伦理责任。

在短篇结尾,西尔维娅对鸟类学家的离去感到失落,"当西尔维娅把乱跑的母牛往家里赶时,她在林中小路上又仿佛听到了他口哨的回声。她甚至还忘掉了听到他那骇人的枪声,见到画眉与麻雀无声坠地时所感到的痛苦,鸟儿们的歌声突然中断,漂亮的羽毛上沾满了湿漉漉的血污"(Jewett, 1886: 21-22)。的确,他者的面容对主体具有中断的力量,即"他者的在场对我自发性的质疑"(陈博,2018: 123)。但当他者再次淡出主体的视野,被唤醒的罪责意识也随之淡化了,这正是短篇中展现出的伦理困境:在面对动物的生命与自身利益之冲突时,与动物的直接遭遇暴露出动物的面容,召唤主体对其负责,于是主体被动地接受了对他者的无限责任,但他者并不一定会对主体做出回报,在动物问题上更是如此。自始至终那只白鹭都不会知道,他的命运已被西尔维娅的决定影响。"'他人'的弱,正是我对他负有义务的原因,表明我对其亏欠一切,要对之做一切"(孙向晨,2008: 153)。但要求主体无条件地为他者付出是否具有虚幻性呢? 一旦经过利弊的权衡,这种"为他者"的责任意识能够经得起考验吗?

列维纳斯认为,尽管自我与他者的关系是非对称的,但我们面对的不仅仅是一位他者,而是许多他者,这些他者之外的其他他者构成了"第三方",第三方的来临唤起了对正义的诉求,最终在社会层面变成各种法规或制度(王嘉军,2018b: 76-77)。如前文所述,在朱厄特创作《白鹭》时,保护鸟类的法律还未完善,对动物的保护意识也远远不够。西尔维娅虽然做出了选择,但选择过后的遗憾也说明了人类中心主义思维方式的价值考量难以根除,要实现思想的转变,仅仅靠动物面容的中断力量仍然不够,但这对实现"为他者"的伦理提供了一种可能性。说到底,目前大多数动物和环境保护法规,也都是人类中心主义"为自己"的考量。因为生态危机使人类发现,动物和环境的毁灭最终都会影响人类自己的生存,所以人类不得不采取行动。"这种基于理性或自我利益算计的法律体系,往往很难重视到受害者的特殊性,它只是以一种分类和范畴化的方式来定义他者"(王嘉军,2018b: 77)。当然,这些法规的作用也不容忽视,因为人类中心主义思想的转变,或者说以自我为中心而忽视、排斥他者的思维的转变,是一个漫长的过程,当动物保护成为全人类的共识时,至少这种转变贡献了一份力量。

5 结语

在当今社会,由人类中心主义引发的生态危机已日益严峻。在后人文主义时代,人类中心主义的神话遭到解构,众多学者已经注意到物种主义与种族主义、性别主义的内在关联。对自然的热爱使朱厄特早在19世纪就注意到了动物保护问题,并在《白鹭》中展现了被分类、被物化、被他者化的动物和动物生命与人类利益之冲突的伦理困境。短篇的结尾并没有以说教的口吻呼吁人们保护白鹭,甚至直接描述了西尔维娅做出选择后的遗憾,可见作者意识到了人类中心主义价值衡量的根深蒂固和思想转变的困难。但西尔维娅改变决定的契机——她与白鹭在松树之巅的相遇,表明了被他者化的动物仍然能够引起人类的伦理回应:与动物他者"面对面",直视他们的"面容",能够促使人类跳出唯我视角,在与真实动物的接触中建立联系,质疑对动物理所应当的物化与剥削,从而为实现一种"为他者"的伦理提供了可能性。

参考文献

[1] 陈博,王守仁.文学批评伦理转向中的他者伦理批评[J].南京社会科学,2018(2):120-126.

[2] 但汉松."同伴物种"的后人类批判及其限度[J].文艺研究,2018(1):27-37.

[3] 金莉.从《尖尖的枞树之乡》看朱厄特创作的女性视角[J].外国文学评论,1999(1):85-91.

[4] 李俐兴."他者"的凝视——论后人文主义语境下的动物问题研究[J].新疆大学学报(哲学社会科学版),2019(3):105-113.

[5] 李荣.列维纳斯他者视閾中的伦理主体[J].学术研究,2011(8):20-25,35.

[6] 列维纳斯.总体与无限:论外在性[M].朱刚,译.北京:北京大学出版社,2016.

[7] 庞红蕊.德里达的动物问题[J].求是学刊,2014(2):31-38.

[8] 孙向晨.面对他者:莱维纳斯哲学思想研究[M].上海:上海三联书店,2008.

[9] 王嘉军.重思他者:动物问题与德里达对列维纳斯伦理学的解构[J].浙江工商大学学报,2018a(4):30-37.

[10] 王嘉军.列维纳斯与动物伦理[J].江海学刊,2018b(3):72-79.

[11] 王茜.动物的"面容":列维纳斯的面容理论与生态伦理批判[J].上海大学学报(社会科学版),2021(6):119-129.

[12] 杨国静.伦理[M].北京:外语教学与研究出版社,2020.

[13] 张剑.西方文论关键词:他者[J].外国文学,2011(1):118-127.

[14] ADAMS C J. The sexual politics of meat: a feminist-vegetarian critical theory [M]. London and New York: The Continuum International Publishing Group Inc., 2010.

[15] BRANTZ D. The domestication of empire [M]// KETE K. A cultural history of animals in the age of empire. Oxford: Berg Publishers, 2007: 73-93.

[16] CALARCO M. Zoographies: the question of the animal from Heidegger to Derrida [M]. New York: Columbia University Press, 2008.

[17] DEMELLO M. Animals and society: an introduction to human-animal studies [M]. New York: Columbia University Press, 2012.

[18] DERRIDA J. The animal that therefore I am [M]. Trans. WILLS D. New York: Fordham

University Press, 2008.
[19] DESCARTES R. Discourse on method and meditations on first philosophy [M]. 4th ed. Trans. CRESS D A. Indianapolis: Hackett Publishing Company, 1998.
[20] DESMOND J. Displaying death, animating life: changing fictions of "liveness" from taxidermy to animatronics [M]// ROTHFELS N. Representing animals. Bloomington: Indiana University Press, 2002: 159-179.
[21] FREUD S. Totem and taboo [M]. Trans. STRACHEY J. London and New York: Routledge, 2004.
[22] HARAWAY D. A manifesto for cyborgs: science, technology, and socialist feminism in the 1980s [J]. Socialist review, 1985, 15(2): 65-107.
[23] HUGGAN G, TIFFIN H. Postcolonial ecocriticism: literature, animals, environment [M]. 2nd ed. London and New York: Routledge, 2015.
[24] JEWETT S O. A white heron and other stories [M]. Boston and New York: Houghton Mifflin Company, 1886.
[25] JOSEPH S. Sarah Orne Jewett's white heron: an imported metaphor [J]. American literary realism, 1995, 27(3): 81-84.
[26] LEYK W. Mission impossible? Reflections on objectification and instrumentalization of animals in the economy [M]// CLARK B, WILSON T D. The capitalist commodification of animals. Leeds: Emerald Publishing Limited, 2020: 107-121.
[27] NUSSBAUM M C. Objectification [J]. Philosophy & public affairs, 1995, 24(4): 249-291.
[28] PHILO C. Animals, geography, and the city: notes on inclusions and exclusions [J]. Environment and planning d: society and space, 1995, 13(6): 655-681.

《死者》与"西不列颠人":乔伊斯的民族认同

中国社会科学院大学　郭一岫[*]

摘　要:《死者》中被称为"西不列颠人"的加布里埃尔,是乔伊斯面对狭隘民族主义者可能对其指控的自白。乔伊斯借有关"西不列颠人"的争论,表达了自己与复兴主义者的根本分歧,为自己的海外流亡找到了理由。而在加布里埃尔的转变与顿悟中,乔伊斯则完成了对爱尔兰的情感自省和精神回归。乔伊斯的内心充满着对爱尔兰的政治关怀,但这种关怀不是民族主义的迎合与鼓吹,而是要撕开现实裂缝,逼人直视的批判力。

关键词:乔伊斯;《死者》;西不列颠人;爱尔兰复兴主义

1　引言

1906年9月25日,詹姆斯·乔伊斯在给弟弟斯坦尼斯劳斯的信中,一反之前对都柏林"瘫痪灵魂"[①]的批判态度(Joyce,1975:22),他写道:"有时想到爱尔兰,我觉得自己似乎对它太苛刻了,我没有再现这个城市的任何魅力(至少在《都柏林人》[②]中),因为自从我离开它后,除了在巴黎我没有在任何城市感到自在。我没有再现爱尔兰纯朴的岛国特性和慷慨好客的热情。就我所知,欧洲其他地方都不具备后一种'美德'。我从未公正地对待它的美:因为在我看来,它

---

[*]　作者简介:郭一岫,中国社会科学院大学硕士研究生,研究方向为英语语言文学,电子邮箱:guoyixiu@ucass.edu.cn。

[①]　参见乔伊斯1904年7月写给康斯坦丁·彼得·卡伦的信"I call the series Dubliners to betray the soul of that hemiplegia or paralysis which many consider a city." (James Joyce, 1975:22)

[②]　当时的《都柏林人》只有12个故事,比最后出版时的15个故事少了《两个浪子》《一朵浮云》和《死者》。

的美景自然更胜过我在英国、瑞士、法国、奥地利或意大利所看到的风光。"（Joyce，1975：110）这封颇具自我反思意味的信件，从侧面展现了乔伊斯在欧洲大陆流亡的过程中对爱尔兰的矛盾心理。而信中提及的爱尔兰独有的魅力似乎也在其随后创作的小说《死者》中得到了呼应。

《死者》是《都柏林人》小说集的最后一个故事，同时也是最长的一篇。也许是在流亡中感受到对爱尔兰无法割舍的依恋，缓解了乔伊斯难以见容于祖国的怨念。"他在策划《死者》时屈服于一种温柔的情绪，这之后，他曾三次回国。"（Ellmann，1982：338）故事发生在莫坎小姐家一年一度的舞会上，男主人公加布里埃尔携妻子赴约。在宴会上和回旅馆后接二连三的打击下，加布里埃尔的心态发生改变并陷入沉思。加布里埃尔身上无疑有着乔伊斯的自我映射：他们都是老师，都受过良好的英语教育，也都为亲英的报纸写书评；此外，他们都与欧洲大陆有着密切的联系，而疏离爱尔兰复兴主义。小说中加布里埃尔本来追求着异国情调并且自视甚高，但他最终被爱尔兰式的强烈感情改变。乔伊斯借用加布里埃尔这个被艾弗丝小姐称为"西不列颠人"的小说人物，替自己完成了一次爱尔兰的精神回归。

2 夹在英爱之间的"西不列颠人"

牛津英语词典中"西不列颠人"（West Briton）词条的最早引文出自1387年约翰·特雷维萨翻译的《多纪元》[①]。起初这一词语被用来描述英国西部地区的居民，例如威尔士或康沃尔的原住民。而后直到19世纪初，"西不列颠人"的所指开始扩大到爱尔兰人，特别是其中的亲英派。牛津词典将该词的这一含义追溯至1905年9月28日的《纪事晨报》[②]。此时，英爱《联合法案》（1800年）刚刚结束了爱尔兰的王国地位，将其并入联合王国（吉布尼，2021：161）。这两者间的共时性并不是一种偶然，因为当爱尔兰被视为英国西部的领土时，爱尔兰人也就顺理成章地变成了"西不列颠人"。此后受拿破仑战争的影响，英政府对爱尔兰的税收增加，人们的不满情绪逐渐高涨。19世纪40年代，马铃薯歉收造成的大饥荒给爱尔兰造成巨大的创伤。因为在大饥荒中死亡人数最多的贫困地区，也同样是爱尔兰语的使用区，所以在后饥荒时代，爱尔兰语几乎被连根拔起，而

[①] "West Briton, n." in Oxford English Dictionary, https://doi.org/10.1093/OED/1085372947 [2023-09-28].

[②] "West Briton, n." in Oxford English Dictionary, https://doi.org/10.1093/OED/1085372947 [2023-11-27].

英语成为爱尔兰最广泛使用的语言的趋势加快。另一方面,英国在大饥荒前后的剥削与冷漠,使不少爱尔兰人非常失望,爱尔兰继而爆发了声势浩大的"反对联合运动"。

随着爱尔兰民族意识的觉醒,19 世纪末 20 世纪初,"西不列颠人"成为一种明显带有贬义的指称。这一词语被用来指代爱尔兰人中被自我的物质利益束缚在联邦的"帝国阶层",他们用自己的爱尔兰国籍换取作为联盟党统治阶层一部分的优势(Kelly,2009:127)。《弗里曼斯报》曾在报道中提到:"那些在英国的爱尔兰人比英国人自己更像英国人,他们被称为'西不列颠人',这是一个极度蔑视的术语。"①那些亲近或效仿英国的爱尔兰人,陷入一种既不是真正的英国人,也不被认可为爱尔兰人的境地。他们既不是民族上的英国人,也不是文化上的爱尔兰人,被双方排斥和边缘化。"西不列颠人"几乎不用于自称,多出现在民族主义者的他指中,表达不满与讽刺。"西不列颠人"总是与"民族主义"、"盖尔联盟"相伴出现,并成为后者的批判对象。在使用中,"西不列颠人"常常出现在对比的语境中,例如,"民族主义者,也就是那些对自己的信仰不感到羞耻的爱尔兰人,他们会很容易同意必须做些什么来保护国家的存在。而憎恨爱尔兰历史和他们祖先的低级爱尔兰语的西不列颠人,以及希望把自己当作帝国主义者的人(如果不是英国人的话),会秘密地认为爱尔兰人正在消亡"②;"我只希望所有的西不列颠人和帝国主义者都能在'日不落'帝国的辉煌中找到自己的位置"③;"我们没能成为英国人和西不列颠人,而盖尔联盟将消除所有那些不幸发生在我们身上的英国化影响,并使爱尔兰成为一个彻底的爱尔兰民族"④。由此可见,"西不列颠人"并不是一种客观的划分或者归类,更多的是一种对立、一种依靠"加以恶名"(name-calling)的宣传手段和一种对异己的讽刺。

《死者》中艾弗丝两次称加布里埃尔为"西不列颠人",分别是在谈及加布里埃尔给帝国主义报纸(亲英联合派报纸)《每日快报》写文学评论时和夏日旅行的目的地是欧洲大陆国家而不是爱尔兰时。如果说在被责问投稿事宜的时候加布里埃尔还是迷惑和漫不经心的,当加布里埃尔说出"我的祖国已经让我厌烦了"(乔伊斯,2016:208),他更多地表达的是对艾弗丝小姐代表的极端复兴主义的反感。从艾弗丝的角度来看,她第一次称加布里埃尔是"西不列颠"人时,

---

① "'Beachcomber' in the London", in *Daily Freemans Journal*, 29 May 1920.
② "The Industrial Movement", in *Freemans Journal*, 21 April 1902.
③ "The British Newspaper Archive", in *Kerryman*, 27 June 1908.
④ "Gaelic League Notes", in *Nenagh News*, 18 January 1908.

是带着戏谑口气的调侃，就像她自己说的"不过是开开玩笑"。而当艾弗丝拒绝了她去阿兰岛的提议，并表示自己要与欧洲大陆的语言保持接触，说出"爱尔兰语不是我的语言"（乔伊斯，2016：208）时，整个话题逐渐走向严肃。艾弗丝小姐将加布里埃尔定论为"西不列颠人"，并不是基于后者的经济关系或政治派别，而是指一种在语言和文化归属问题上的分歧与对立。

3 "西不列颠人"加布里埃尔的转变

小说中被称为"西不列颠人"的加布里埃尔在分别与三个女人的相处中受挫，进而感到羞愧，并最终顿悟。第一次是在与女仆莉莉的谈话中，他认为莉莉不上学后肯定会马上结婚。但事实是，女孩辛酸地说："现在的男人都只会说废话，把你身上能骗走的东西全骗走。"（乔伊斯，2016：195）第二次是在跳四对舞时，他被舞伴艾弗丝小姐两度称为"西不列颠人"。第三次是舞会后，正当加布里埃尔对妻子格莉塔充满欲望与爱意时，却意外得知对方年轻时曾与一个高尔韦的青年有过一段浪漫往事。

爱尔兰在与英国的关系中常常被比喻为女性，莉莉、艾弗丝和格莉塔这三个不同出身的女性都可以被看作是爱尔兰的代表，而加布里埃尔则代表着处于英国和爱尔兰中间的、与母语和祖国都保持着距离，精心构建自己社会、文化地位的资产阶级形象（Pecora，1986：233）。关于这种爱尔兰与女性形象间的意象对应由来已久。这样的比喻与民族特性有关，但更多的是政治因素。勒南曾说："凯尔特民族是一个本质上女性化的种族。"[①]陈丽则认为爱尔兰被建构为女性形象有利于在与英国的政治关系中承载女性性别在父权制下承受的一切弱势。其中的内在之意是，作为英国的妻子或者"病妹妹"，爱尔兰需要英国的指导和管理（陈丽，2016：247）。饶有趣味的是，这种英国内部殖民的性别话语构建也被广泛应用于帝国的海外殖民扩张。在殖民主义的漫画与文学中，殖民列强总是以男性的形象出现，而日本和印度等被殖民地则常常被描绘为任人争抢和占有的女性。这种对殖民地的他者化与男性对女性的凝视分享着同样的权力逻辑。

加布里埃尔在与莉莉对话后会脸红着觉得"自己做错了事情"，是因为莉莉刚好揭穿了他讨好式的、带有调情意味的关心。当被莉莉戳穿后，他开始擦鞋，

[①] Emest Renan, "The Poetry of the Celtic Races", trans. W. G Hutchison, http://www.gutenberg.org/ebooks/5637［2023-09-29］.

整理衣服,用这些外在的、人工的事物来恢复他营造的有教养的良好形象。这个时候他将这种交流的失败,看作是"错误的语气",以贬低对方文化素养的方式,重新从慌乱中获得一种内心的自洽。而从更为宏观的角度来看,如果作为女性的莉莉代表着爱尔兰,那么加布里埃尔就是明显的亲英派,而莉莉的话便影射了当时英国对爱尔兰的搜刮与剥削。在与艾弗丝的争论中,加布里埃尔的激动恰恰是因为他需要直面自己的中间立场,而他的尴尬和"额头上泛起红晕"是因为他意识到自己行为的争议性。正如英格比恩在《欧洲大陆的爱尔兰旅游写作文化》中提到,在当时"先看爱尔兰"成为主流,去欧洲大陆旅行会引起普遍性的指责(Ingelbien, 2016: 183)。而以不断追问的方式迫使加布里埃尔直视自己内心的艾弗丝小姐,是明显的民族主义者,但同时也是加布里埃尔隐藏的一面的外在化投射(Hehir, 1957: 3)。在与妻子格莉塔的对话中,迈克尔·富里无疑来自西方,也代表着爱尔兰,他和格莉塔之间的那种强烈的爱让加布里埃尔感到震撼,打破了他一直以来的优越感。格莉塔说迈克尔为她而死时,显示出精神的压倒性力量,比死亡更强大。通过死去的男孩的精神,加布里埃尔超越了自己的处境,达到了与格莉塔的真正交流(Billigheimer, 1988: 472)。那种炙热的感情和无畏的精神都完全凌驾于加布里埃尔刻意维持的温和态度之上。正如埃尔曼所说:"他(加布里埃尔)曾对爱尔兰以外的生活方式抱有幻想,但通过与妻子的这段经历,他对这个国家的一部分以及最具爱尔兰特点的生活方式产生了一种束缚、接受甚至是钦佩。"(Ellmann, 1982: 250)

　　加布里埃尔与三位女性的对话虽然都以失败告终,但这种失败也促使他进一步思考自身,逐渐改变了自己的态度。她们旺盛的生命力和热烈的感情都在冲击着他,令他心生敬佩。加布里埃尔在故事的发展中一步一步打开自己,去接受自然、接受纯粹的感情,最终也接受尔兰本身。这种顿悟代表着他从一个处于"帝国属性和本民族传统文化双重边缘化"地位的"西不列颠人"(吴国杰,王嘉美,2006: 43),转变为一个真正的爱尔兰人。加布里埃尔对爱尔兰式热情好客的赞美和其最终受到爱尔兰式情感冲击的经历部分来自乔伊斯个人的生命体验。在故事转折点出现的爱尔兰民谣《奥芙里姆的少女》既是加布里埃尔走进妻子内心的契机,也是其逐渐体认爱尔兰的原因之一。乔伊斯本人最早也正是在他的妻子诺拉那里听到这首歌谣的(Joyce, 1975: 164),而诺拉和格莉塔一样来自爱尔兰的西部,迈克尔·富里的原型则是诺拉在戈尔韦认识的一个名叫迈克尔·博德金的年轻人(Joyce, 1975: 201)。乔伊斯在自我流放的过程中会不时地被卷入各种关于爱尔兰的争论,他也因此需要一次又一次回顾爱尔兰,并且有时也会修正自己对它的看法。在《死者》的创作时期,乔伊斯对爱尔兰的批判态度趋向柔和，这种变化也以自觉或不自觉的方式暗含在了小说的情节与人物塑造之中。

4 加布里埃尔的顿悟与乔伊斯的精神回归

加布里埃尔的转变最终发展为其在小说结尾的顿悟，而这种顿悟暗含着乔伊斯试图完成的精神回归。乔伊斯虽然将部分的自我投射在加布里埃尔身上，但又始终与其保持着批判的审美距离。乔伊斯意图通过被称为"西不列颠人"的加布里埃尔来讨论爱尔兰人的民族认同问题，并且纠正狭隘民族主义者对自己的误解。小说结尾加布里埃尔的顿悟是一种整体上对西部乡村、对爱尔兰性的确认，但是这种精神的回归却充满了忧虑。复杂的意象和诗意的描写使文学评论家们对其解读莫衷一是。雪与火、光与暗、暖与冷、运动与停滞、盲目与感知等方面的对立，在故事的结尾处都被颠覆，不断渗透到生中有死和死中有生的矛盾主题中（Billigheimer, 1988：472）。这种文本多义性既是一种艺术层面的留白，又在思想层面透露出乔伊斯对民族认同问题的暧昧态度，他无意明确地亮出一个身份，或者紧密地追随任何一种口号。

布鲁斯特等人认为结尾的雪和西行是死亡的象征（Ghiselin, 1969：57）。艾尔曼则对此论证道："雪并不像许多人所说的那样可以代表死亡，因为它同样地落在活人和死人身上，而死亡落在死人身上是一种简单的冗余，乔伊斯不会犯这样的错误。"（Ellmann, 1982：251）他继而提出西行暗示着加布里埃尔的妥协，他放弃了对文明思想、对欧洲大陆品味的坚持，放弃了这些他最看重的东西——区分他与聚会上其他人的东西。加布里埃尔不再拥有自己，"西行"是一种对过去自我的放弃。的确如艾尔曼所说，结尾处伴随飘雪的思想西行代表着加布里埃尔的转变（Ellmann, 1982：249）。但这种转变并非来自外在条件的逼迫，而是源自内心的顿悟，它不是一种迫于无奈的妥协，而是其思想认同后的选择。慕尼克则认为结尾的雪代表着一种寒冷的失败。在他看来加布里埃尔试图超越他的国界——他的度假计划，不赞成学习盖尔语，阅读罗伯特·勃朗宁。但在现实的溃败中，加布里埃尔的遐想向西进入爱尔兰的心脏。他到达了一个寒冷的中心，内心的火焰被熄灭。诚然，加布里埃尔具有世界主义倾向，但结尾对爱尔兰的回归却不可能是一种幻灭。如果像慕尼克所说的，爱尔兰是熄灭加布里埃尔内心火焰的寒冷，那结尾应该突出"雪"带来的严寒和残酷的毁灭（Munich, 1984：

173）。但事实上，小说在最后一句用"雪花微微地穿过宇宙在飘落，微微地①"（乔伊斯，2016：246）写出了雪的轻柔、美感与统一性，对雪景的整体描摹是富有诗意的。以上学者的几种解释，虽然具体的内涵不尽相同，但大部分讨论都将小说的结尾看作是消极且无望的。不过，也有一些学者提出了不同视角。鲍尔扎克将小说结尾的"一幅美丽的图画"归结为加布里埃尔的艺术性，如"遥远的音乐"一样都是"拉斐尔前派的顿悟场景"（Bowen，1981：103）。卢米斯没有分析意象而是从视角出发，他认为结尾对雪的描述是一种狭隘视角的扩大，将焦点从自我感情，迅速转移到整个爱尔兰，再转移到所有生者和死者，变为对全人类的展望（Loomis，1960：149）。

　　文本意象的解读可以多样，但如果试图接近作者的本意，就要将其放回作者创作的具体时期去理解。在1907年2月6日（Joyce，1975：145）和11日（Joyce，1975：149）的两封写给弟弟的信中，乔伊斯都提及自己将要创作名为《死者》的小说。直到同年9月24日，乔伊斯在写给埃尔金·马修斯的信中表示由十五个故事组成的《都柏林人》将要出版②，显然这时乔伊斯已经完成了《死者》的创作。埃尔曼认为乔伊斯是在7月到8月的风湿热康复期创作了《死者》。在《死者》的构思期间，1907年4月27日，乔伊斯应阿蒂利奥·塔马罗的邀请在的里雅斯特市的人民大学做了有关爱尔兰的演讲。借由演讲的内容，我们可以更好地窥见乔伊斯在这一时期对爱尔兰的看法与思考。在讲座中他说："尽管爱尔兰人能言善辩，但革命不是由人的言语和妥协构成的。爱尔兰已经足够含糊其词和充满误解。如果她想上演我们等待已久的好戏，这一次就让它整体地、完整地、明确地出现。但是，我们对爱尔兰制片人的建议和我们的父辈不久前给他们的建议一样——快点！我相信，至少我自己是这样认为的，我不会看到大幕拉开，因为我已经坐上了最后一班火车回家了。"（Joyce，1966：174）与此同时，他唯一可以确定的是那种一味否定英国，只强调爱尔兰从前辉煌的"民族复兴主义"不可能是复兴的正确途径——"如果以这种方式呼吁过去是有效的，那么开罗的农夫最有权利不屑于为英国游客当搬运工。古代爱尔兰已经死亡，就像古代埃及已经死亡一样。它的死亡之歌已经被唱响，它的墓碑上也被贴上了封条。"（Joyce，1966：174）这场关于爱尔兰的讲座似乎可以与《死者》形成某种互文性的理解。例如在讲座中乔伊斯说道："它（教育系统）允许一些现代思想的流向慢慢地过滤到土壤中。假以时日，也许爱尔兰人的良知会逐渐苏醒

---

① 原文是："the snow falling faintly through the universe and faintly falling"。
② 这是乔伊斯当时所希望的，但《都柏林人》最终于1914年才得以出版。

过来。"(Joyce，1966：174)让人不禁联想到窗外的大雪与窗内昏睡的加布里埃尔。

小说结尾因而可以被理解为：加布里埃尔在直面"生死"与"爱"的困境后，从固有的、"西不列颠人"式的价值观的禁锢中跳脱了出来。他开拓了自己的境界——不再抗拒自然、不再抗拒西部，他由此想到"该是动身去西方旅行的时候了"(乔伊斯，2016：246)。西方一直代表着爱尔兰的传统，带有强烈的民族特性，而这些正是加布里埃尔前期一直排斥的。加布里埃尔在自我幻想破灭、勘破生命终极问题后的这种回归，意味着情感和生命终究要依附于厚重的历史。在加布里埃尔的思绪伴随着漫天飘雪一路向西时，雪花也以浪漫而轻柔的方式落在由东而西的每一寸土地上。从东向西的视角转变也正是太阳运行的方向，为雪夜增添了光明的寓意。这场遍布爱尔兰的大雪是寒冷的、孤寂的，但同时也可能是未来滋养土壤、孕育新生的水分。加布里埃尔"灵魂缓缓地昏睡"与"整个爱尔兰都在下雪"(乔伊斯，2016：246)相呼应，当积雪融化时，或许也会是灵魂苏醒时。一切希望都被暗含在了漆黑而静谧的雪夜，乔伊斯没有给出答案。他一方面在期待爱尔兰的复兴，但同时又怀疑这种复兴究竟能否到来。即使真的有那么一天，他也认为要经历漫长的等待。

5 乔伊斯与"西不列颠人"

《死者》中艾弗丝小姐称加布里埃尔为"西不列颠人"是因为拉拢被拒后的恼羞成怒——当然它源于当时爱尔兰复兴主义者对异己习惯性的讽刺称呼。在小说中它被用来作为狭隘民族主义的反击，被用来指责加布里埃尔不像爱尔兰人。而事实上这种指控很可能来自乔伊斯的现实生活，理查德·埃尔曼在《乔伊斯传》中推测说："乔伊斯像加布里埃尔·康罗伊一样，为《都柏林每日快报》写书评。因为《每日快报》是亲英的，所以在他经常去大卫·希伊议员家时，可能因此而被取笑过。"(Ellmann，1982：246)乔治·莫尔也提到"乔伊斯几乎被遗忘在了反爱尔兰的咆哮声中"(Ellmann，1982：405)。

但事实上，乔伊斯并没有表现出"媚英"迹象，他对英国的统治也有着强烈的批判意识。无论乔伊斯是否在现实生活中受到过类似的非难，他都绝不是一个依附英国的"西不列颠人"。他曾在讲座中说："英国在爱尔兰所做的，正是现今比利时在刚果所做的，也是日本未来将对别的国家所做的"；"她(英国)的首要任务是保持这个国家的分裂，如果英国自由党政府准备明天授予爱尔兰一定程度的自治权，英国的保守派媒体就会立即开始煽动阿尔斯特省反对都柏林当局";"爱尔兰之所以贫穷,是因为英国的法律毁了这个国家的工业,尤其是羊毛工业。因为英国政府在大饥荒期间对爱尔兰的忽视,让大批人口死亡。"(Joyce,1966:154)这些鞭辟入里的分析完全是站在爱尔兰角度的反击英国。而对于爱尔兰的乡村生活与民俗,乔伊斯在文章里不但没有蔑视,甚至怀有一种原始主义的赞美(Ellmann,1982:325)。在非议最多的文学创作方面,乔伊斯也曾说:"我的小说上空飘荡着炉灰、枯草和沉渣的臭味,这不是我的错。我真的相信,通过阻止爱尔兰人,通过我精心擦拭的镜子好好看看自己,您推迟了爱尔兰的文明进程。"(Joyce,1975:90)乔伊斯并不反对爱尔兰,他反对的恰恰是正毒害爱尔兰的弊病。唯一可能引起争议的是语言问题——乔伊斯和加布里埃尔一样反对爱尔兰语。乔伊斯在1906年11月6日给弟弟的信中曾写道:"如果爱尔兰的纲领不坚持使用爱尔兰语,我想我可以自称为民族主义者。但因为它的坚持,我愿意自认为一名流亡者。"(Joyce,1975:125)而爱尔兰复兴主义者的坚持是因为在他们看来语言尤为重要,爱尔兰语经常被视为国家复兴的唯一有效手段。人们不应该把乔伊斯与爱尔兰复兴运动的分歧与批判看作他反对爱尔兰,甚至他被当作"西不列颠人"的证明,因为他们两者其实都想要唤醒并革新爱尔兰,区别只在于方式不同。

  19世纪末20世纪初,爱尔兰总体上存在着三种文化、政治话语的碰撞——天主教民族主义、凯尔特复兴主义和英国的君主制。而乔伊斯并不从属于其中任何一方。如上文所述,乔伊斯绝不是英国君主制的推崇者,他清楚地认识到英国对爱尔兰的殖民本质与多重剥削。有学者认为乔伊斯"对复兴主义的拒绝是本土天主教民族主义的典型姿态——他就是在这个世界里长大的"(Nolan,1995:48)。但乔伊斯对复兴主义的质疑,并非为了维护天主教民族主义,而是为了构建一种更包容的民族观。虽然生长在一个天主教家庭,乔伊斯并没有成长为一个合格的信徒,他对天主教不屑一顾,甚至完全背弃了它(Joyce,Giovanelli,1950:485)。当他还在天主教大学时,学生们联合起来反对叶芝的诗体剧《凯瑟琳伯爵夫人》。他们认为这部戏是反宗教、反民族的,是对神圣的爱尔兰女性的诽谤。乔伊斯是学校里少数拒绝在抗议书上签字的人。他在大学的大厅里与其他学生进行了多次激烈的讨论,冷静又讽刺地回答那些愤怒的批评者。他还写了一篇名为《骚乱之日》的文章回应学生们的攻击,在文章中他指责爱尔兰文学剧院向某些隐藏但众所周知的势力屈服。在获得文学学位后,乔伊斯为了不依赖天主教会,拒绝了教会为其提供的斯蒂芬格林大学助理教授职位。乔伊斯的弟弟斯坦尼斯劳斯认为,乔伊斯两次对耶稣会的反叛与拒绝,成为多年以后他第一本书《都柏林人》被禁、上千本书被烧毁的原因之一(Joyce,

Giovanelli, 1950：485)。

凯尔特复兴主义中最重要的部分是爱尔兰文学复兴,他们坚持使用爱尔兰语,搜集凯尔特神话、民间故事,并试图将古老的神秘主义注入当代文学。爱尔兰作家威廉·巴特勒·叶芝、格雷戈里夫人等都提倡对传统爱尔兰文学和爱尔兰诗歌的全新欣赏。而作为极端凯尔特复兴主义者将那些不着力于恢复凯尔特语言、文化的人,简单地与殖民者相联系——称之为"西不列颠人",粗暴地将其排除在爱尔兰人之外。在乔伊斯看来,复兴主义的初衷虽然是促进凯尔特文化的民族复兴,但实际上却限制了爱尔兰自由意识的发展。复兴主义对集体、统一力量的渴望,会阻碍爱尔兰民族自决的选择(Mulrooney, 2001：160)。

在1907年的演讲中,乔伊斯设想的爱尔兰是一个根植于多种血统和语言的国家,它将不特定从属于英格兰君主制、凯尔特复兴主义,抑或天主教会(Joyce, 1966：154)。但要达成这样的理想却是困难的,在爱尔兰,每种派别的力量都是如此根深蒂固又针锋相对。乔伊斯认为爱尔兰的民众不愿去思考文化处境的相对性,而是简单地接受了他们被灌输的理念。这样一种本质化的集体认同,使人们以各自分裂的方式感知、谈论和生活在这个世界上——英国化的凯尔特主义服务于爱尔兰知识界,天主教盛行在未受教育的爱尔兰大众间(Mulrooney, 2001：160)。乔伊斯在作品中不为任何一种理念唱赞歌,也不彻底打倒任何派别。就像极端复兴主义者艾弗丝小姐,一方面她被塑造成热情而坦率的;而另一方面,她又是咄咄逼人的,让人怀疑"在她那一套宣传后边,是不是真正有她自己的生活"(乔伊斯,2016：211)。乔伊斯在努力促成一场民族思想的革命,但同时他也在怀疑这样的变革是否真的能发生在"被麻痹的爱尔兰"。乔伊斯被夹在了对爱尔兰现状的痛恨与对未来的怀疑之中。而当他在流亡他国与赤裸地剖析爱尔兰时,他虽然有足够的勇气和智慧,却会在情感上自我质疑。就像斯坦尼斯劳斯在回忆录中写道:"乔伊斯对这座城市(都柏林)始终怀有一种基于被拒绝的流亡者的怀念之情。"(Joyce,Giovanelli,1950：485)加布里埃尔在聚会上产生的逃离的冲动和当他被指责背叛祖国时的不安与不忿,都是乔伊斯矛盾内心的影射。

6 结语

乔伊斯在《死者》中借由"西不列颠人"问题的提出与反驳,表露出自身对爱尔兰的复杂情感。小说中充满着矛盾的意象和情感的错位:看似热闹温馨的家庭聚会却始终笼罩着旧俗和逝者的阴影;"西不列颠人"加布里埃尔因妻子听歌的身影而产生强烈的感情,但后者其实正在爱尔兰民谣中成为思念"死者"的恋人。这样的对立与统一反映了乔伊斯内心的思考与纠结,体现出其乡恋情结的暧昧性。乔伊斯一方面对爱尔兰的未来充满了急切的期待,另一方面又坚持着自己的判断力和批判力,不愿意像民族主义者那样鼓吹凯尔特人或盖尔语。民族主义和复兴主义者们只强调过去的辉煌,乔伊斯认为那样的"复兴"是南辕北辙,只会导致盲目的自大和国家更加封闭。他认为爱尔兰需要一场现代化的革命,爱尔兰人的目光需要看向欧洲大陆乃至世界的变革。就像乔伊斯在那场关于爱尔兰讲座的最后说道:"在我看来,只有一件事是清楚的。现在是爱尔兰彻底结束失败的时候。如果她真的有能力复兴,就让她醒过来吧,或者让她埋住自己的头,永远体面地躺在坟墓里。"(Joyce, 1966:174)

参考文献

[1] 陈丽. 爱尔兰文艺复兴与民族身份塑造[M]. 天津:南开大学出版社,2016.

[2] 吴国杰,王嘉美. 从《死者》看乔伊斯的民族意识[J]. 重庆师范大学学报(哲学社会科学版),2006(3):43-46.

[3] 吉布尼. 爱尔兰简史(1500—2000)[M]. 潘良,译. 桂林:广西师范大学出版社,2021.

[4] 乔伊斯. 都柏林人[M]. 孙梁,宗博,等译. 杭州:浙江文艺出版社,2016.

[5] MUNICH A A. Form and subtext in Joyce's "The Dead"[J]. Modern philology, 1984, 82(2):173-184.

[6] HEHIR B P O. Structural symbol in Joyce's "The Dead"[J]. Twentieth century literature, 1957, 3(1):3-13.

[7] GHISELIN B. The unity of *Dubliners*[M]//BAKER J R and STALEY T F. James Joyce's *Dubliners*. Belmont, California:Wadsworth, 1969:57-59.

[8] LOOMIS C. Structure and sympathy in Joyce's "The Dead"[J]. PMLA, 1960, 75(1):149-151.

[9] NOLAN E. James Joyce and nationalism[M]. London:Routledge, 1995.

[10] JOYCE J. Ireland, island of saints and sages[M]//MASON E, ELLMAN R. The critical writings of James Joyce. New York:Viking Press, 1966:154-174.

[11] JOYCE J. Selected letters of James Joyce[M]. New York:Viking Press, 1975.

[12] MULROONEY J. Stephen Dedalus and the politics of confession[J]. Studies in the novel, 2001, 33(2):160-179.

[13] KELLY M. Irish nationalist opinion and the British empire in the 1850s and 1860s[J]. Past & present, 2009, 204(1):127-154.

[14] BILLIGHEIMER R V. The living in Joyce's "The Dead"[J]. CLA journal, 1988, 31(4):472-483.

[15] INGELBIEN R. Irish cultures of travel writing on the continent, 1829—1914[M]. London: Palgrave Macmillan UK, 2016.

[16] ELLMANN R. James Joyce[M]. Oxford: Oxford University Press, 1982.

[17] JOYCE S, GIOVANELLI F. James Joyce: a memoir[J]. The hudson review, 1950, 2(4): 485-514.

[18] PECORA V P. "The Dead" and the generosity of the word[J]. PMLA, 1986, 101(2): 233-245.

[19] BOWEN Z. Joyce and the epiphany concept: a new approach[J]. Journal of modern literature, 1981, 9(1): 103-114.

论《斗士参孙》中的压迫与抗争

四川大学　宁泰坤[*]

摘　要:压迫与抗争的纠缠在《斗士参孙》中尤为突出。以往的研究大都忽略了参孙所受的压迫与其所作的抗争之间复杂交互的动态关系,以及二者的辩证逻辑在参孙最终的外在抗争中具有的生成性影响。本文按照文本顺序,通过追溯参孙所受的肉体压迫、话语压迫与奇观化压迫,以及其相应所施的话语抗争、思想抗争与外在抗争,分析了参孙的抗争从被动消极到与压迫分庭抗礼,最终实现精神成长的权力扭转过程,从而得出了参孙在多重意义上抗争成功的结论,即在内在和谐的人性基础上完成了神意使命。

关键词:约翰·弥尔顿;《斗士参孙》;压迫;抗争

1　引言

《斗士参孙》(*Samson Agonistes*)以《旧约·士师记》(*Judges*)13—16 章为底本,集成并收束了约翰·弥尔顿(John Milton)一生的诗思、经验与关切,剖绘了参孙在压迫下内心的苦痛、挣扎与变化。压迫(oppression)的第一层语义是"unjust or excessive exercise of power",即不公正或过度行使权力,体现在《斗士参孙》中便是非利士人对参孙肉体的过度压迫,对话者合唱队、玛挪亚、大利拉、哈拉发、非利士公差对参孙的话语压迫和非利士贵族公开羞辱参孙、将参孙奇观化的不义压迫。压迫激发抗争,抗争带来变化,悲剧英雄在压迫与抗争的交错中不停挣扎。起初,参孙受到难以忍受的肉体压迫,虽未完全丧失抗争的可能,但

---

[*] 作者简介:宁泰坤,四川大学外国语学院硕士研究生,研究方向为英美文学,电子邮箱:amorpmhours@163.com。

因其认知框架在神意与人性轨道上的分裂,尚且困囿于消极的话语控诉中。再加上合唱队与玛挪亚的话语压迫影响,参孙被动的话语抗争还具有压迫的第二层语义,即"身心沉闷"(a sense of being weighed down in body or mind)式的内在压迫特点。随后,在与大利拉、哈拉发、非利士公差的话语抗争的三轮论证中,参孙逐渐整合了分裂的自我,思想得到了综合发展,内在抗争不再与内外压迫相抵牾。最后,拥有自由意志与综合思想的参孙主动承受并巧妙打破了非利士人的奇观化压迫,内在和谐使外在抗争获得了多重意义上的成功。

正是由于参孙在悲剧结尾轰烈悲壮的外在抗争,此前的研究大多锚定参孙基于宗教冲动的宗教暴力,认为参孙软弱无智,一心复仇,使史诗有为宗教意识形态美化种族灭绝之嫌。伯克(Burke,1948:151)评价参孙为"一个脾气暴躁的老战士"。燕卜荪(Empson,1961:227)评价参孙为"不知智的参孙",并抱怨道,"我们不知道参孙的堕落如何以及为什么发生,因为他没有足够的自我分析。"塞缪尔(Samuel,1971:235)更是毫不留情地批评道,参孙是一个狂热的死亡贩子,始终被一种无法根除的暴力冲动操纵。学者们的普遍观点是参孙缺乏精神发展,始终自我陶醉,与义士形象相去不可以道里计。可见,对于这些读者,参孙从未获得内在洞察与自我控制的能力,"他绝望,他言说,他不再绝望,他行动,自始至终都是盲目的"(Radzinowicz,1978:6)。这些评论似乎达成了共识,认为参孙兼有令人厌恶的道德有亏与心智缺失之罪孽。

应该看到的是,与《斗士参孙》的解读传统相比,上述对参孙的标签化批评集中涌现于美国"9·11"事件突发后。在恐怖主义甚嚣尘上的新语境中,《斗士参孙》同归于尽的结局自然也最容易吸引批评者。著名的弥尔顿研究者凯里(Carey,2011:622)宣称"9·11"事件彻底改变了《斗士参孙》的阐释意义,关于参孙德性之举的论证将站不住脚。与此同时,另一位以研究弥尔顿起家的学者费什(Fish,2012:2)则强调,参孙不应被简化为恐怖主义者,他对信仰的认同大于字面诫命。崔梦田(2021:175)在尝试沟通这两位互持异见的学者时发现,由于"《斗士参孙》侧重的是内在自由基础上的外在自由,并且将追求外在自由的理念付诸具体的行动",参孙的外在抗争既可以解释为基于内在自由的自由抗争,也可以解释为内在冲动引发的宗教暴力,因此"两者从根本上难以融合"。权衡之下,笔者更同意费什的观点。史诗中压迫与抗争的关系尤其复杂,彼此纠缠,确实不应生硬粗暴地给出参孙是恐怖主义者的偏颇之论。当然,将参孙简化为宗教圣人也是不可取的,无疑是走向了另一种与事实全貌扞格不入的极端。笔者认为,与其片面地纠结于参孙外在抗争的德性与否,不如关注其所受压迫的多面性、所施抗争的持续性,整体看待史诗英雄的精神成长过程对读者的教育意味,作出更符合弥尔顿晚期诗歌创作意图的恰当解读,即"使他的读者通过读诗来训练谨慎的判断、想象性的理解和选择的能力,促使他们增强政治与道德的理解力,促进他们的美德及对自由的热爱"(Lewalski, 2003: 175, 460)。

2　非利士人的肉体压迫与参孙的话语抗争

悲剧提要首句便彰显了敌对者非利士人对参孙所施的肉体压迫:"参孙瞎了眼睛成了俘虏,如今在迦萨监狱里,在那儿像在一般的劳动教养院里劳动着。"(Samson, made captive, blind, and now in the prison at Gaza, there to labour as in a common workhouse)(59 - 60)①四个分句各对应参孙所受的四种肉体压迫,即被俘、被戳瞎眼、被关押监狱、被强迫劳作。对比《士师记》可以发现,弥尔顿巧妙地转换了主谓关系,凸显参孙受压迫的被动位置:"非利士人将他拿住,剜了他的眼睛,带他下到迦萨,用铜链拘索他。他就在监里推磨。"(But the Philistines took him, and put out his eyes, and brought him down to Gaza, and bound him with fetters of brass; and he did grind in the prison house.)(16 - 21)②除了主谓关系的调动,弥尔顿还省略了"用铜链拘索他",增加了"像在一般的劳动教养院里劳作"这一符合诗人语境的比喻,虽然在参孙的自述中,很快就给出了"chained"(7)这一细节,但显然,弥尔顿在提要首句便有意替换了肉体压迫中的权力关系,植入了话语抗争的可能性。

在非利士人都不劳作的节庆日,参孙得以走出牢房,苦忆起自己的受难境遇,颇有抱怨上帝却不曾逾越信仰的约伯之姿。参孙哀叹他的失明,认为此时的自己已不再是曾经的民族英雄,而是无助囚犯,需要"领路的手"(guiding hand)(1)领他"摸黑的脚步"(dark steps)(2)。参孙怨恨被强迫执行的"辛勤劳役"(servile toil)(5)。值得注意的是,参孙此处的用词是"servile"而非"slavish",后者更侧重内在的顺从,但参孙并没有完全受制于牢房中憋闷潮湿的(close and damp)(8)空气而不识牢房外淳而甜的(pure and sweet)(10)的天堂之气,他内心深处并没有将自己看作没有自由意志的奴隶,而仅是服役的劳仆,在这一天因非利士人的迷信(superstition)(15)而勉强(unwillingly)(14)停止劳作。参孙对

---

① John Carey, *John Milton*: *Complete Shorter Poems*. 2nd ed. London: Pearson Longman, 1997. 约翰·弥尔顿,《斗士参孙》,金发燊译,桂林:广西师范大学出版社,2004. 本文中《斗士参孙》原文与译文引文均引自以上两本,下文仅标明行数,不再另注。

② 本文中《圣经》中英文引文均引自和合本与钦定本(King James Version of the Bible, KJV),下文仅标明章节行数,不再另注。

两者区别的强调呼应了霍布斯在《利维坦》(Hobbes, 1998: 134 - 135)中的主张,即劳仆(servant)与奴隶(slave)不能等而观之,奴隶完全没有内外的自主性,而劳仆则有自己的责任和义务,在合适的时机,他们也能够打破枷锁,发动正义的反击。以此观之,参孙能够清醒地认识到自身处境,具有内在抗争的欲望与可能。

然而,随着参孙自述的展开,原本作为抗争途径的话语却激起愈发尖锐的悲惨情绪,不自觉地陷入沉闷的情绪之中,反倒使参孙的抗争欲望越来越低。心头思绪纷扰,曾经自己是拥有光荣的神力(glorious strength)(36)的以色列伟大的拯救者(great deliverer)(40),如今却受尽敌人的压迫,其屈辱比奴隶更等而下之,可见,故我与今我之间巨大的落差是参孙最不能接受的压迫。

在接连控诉命运的不公、不断将苦难经历消化为自我压迫后,参孙突然两次控制住了自己行将对上帝的诅咒,他警告自己且慢(Yet stay)(43)、别急躁(But peace)(60),勿将自己的过错(mine own default)(45)怪罪于最高天道的意愿,而只能责怪自己不能守口如瓶,只有神力没有智慧,导致恩赐反而成为自己的致命伤(bane)(63)。从此处便能发现,面对上帝时,参孙具有自我控制能力,而或许正是由于信仰的超然,参孙只能将罪责归咎于自己。尽管在内心深处,参孙还保持着对上帝的儆醒、对英雄身份的自持,但在连续咏叹之后,参孙还是忍不住追问上帝为什么夺走他的光,此时自我控制力量再次启动,他旋即认为是自己的眼睛太脆弱,无法容纳这真光。参孙开始将自己比作一个活死人(a living dead)(100)、一座活的坟茔(a moving grave)(102),他追求死亡与掩埋的特权,因能豁免生者的灾难。

必须指出,由于压迫的难以承受、信仰的难以僭越、自我的难以释然等因素,参孙被动的话语抗争实则沿着两条轨道在运行。在更高的信仰层面上,他和约伯一样,没有跨过渎神的红线,没有否定上帝的恩典,但在更低的个体层面,消极的话语抗争在无意识中转变为一种自省式的自我压迫,罪责只能归咎于己身,存在于话语中的故我形象不断对今我进行嘲讽,存在于话语中的今我形象又不断受到来自今我的怜悯。话语抗争的分裂反映出参孙此时自我整合的失败,故我与今我的无法和解加剧了参孙的痛苦。对立的自我既无法获得信仰力量,也无法走出自我阴霾。在此时,参孙确如维特赖希(Wittreich, 1986: 2)所述,"是一个有缺陷的英雄",他此时的缺陷在于对苦难的沉溺、对今昔对比的执着、对身份关系的混乱认知,还无法认清如何进行有效的内在抗争。

令人欣慰的是,话语抗争的双重性毕竟不是对抗争可能的全盘否定,并未使参孙彻底绝望,反而客观上帮助参孙"开始辨明什么才是真正的奴役"(崔梦田,

2021:189),使他逐渐认识到自己作为神力者和拯救者的不同角色与上帝的不同关系。在合唱队的质问之下,参孙并没有将以色列人受奴役的罪责也兜揽在自己头上,而是清楚地认识到其根源乃是犹大贵族的自我吹嘘与见利背义、以色列人的不求抗争,他们宁愿受奴役而不爱享有自由,安于受奴役而不奋力争自由(to love bondage more than liberty, / Bondage with ease than strenuous liberty;)(270-1),他们在压迫下被软化而具有了真正的奴相,即精神的失明。斯金纳从这几句论争中,敏锐地觉察出古罗马共和自由思想对弥尔顿的影响①,这思想使参孙开始重新认识到以色列人与上帝的关系,重新评价故我的过错,话语抗争的结果初具雏形,参孙内心的眼睛渐渐睁开,为思想的进一步激活奠定了基础。

然而,针对参孙的压迫总是无孔不入,压迫与抗争如影随形。由于来自合唱队和玛挪亚的话语压迫,参孙即便通过话语抗争,在信仰层面上对上帝将战胜大衮很有信心,却仍然受到话语引诱,无法不责备自己没遵守上帝的忠告,缺乏与神力相匹配的智慧,无法完成上天指派的任务,只愿让位于肉体与灵魂上的双重黑暗(double darkness)(593),只愿速死(speedy death)(650)。可以说,此时参孙的抗争尝试只有话语,思想阙如。参孙的情绪降到了最低点,内心痛苦的呈现到达了最大化,灵魂几近放弃挣扎,话语抗争机制眼看要被内外压迫彻底撕裂。所幸在这个节骨眼上,弥尔顿立马安排了三位对话者的出场,参孙在与他们的对峙中,逐渐从自我裂隙中生出了思想之光,更完善的内在抗争开始运行。压迫与抗争的辩证关系初现端倪,因压迫而起的抗争也能够成为另一种压迫,但这种隐性的自我压迫却也向内打破了禁锢,寻得了思想的出口。

3 对话者的话语压迫与参孙的思想抗争

拉齐诺维奇(Radzinowicz, 1978:15)指出,"参孙的痛苦是内在的,但产生了巨大的能量:在内心中,他与所受的压迫作抗争。"需要补充的是,参孙的内在痛苦受到了肉体压迫与话语压迫的外在刺激,内在抗争产生了思想能量,消解了话语中的杂质。作为一出案头戏(closet drama),《斗士参孙》中的情节发展不是由人物行动推进的,而是由人物的内心活动与人物之间的几轮对话驱动的。合唱队与玛挪亚的话语暗含了对参孙民族英雄形象的形塑,为以色列民族的身份构建而服务,象征着集体叙事对个体叙事的抹除。民族英雄的陨落与民族的被

---

① 参见:Quentin Skinner, *Liberty Before Liberalism*, p. 68; "John Milton and the Politics of Slavery", in *Milton and the Terms of Liberty*, ed. Graham Parry and Joad Raymond, p. 21.

奴役给以色利人带来了巨大的身份焦虑，他们急需在民族叙事中重塑认知图示与历史真相。历史叙事的连贯语境能够给以色利人提供希望，他们相信即使现在受苦，将来一定会得到解放，此时的磨难只是更长的历史进程中必要的一环。然而，参孙的迷茫给以色列人带来了难以复加的烦恼，似乎目前的参孙并不能带领他们走向最终的成功。因此，合唱队与玛挪亚渴望将参孙的故我与今我整合进连贯的因果链，指向上帝承诺的胜利结局。他们拒绝相信参孙已被上帝抛弃，必须让参孙知道现在的处境和上帝的计划并不抵牾。

合唱队并非传统戏剧中的幕间插曲，而是作为人物全面参与到了对话之中。合唱队把参孙看作"照见世事变幻的镜子"（mirror of our fickle state）（164），可参孙却"成了自己的地牢"（The dungeon of thyself）（156），致使以色列人无法理解他们的历史进程与文化身份。因此，他们不断强调参孙故去的英雄身份，亟需叙述他的故事来树立一面既能够认识自我又能够照亮前路的镜子。面对参孙"难以言传、想象、置信的变化"（change beyond report, thought, or belief）（117），他们鼓励参孙"别灰心过度而不能自拔"（Deject not then so overmuch thyself）（213），以期重新激活英雄叙事。尽管参孙一再确认自己的疏漏才是受虏的主因，合唱队与玛挪亚却坚持将罪责推诿至大利拉与婚姻的不合律法之上，直至结尾，玛挪亚仍然对参孙的婚姻耿耿于怀（1742-44），以维护参孙的民族英雄形象。他们看似安慰的话语实则就像约伯的朋友，并不是利他的劝解，而是出于私利的煽动，尝试去抵挡参孙"感到为上天所捐弃抛却"（sense of heaven's desertion）（632）的悲望。但正如前文揭示的那样，参孙此时的认知框架是分裂的，这些话语只会让他更愧疚、更自责。他们始终否定参孙的自由意志，从而打破参孙自我认知的所有可能性，在看似正义的话语中裹挟着权力的压迫。

在悲剧的结尾，合唱队和玛挪亚如愿以偿构建了一个新的作为文化记忆的参孙形象，一个遵从上帝神意、解放了民族的故去英雄。玛挪亚不再厌恶参孙自毁的想法，因为同归于尽可以被看作为以色列所作的牺牲，他确信参孙"给以色列带来光荣和自由"（To Israel honour hath left, and freedom）（1714-5），他会带他回归故里，立一座纪念碑（Build him a monument）（1733-4）。至于"为他立一座纪念碑"（build a monument *for* him），还是"立一座他形象的纪念碑"（build a monument *of* him），显而易见，参孙被话语物化为了供人消费的纪念碑，神化为了民族叙事永不磨灭的坐标，他的人性业已除去。

参孙与大利拉、哈拉发、非利士公差的三轮对话被紧接着安排在参孙精神谷底之后，有力体现了参孙峰回路转的思想抗争。参孙逐渐整合了自我，重建了内在乐园的和谐。崔梦田在其专著《内在乐园：论弥尔顿晚期诗歌中的认知和自由》(2021:192-216)第四章第二节中,从思想史的角度对参孙的三轮论证进行了透彻精彩的分析,她指出,在关于公民自由与宗教自由的三轮论证过后,参孙"重新确立了自己作为以色列人救赎者的身份"。笔者对此深表赞同。碍于篇幅限制,本文对参孙的三轮论证仅作一些关于话语压迫与思想抗争关系的增补附益,具体的思想挖掘可参见《内在乐园》。本文认为,参孙对身份的重新确立可从信仰层面与个体层面的思想弥合进行考察,思想抗争锻炼出了更有力的综合性认知。

大利拉的出场无疑激起参孙内心最大的混乱,从某种程度上来说,此时她说的任何话语,都是对参孙的话语压迫。大利拉先是提醒参孙曾经"夫妻的恩爱"(conjugal affection)(739)和她鲁莽和不幸的罪行(rash but more unfortunate misdeed)(747)。随后,她为自己编织了三个辩护的理由,即女性弱点、爱的占有、服从公义。前两个个人层面的牵强理由隐约夹杂着对参孙的控诉,却已无法迷惑参孙。平心而论,如果是停留在消极话语抗争层面的参孙,大利拉的前两个借口会产生极大的压迫效果,迫使参孙自省更甚。但参孙的反驳证明了他的抗争已能与话语压迫中的权力相抗衡,他认为困囿于私人的圈禁只会带来无可消除的憎恶(inexplicable hate)(839),他已经开始形成关于公义的思想。但棘手的是,大利拉的第三个理由正是巧妙地以公义掩盖过错,声称自己是为了公民义务而牺牲个人感情。令人意外的是,论证的困难反而促进了参孙进一步关于自然法与万国法(the law of nature, law of nations)(890)的思考。如果说参孙关于公义与律法的论证属于思想抗争的重要进展,那么其显著成果便体现在参孙强忍住愤怒,最终选择宽恕了大利拉(954)。这次宽恕不是大利拉所言软弱的、别无选择的放过,而是出自思想认知下"平静地永别"的选择。参孙对大利拉的宽恕使他对上帝之恕产生积极想往,人性开始向神意靠拢。

与哈拉发的论证不仅使参孙"对于过去的抗争行为进行了理论上的辩护,也重新明确了自己的使命"(崔梦田,2021:200),标志着参孙从消极的内在抗争向积极的外在抗争的正式转变。与只敢夸口的非利士巨人相比,参孙明显掌握着主动,直接提出一决高下的武力对决,"识货之道不在看而在领教"(1091),精神力量明显开始恢复,内在生命失而复得。与大利拉的话语压迫同理,如果对消极被动的参孙宣称上帝将他遗弃为敌人的奴役,或许能够对参孙造成致命一击。但此时参孙更坚定地回应道,自己是"罪有应得,有过之而无不及,/ 承认它们是上帝给我公平的 / 处罚,可仍不绝望他最后的宽恕"(1169-71),因为上帝会倾听、看见并接纳忏悔哀恳的人(1173)。参孙已对神意与人性重获信心,不再沉溺于过往的辉煌与堕落,"别夸口说你原可以干什么,只干你眼下要干的"

(1104-05)。不仅如此,参孙还发展出了关于抗争本身的思想。他认识到,非利士对以色列是武力征服,被征服者以牙还牙乃名正言顺之举。参孙不是个人,而是上帝选派的拯救者,因此具有合法的抗争身份(1206-19)。应该看到,在与哈拉发的论证之后,与话语压迫相抗衡的思想抗争不仅消解了外在压迫,还修复了内在压迫,完成了内在抗争,为外在抗争奠定了思想基础。

因此,当面对随后前来传达表演命令的非利士公差时,参孙坚定地三次拒绝,坚定地捍卫自己的"良心和内在的平安"(conscience and internal peace)(1334),内在抗争的成功使外在压迫自然显得软弱无力,话语压迫能轻易被转化成为己所用的思想燃料。这一次,参孙终于通过内在抗争获得了真正的自由,内心的眼睛已经完全睁开。神意与人性的重新结合使参孙在对包括形塑、指责、诡辩、挑衅、命令在内的话语压迫进行抗争的过程中,有力推进了对公义、律法、恩典、抗争、良心的思考,做好了外在抗争的准备。压迫与抗争的关系经由压迫居上与互相抗衡,逐渐抵达抗争的胜利,逐渐扭转权力的主导位置。

4 非利士贵族精英的奇观化压迫与参孙的外在抗争

在经历了有所裨益的话语抗争与不断推进的思想抗争后,参孙已经重塑了内在的和谐,能够准确作出判断。若为应允命令,参孙不愿像野兽(a wild animal)(1403)一样被拖拽过去,但若是出于主动选择,参孙则愿意前往由自己决定的命运:"你我为某种重大的事业/原因(important cause)①/ 参加神殿里偶像崇拜的仪式,/ 上帝可以赦免,这一点你无须怀疑。"(1377-9)"我开始觉得,我心里有冲动/动力(rousing motions)跃跃欲试想干 / 我想到的某种不同凡响的事情。"(1382-3)如前所述,聚焦宗教暴力的读者很容易将此处的"冲动"理解为神谕启示下的宗教冲动。但经过本文梳理,不难发现,此处的冲动实乃参孙在完成内在抗争后新生的积极"动力",外在抗争的"原因"实乃对神意"事业"的人性担负。有趣的是,参孙在临走前说道:"主人的命令来得势不可挡,/ 对此自然就该绝对服从(absolute subjection),/ 为了生命(a life)谁不改变他的主意? /(人的道路总是灵活多变)。"(1404-7)语义指向的模糊性使我们不禁发问,谁是参孙绝对服从的主人?势不可挡的命令具体指什么?他说的生命是肉体的,还是属灵的?卡恩(Kahn,2004:269)精辟地总结道,此处的"生命"具有双重性,即出于自我保全(self-preservation)的肉体生命与出于神意救赎(salvation)的

---

① 弥尔顿用了两个多义词。"cause"可作"事业"或"原因"解,"motion"可作"冲动"或"动力"解。

属灵生命。作为上帝选派的拯救者，肉体生命实现于属灵生命对神意的践行，属灵生命存在于肉体生命对人性的肯定，本质上二者的获得均以彼此的存在为前提。参孙的此番言语并非转向了服从，而是为了获得整体生命而发出的抗争宣言，因此参孙势不可挡的命令便指前去完成自己未竟的使命，并且这一次抗争将付诸外在行动。参孙主动走进非利士人的奇观化压迫中，内在和谐使参孙拥有了直面并打破压迫的勇气与毅力。参孙走后，合唱队与玛挪亚的交谈被可怕的喧哗声打断，叙述距离被拉回，却带来了毁灭与杀戮的消息，合唱队猜测是"参孙的视力奇迹般恢复了"（1527），可以说猜对了一半，那是参孙"生命"的视力奇迹般恢复了。

前文已经提到，《斗士参孙》是一出案头戏（closet drama），即悲剧上演的舞台不在戏院而在读者的内心，其开放性的特点适合激发并容纳读者的不同见解[1]，能够邀请读者像参孙一样整合分散的真理碎片，以达到综合认知。参孙在剧院中首先是被非利士人奇观化的表演者，而非利士人首先是"奇观（spectacle）"（1604）的观看者（spectator）。与此同时，在更上一层叙述框架中，参孙还是读者的直接观看对象。参孙惊天动地的外在抗争将被非利士人和读者视为奇观，讽刺的是，抗争使非利士人也被卷入了他们观看的奇观中，从奇观观看者变为了奇观表演者，与参孙一起接受读者的观看，反倒被参孙奇观化了。参孙拉倒柱子的悲壮场景不仅打破了剧院建筑，也打破了悲剧的叙述框架，在这场戏中戏（play-within-the-play）中，外在抗争使权力发生转移，为第二层观看者提供了开放的阅读场所[2]，将压迫（oppression）的两层语义逆转为了参孙正义地使用力量（just exercise of power）和他通过升华思想境界、拔起剧院柱子将非利士贵族精英从居高临下的奇观观看者位置上拉下来成为奇观（weigh down the Philistine royals by lifting up his mind and the pillars）。部分读者没有意识到这一点，将观看目光局限于参孙一人的行动，将参孙的外在抗争定谳为宗教暴力的展演，并出于各自立场与语境的考虑，将参孙脸谱化为纯粹的宗教圣人或恐怖分子，体现了针对参孙的另一层奇观化压迫。

---

[1] 关于悲剧形式与思想语境的关系，可参见：Louis B. Wright, "The Reading of Plays during the Puritan Revolution," *The Huntington Library Bulletin*, No. 6 (1934): 73-108; Lois Potter, *Secret Rites and Secret Writing: Royalist Literature, 1641—1660*, 1989; Leah S. Marcus, *Unediting the Renaissance: Shakespeare, Marlowe, Milton*, 1996.

[2] 关于戏剧与反戏剧的详细论述，可参见：Laura Lunger Knoppers, *Historicizing Milton: Spectacle, Power, and Poetry in Restoration England*, 1994; David Loewenstein, *Milton and the Drama of History: Historical Vision, Iconoclasm, and the Literary Imagination*, 1990.

参孙外在抗争的暴力形式仅仅是真理的一块碎片。事实上,在整个奇观中,读者也能看到剧院屋顶压垮的非利士"长官们、贵妇们、将军们、顾问们、祭司们、他们的豪绅贵族和精英"(1653 – 4)与安然无恙的"站在露天的观众"(1659)。《士师记》中没有关于剧院结构与人群划分的记载,弥尔顿的改写设计成为了奇观的一部分。丹尼尔(Daniel,1989:6)等人所持的"参孙的自杀是他命定的罪"的观点,便忽略了奇观全景的主题意义。用费伦(Phelan,2022:266)的术语来说,奇观中的所有角色已经从"模仿型人物"(mimetic characters)转变为了"主题型人物"(thematic characters),不再是此前直接引语中对真实人物的写实再现,而是在间接转述中抽象为了弥尔顿的修辞效果,邀请具有不同思想伦理和意识形态的读者对参孙的外在抗争展开协商式的综合评价。参孙杀死的是贵族的身份,幸存下来的是平民百姓(the throng)(1609)这一弥尔顿最关切的身份。在这个意义上,我们可以说参孙的抗争最终成功了,并且能够免受滥杀无辜的指责。神意给参孙的使命,不正是以神力拯救以色列平民吗?参孙牺牲了自己的生命,不仅解救了以色列民众,还没有误伤非利士平民。在主题层面,参孙既完成了自己的神意使命,又维护了自己的人性意志,获得了圆满的生命。倘若没有关注到压迫与抗争对参孙的持续影响,便无法综合认识参孙这一人物与史诗的主题。《斗士参孙》中的参孙无法被贴上神圣或罪恶的单一标签,他是一个活生生的人,一个在苦难与挣扎中依然选择挥动精神旗帜的勇敢斗士。

弥尔顿对奇观本身进行了淡化处理,不仅体现在拉齐诺维奇(Radzinowicz,1986:252)所指出的,"合唱队在结局中的台词几乎是信使对灾难的描述的两倍",乃至报信人本身的设计也是为了淡化奇观。报信人虽然提供了关于参孙摧毁神庙的目击者证词,但他的回顾性叙述受到有限的观察位置和不确定所述事件意义的影响,其转述是依靠道听途说:"(从站得更近的人那儿听来的)"(1631),并且还有夹杂感情色彩的嫌疑:"他随他们领着,沉着而无畏(patient and undaunted)"(1623),这提醒读者参孙外在抗争的场景是从叙述中重建的,是诗人对参孙所受的奇观化压迫的诗意解围。"后9·11"时代的读者具有独特的"期待视界",将参孙的外在抗争穿凿附会为种族灭绝、恐怖主义,这明显是将现代的政治观念强加于基于古代文本改编的十七世纪史诗人物身上,尤失允当。参孙的外在抗争是史诗必要的情节收尾,是参孙持续与多方面压迫作抗争的必要发展。弥尔顿的用意或许在于十七世纪读者不限制在《士师记》底本所述的古老奇观之上,而应纵览全局,关注到整体语境中压迫与抗争的辩证关系,从而调和思想,抵达更完全的真理。以素体诗和自由诗为主体形式的悲剧史诗却以充满秩序感的韵体收尾,意义或现于此。

参考文献

[1] 崔梦田. 内在乐园：论弥尔顿晚期诗歌中的认知和自由[M]. 杭州：浙江大学出版社, 2021.

[2] 弥尔顿. 斗士参孙[M]. 金发燊, 译. 桂林：广西师范大学出版社, 2004.

[3] 圣经和合本·新国际版[M]. 南京：中国基督教协会, 2007.

[4] BURKE K. The "use" of *Samson Agonistes*[J]. Hudson review, 1948, 1：151-167.

[5] CAREY J. John Milton：complete shorter poems [M]. 2nd ed. London：Pearson Longman, 1997.

[6] CAREY J. A work in praise of terrorism? [M]// JASON P R. Milton's selected poetry and prose：authoritative texts, biblical sources, criticism. London：W. W. Norton & Company, 2011：622-626.

[7] DANIEL C. Lust and violence in *Samson Agonistes*[J]. South central review, 1989, 6 (1)：6-31.

[8] DOBRANSKI S B. Samson and the Omissa[J]. SEL, 1996, 36：149-169.

[9] EMPSON W. Milton's god[M]. London：Chatto and Windus, 1961.

[10] FISH S. Spectacle and evidence in *Samson Agonistes*[J]. Critical inquiry, 1989, 15 (3)：556-586.

[11] FISH S. Versions of antihumanism：Milton and others [M]. Cambridge：Cambridge University Press, 2012.

[12] HOBBES T. Leviathan[M]. London：Oxford University Press, 1998.

[13] KAHN V. Wayward contracts：the crisis of political obligation in England, 1640—1647 [M]. Princeton：Princeton University Press, 2004.

[14] LEWALSKI B K. The life of John Milton：a critical biography[M]. Malden：Blackwell Publishing, 2003.

[15] PHELAN J. Reading characters rhetorically[J]. Narrative, 2022, 30 (2)：255-267.

[16] RADZINOWICZ M A. Toward *Samson Agonistes*：the growth of milton's mind [M]. Princeton：Princeton University Press, 1978.

[17] RADZINOWICZ M A. The distinctive tragedy of *Samson Agonistes*[M]// WITTREICH J R, IDE R S. Composite orders：the genres of Milton's last poems. Pittsburgh：University of Pittsburgh Press, 1986：25-34.

[18] SAMUEL I. *Samson Agonistes* as tragedy [M]// WITTREICH J R. Calm of mind. Cleveland：Case Western Reserve University Press, 1971：235-257.

[19] WITTREICH J A. Interpreting *Samson Agonistes*[M]. Princeton：Princeton University Press, 1986.

新历史主义视角下历史、现实与记忆的交融
——论大江健三郎《万延元年的足球队》的"真相"与身份

南京大学 牛万莉[*]

摘 要:《万延元年的足球队》是日本作家大江健三郎诺贝尔文学奖获奖作品之一。以往的研究多认为小说中鹰四之死是蜜三郎新生活的转折点,但并未说明这个转折点的具体形成机制及同作家之间的关系。通过对《万延元年的足球队》进行文本细读,结合新历史主义的观点,我们不仅看到了鹰四通过历史与记忆的暴力性延续实现了自我身份的认同,同样看到了蜜三郎通过历史与现实的"真相"找寻实现了自我身份的重塑,作家本人也在这一过程中实现了自我认同。

关键词:大江健三郎;《万延元年的足球队》;新历史主义;"真相";身份

1 引言

大江健三郎出生于日本四国岛爱媛县的一个山谷中,1957年通过发表短篇小说《奇妙的工作》和《死者的奢华》正式进入文坛。1994年10月,大江健三郎凭借《个人的体验》与《万延元年的足球队》(『万延元年のフットボール』)成为继川端康成之后日本第二位获得诺贝尔文学奖的作家。《万延元年的足球队》(以下简称《万延》)最初刊载于1967年1月至7月的《群像》杂志,9月由讲谈社出版单行本,并获得第三届谷崎润一郎文学奖。以往的研究多认为《万延》中鹰四之死是蜜三郎新生活的转折点,但是并未论及背后的形成机制。具体表现

---

[*] 作者简介:牛万莉,南京大学硕士研究生,研究方向为日本近代文学,电子邮箱:wanliniu@smail.nju.edu.cn。

为鹰四和蜜三郎为了寻找新生活而回到四国,他们都希望在故乡找到自己的身份,然而在身份找寻的过程中围绕着历史、现实和记忆,他们对"真相"产生了不同的认识,并直接影响到两人的身份认同和重塑。值得关注的是,兰立亮从《万延》中知识分子的视角分析了根所兄弟的历史追寻和身份认同的关系,并对根所家族的暴力谱系进行了考察(兰立亮,2015)。但是其关于《万延》的研究并未从文本本身出发详细分析鹰四之死是如何发生的、鹰四关于历史以及个人"真相"的认识是什么、这同他的身份认同有什么关系、哥哥蜜三郎如何看待鹰四的新生活、他认识到的"真相"经历了怎样的变化、这同身份认同之间有什么关系以及他最终是如何开始新生活的。通过文本细读,结合新历史主义批判视角,笔者发现《万延》中不仅包含历史、现实及记忆等多重元素,还涉及"真相"和身份之间的复杂关系。鹰四和蜜三郎正是在多种元素的交错中找寻"真相",讲述"真相",并最终实现身份认同与重塑。

新历史主义(new historicism)最初产生于20世纪80年代的美国,由格林布拉特(Stephen Greenblatt)最早提出并得到广泛使用。但是关注新历史主义和格林布拉特本人的许多学者早就注意到并讨论过的一个问题是,其批评实践似乎缺乏一种理论明晰性,即他总是从文本本身谈起,拒绝将自己的观点理论化、体系化。这在一定程度上也使新历史主义具有更宽的延展性和更大的解读空间。《新历史主义》论文集的编辑阿兰穆·威瑟(Harold Aram Veeser)教授曾干脆表示"新历史主义"只是"一个没有确切指涉的措辞"(a phrase without an adequate referent)。针对这一点,张京媛表示新历史主义打乱了学科界限和学科秩序,引起各界的一片哗声并受到来自右派和左派的攻击。称它为"一个没有确切指涉的措辞"主要是因为新历史主义是一种实践而不是一种宗旨或有系统的理论,另一方面,从某种意义上来说,"新历史主义"是一个描写文化本文相互关系(cultural intertextuality)的隐喻(张京媛,1993)。由此可见,新历史主义打破了以往明晰的学科界限,具有显著的跨学科特征,从新历史主义视角出发研究文本需要从文本实践本身出发,结合文化与文本之间的相互关系进行综合考察和分析。具体体现在《万延》中小说主人公与历史、现实和记忆等之间的关系,以及这几个元素与身份认同之间的张力。

此外,本文中所说的历史、现实和记忆均是基于文本的内容进行理解。历史是指小说中关于万延元年农民暴动、S哥之死和1960年发生的安保斗争;现实是指主人公根所蜜三郎和根所鹰四回到四国之后面临的实际境况,即人物面临的现实生活;记忆是指针对前述提及的历史(民间传说等)各个人物的主观印象。此外,本文所谈的"真相"是指事实,即不含任何话语加工的客观存在;根据牛津词典的定义,身份(identity)是指个体结合周围的环境对自我存在的认同。

2 殊途同归的自我找寻
——《万延》中人文主义生活方式的转变

1960年,为了抵抗日本政府同美国签订新《日美安全保障条约》,日本民众掀起了声势浩大的安保斗争运动。薛晓光指出,安保斗争虽然没能阻止条约的生效,却促使岸信介内阁下台,美国总统中止访日,并迫使美国政府调整对日政策(薛晓光,2003)。《万延》中多次提及的百年后的重要时间节点即1960年的安保斗争,同1860年万延元年的农民暴动在时间上形成了跨越百年的遥相呼应。

《万延》首先交代了在东京从事翻译工作的"我"(根所蜜三郎)在接连遭受新生儿畸形、好友离奇自杀、妻子酗酒和夫妻关系冷淡等事件之后,精神状态和生活期望等降到了极点。在这个时候,原本参加过安保斗争的弟弟根所鹰四突然从美国返回,并极力怂恿"我"回到四国寻找"新生活"。回到四国山谷的"我"不仅没有看到"新生活"的迹象,反而在弟弟鹰四热情组织山谷青年进行各种活动中感受到更加深刻的绝望和孤独。一直没有感受到"新生活"的"我"打算尽早返回东京,但是囿于大雪封路,一直被困在山谷的"我"见证了弟弟鹰四领导山谷青年抢劫超市、重演念佛舞、超市"暴动"失败、弟弟自杀、超市天皇拆卸仓房,"我"意外发现曾祖父弟弟一直将自己锁在地下室生活的事实。在妻子的提议下,接受"复审"之后的"我"最终下定决心接回残疾儿,与妻子一同抚养弟弟鹰四的孩子,并前往非洲从事翻译工作。虽然眼前看到的并不全是"希望",但是"我"在非洲似乎更容易建立起新的草屋。《万延》共分十三章,从第一章"在死者的引领下"到最后一章"复审"是从"死亡"(友人之死)到"死亡"(曾祖父弟弟/鹰四之死)的闭环,也是根所蜜三郎从在东京住所暗自思考到在四国仓房下的地下室中独自思索的闭环。在这巧妙的闭环之中,根所蜜三郎达成了同自己的和解。如果说友人之死是蜜三郎为"真相"所困、为残疾儿与夫妻关系淡漠和死亡等话题绝望式思考的开始,那么鹰四之死便是上述开始的一个终结,是蜜三郎对自我身份的重塑和坦然面对真相、意欲重新生活的另一个开始。这种转变体现出主人公从悲观主义生活方式至相对平和状态的生活方式的转变。此外,上文提及的"我"在非洲建立的"新的草屋"暗示着一种全新的生活方式,是从最初的身份认同丧失到以一种更平和的方式展开生活的隐喻。这种全新的生活方式是作者大江一贯主张的人文主义的生活方式。

大江曾在"第九届全北海道残疾人大会"(「第九回全道肢体不自由児者福祉大会」)上阐述对恩师渡边一夫关于人文思想的理解时提出,"不管在任何情况下,人们既不能过分绝望,也不能抱有过度的希望。既不过度期望,也不过度绝望,如此这般立足于现实,逐个解决遇到的问题,这便是人文主义式的生活方式。"(大江健三郎,1982)从绝望到萌生希望,《万延》中的蜜三郎最终开始采取了一种人文主义的生活方式,大江本人也一直践行这一生活准则。

3 鹰四的自我认同
——于历史与记忆的交错中进行暴力性延续

盛宁指出,新历史主义是一种新的文学批评视角和阐释文学文本历史内涵的特定方法论(盛宁,1993)。因此,在某种程度上,我们可以将新历史主义理解为一种对已有历史阐释的反叛与解构。在小说《万延》中,鹰四对历史的认识受到社会、文字等多重文本的影响,其关于百年前万延元年的农民暴动和S哥之死的记忆在多重文本的作用下逐渐达成自我的认同与和解。论及文本和历史二者之间的关系时,加州大学教授蒙特洛斯(Louis A. Montrose)提出"文本的历史性和历史的文本性"(the historicity of texts and the textuality of history),具体来说,"文本的历史性"指一切文本(包括文字的文本和广义的社会大文本)都具有特定的文化性和社会性;"历史的文本性"则包含两层意思:我们需要文本才能了解一个社会真正完整的过去和文本转变为文献时的阐释媒介作用(盛宁,1997)。从这个角度来看,新历史主义强调文本和历史之间的相互关系,并且在此基础上生成一种不同于原有历史的解释。诚然,文字的文本具有非完整性,社会的大文本同样会受到各种因素的影响。在《万延》中,关于曾祖父弟弟和S哥之死的"真相"受到社会大文本的多重影响,由此产生了不同的历史传言。

首先,关于万延元年曾祖父弟弟充当农民暴动领袖的"真相"。鹰四听来的传言是——"曾祖父杀了弟弟,平息了村里的大暴乱,他还吃了弟弟腿上的一片肉,那是为了向藩里的官员证明自己与弟弟引发的暴乱无关"(32)。虽然蜜三郎对那个暴动事件也不甚了解,但是为了让弟弟摆脱恐惧,蜜三郎向鹰四讲了他偷听的另一种传言——"暴乱后,曾祖父帮助弟弟穿过森林逃到高知。他弟弟越过大海去了东京,改名换姓成了大人物。明治维新前后,他还给曾祖父寄了几封信"(32)。尽管蜜三郎是为了安慰弟弟说出了上述传言,但这并不意味着他就相信这个传言。少年蜜三郎曾在观看文娱会舞台剧中,因为现实记忆和虚拟舞台的交错受到惊吓抽风昏倒。为了求证传言的真实性,蜜三郎一度向隐退教师写信,教师认为正确的事实是"你曾祖父让作为武装暴动领袖的弟弟逃去高知了"(81),教师本人现在赞同这种观点。而当山谷住持从历史还原的角度论及万延元年农民暴动的始末时,住持认为万延元年的农民起义是一场有预谋、有组织、有计划的暴动。蜜三郎曾祖父的弟弟不过是在这场暴动中充当统治集团"帮凶"的角色。最终其被单独赦免逃往高知,而其他参与暴动的农民则全部遭到残杀。"真相"在这里众说纷纭,显得扑朔迷离。

如果说根所兄弟对1860年万延元年山谷农民暴动事件的"真相"追溯是一种历史性的回望,那么1945年S哥之死的相关记忆对根所兄弟而言,则是同时代人寻求身份认同的一种方式。鹰四经历了1960年6月安保斗争的失败,之后作为"学生运动家转向代表"参演《我们自身的耻辱》(因为总统未能顺利访日,向美国民众表示歉意)这一忏悔剧。"和我一起去四国吧!作为新生活的开始方式"(32),鹰四不仅是为怂恿蜜三郎而说的这句话,更重要的是说给自己听。这种"新生活"的找寻实际上是为了应对现实对自我的种种怀疑,希望从山谷汲取力量,寻找自我身份。鹰四希望在四国的山谷中扎根,建立新的草屋,开始新的生活。正因如此,他积极帮助山谷青年同超市天皇协商、热情组建足球队、同山谷青年们合宿、重新上演传统的念佛舞、不遗余力地向山谷青年讲述万延元年农民暴动的种种细节。

对每个群体来说,向历史寻找记忆涉及自我身份认同,"记忆的责任来自每个历史学家自身"。皮埃尔·诺拉(Pierre Nora)认为,"来自记忆责任的需求催生了记忆从历史学向心理学、从社会向个人、从传承性向主体性、从重复向回想的转移。这是一种新的记忆方式。从此记忆成为私人事务,它让每个人都感到有责任去回忆,从归属感中找回身份认同的源头和秘密。"(诺拉,2017)换言之,在某种意义上,记忆本身就是历史,人们会在记忆场中有选择地运用自己的记忆片段去还原历史"真相"。鹰四和蜜三郎正是按照自己的回忆去寻找来自故乡的归属感和身份认同。

在对日本战败后(1945年)不久S哥之死的记忆中,蜜三郎和鹰四的记忆可谓截然相反,他们对一些细节的记忆也存在偏差。在鹰四的记忆中,于朝鲜人争斗中死去的S哥不仅具有"外向型的活泼",而且是身躯伟岸、气度不凡的英雄人物。从蜜三郎的描述和后文鹰四关于自身记忆修正的情节来看,我们可以推断出鹰四的记忆受到念佛舞中S哥形象的影响。

> 念佛舞是在盛夏的正午进行的,所以使我记忆熠熠生辉的白色太阳光,也都是我在现实的盂兰盆会上体验的。那不是真正袭击朝鲜人

村落的记忆,这事实是在山谷人共同情感中被形象化的再现出来的念佛舞世界中的体验。球队那帮人说,我离开洼地后,他们仍然看见S哥的"亡灵"在每年的盂兰盆会上跳我记忆中的那种舞。我不过是在记忆的装置中,把盂兰盆会的念佛舞和实际生活中袭击朝鲜人村落的情景混淆在一起罢了。这反倒意味着,我仍然拥有与山谷人的共同情感联系在一起的根吧。(103)

尽管鹰四意识到自己关于S哥的记忆并非真正袭击朝鲜人村落的记忆,但是他在"事实"体验中感受到了来自山谷青年认同的"真相"。念佛舞串联了万延元年(1860年)农民暴动领袖曾祖父弟弟和战后"慷慨赴死"的S哥,直至经历1960年安保运动失败的鹰四,农民暴动蕴含的暴力性也联通至鹰四、山谷青年和山谷成年人的血液之中。鹰四从自己的记忆之场感受到了山谷人的共同情感和来自历史的认同,从这个角度来看,找到自我身份的鹰四在暴力性的召唤中发起了百年后的足球训练并组织抢劫超市、驱逐违规青年,鹰四种种具有暴力性的行为在这种身份认同的延续性中成了必然。

在现实和记忆的交织过程中,"讲故事"成为唤醒集体记忆、实现暴力性延续和山谷青年与山谷人身份构建的重要一环。"本雅明认为,讲故事的关键一点,即是它的可再现性。听者专心去听一个好故事,是因为他或她想要把这个故事再转述给他人。因此,记忆就成了核心特征;故事在那些听者与复述者的记忆中,继续存在。因此也保存了一种集体性记忆(the memory of community)。"(罗伯逊,2018)鹰四通过同山谷青年们合宿,讲述经过自己加工后的万延元年农民暴动的故事,从而使这种身份认同逐渐成为球队青年们的集体心理,甚至被驱逐的青年也将自己想象为万延元年遭到同伴背叛的青年,巨大的情感传递通过念佛舞的表演达到顶点,逐渐唤醒了山谷共同体关于集体的记忆重塑。值得关注的是,鹰四记忆中的"真实"显然不同于"事实",那么,我们应该如何理解"真实"与"事实"呢?

怀特(Hayden White)是新历史主义的代表人物,在他看来,"真实"(truth)不等于"事实"(fact),"真实"是"事实与一个观念构造的结合"(a combination of fact and the conceptual matrix),历史话语中的"真实",存在于那个观念构造之中(White, 1987)。我们所说的历史"真相"指的是历史"事实"。我们可以将"告诉你真相吧"(「本当のことを言おうか」)理解为"告诉你事实吧"。在这里,"真相"和"事实"不同于"真实",而是除却观念构造和历史话语加工的客观存在。鹰四理解的关于曾祖父弟弟和S哥之死的"真相"不过是在历史和记忆的交织中个人愿意接受的"真实",在这种"真实"讲述中,鹰四实现了局部的自我认同。在超市暴动失败之后,鹰四最终在向蜜三郎坦白个人的"真相"(奸污妹妹,并致使其自杀)后开枪自杀,在暴力性的延续中"说出了真相",讲述了"事实",达成最终的自我认同。

4 蜜三郎的自我塑造
——于现实和记忆的连接中寻找"真相"

与弟弟鹰四相比,蜜三郎的身份找寻在前期裹足不前。尽管在接回 S 哥的骨灰后,蜜三郎在雪铁龙上试图通过对鹰四的记忆展开纠正,进行自己的记忆认同。但是在得知鹰四擅作主张将所有的地皮卖给超市天皇后,意识到被弟弟利用的蜜三郎感到自己的根彻底丧失,并完全失去和鹰四争论的欲望。根所蜜三郎原本希望通过自己的记忆在山谷寻根、扎根、建立新生活,但是他的记忆持续受到自我和外部的否定。不论是面对无声的山谷和森林,还是面对妻子、鹰四和"亲兵们",他不断受到来自内心和他人的诘难和质疑。"你真像一只老鼠",畏畏缩缩、性格被动、害怕改变、不断下沉的蜜三郎渐渐将"老鼠"内化为自己的形象认同。作为故乡的四国山谷成为最熟悉的他乡,蜜三郎在这山谷未留下任何根,也不想扎新根,那种内心炽热的"期待"感缺失从东京延续到了四国。在这个意义上,蜜三郎在前期并未找到自己的身份,反而一直被困在自我的"监禁状态"(刘苏曼,2017)之中。

> 回到山谷后,我一直怀着一种罪恶感——我丧失了回归孩提时代以来的真我的 identity。然而,现在我亦从这罪恶感中解放出来了。
> "你真像只老鼠!"对于如此非难我的整个山谷,我现在可以充满敌意地回敬道:"你们为什么对毫无关系的他人如此多管闲事?!"在这山谷中,我不过是与自己的年龄相比,显得过度肥胖的独眼过客而已。除了如此的我,山谷的事物不会唤起任何其他真我的记忆和幻影。我可以主张过客的 identity。老鼠自有老鼠的 identity。(113)

拥有过客身份和老鼠身份的蜜三郎同热情投入山谷"新生活"的鹰四形成鲜明的对比。自始至终,蜜三郎都是以旁观者的身份审视现实和记忆。无论是 1960 年鹰四参加的安保斗争游行,还是在山谷进行的轰轰烈烈的超市"暴动"活动。蜜三郎始终有意识地将自己与农民暴动领袖曾祖父弟弟和山谷青年组织者鹰四划清界限，甚至在梦境中这种现实和记忆的片段也达成了无意识的共谋。

>　　我则无论在梦中抑或现实中，不仅不会加入暴徒行列，即使躲入仓房，我也不会使用任何步枪战斗。我有如此的心理状态，所以我与武装暴动不会发生任何关系。但是鹰四希望成为与我完全相反的类型。至少在我的梦里，这希望已经实现……(89)

念佛舞的音乐再次响起，百年前的农民暴动和百年后的超市"暴动"在一个时空并存，这种想象力的暴动激发了山谷所有人狂热的情感。蜜三郎是这场山谷集体抢劫中唯一的局外人，在若隐若现但又稍纵即逝的山谷归属感中，蜜三郎竭力让自己表现出对鹰四及其"亲兵"的各种活动熟视无睹、漠不关心的样子。在山谷现实中，蜜三郎不仅未发现和自己记忆重合的内容，还意识到在超市抢劫发生之后，阿仁及其孩子对朝鲜人抱有混淆真假的蔑视和敌意(155)。在现实与记忆的冲突中，蜜三郎继续寻找"真相"。

　　记忆本身需要载体。记忆的过程是"基于记忆个体的神经系统和心理机制所完成的一系列意识活动，也就是体现在民间神话、博物馆、地方志、纪念碑、礼仪风俗、档案材料、社会习惯等中的人类历史行为"(赵静蓉，2015)。从阅读曾祖父弟弟遗留下来的信到发现曾祖父寓居的地下仓房，再到同超市天皇的交谈，这是一个在记忆中修正"真相"的过程。蜜三郎在年轻住持找出来的信中，看到曾祖父弟弟的回信内容从最初的充满激情到明治年间冷静的批判，再到最后"志"已迅速衰退——将焦点转移至个人附近的生活和侄子的近况。从这些文字的记录中，曾祖父弟弟的形象在蜜三郎的脑中得到更加完整地勾画——"暴动结束之后，他没有坚持暴动领袖的指向，也没有进行自我惩罚。只是忘却了武装暴动的经历，在平凡的市民生活中度过晚年"(203)。然而，在弟弟自杀之后，超市天皇拆卸仓房时，蜜三郎才得知关于曾祖父弟弟的"真相"——曾祖父没有逃往高知，而是将自己关在仓房地下，在那里度过了自我幽禁的一生。而关于S哥之死的"真相"，超市天皇表示"因为双方用棍棒乱打一气时，就他毫不设防地进入现场，一动不动地垂着胳膊被打死了"(215)。S哥并不是为了偿还万延元年曾祖父弟弟一人生还的命，也不是为了完成必须有一位日本人赴死的任务，而是毫无反抗地被打死的。鹰四自杀，仓房被拆，历史的"真相"水落石出，可是在这之前关于"真相"的种种"真实"将作为一种永久记忆留存在生者蜜三郎的心中。如果说友人的离奇自杀对蜜三郎来说是一种模模糊糊的关于生存的"真相"独白，那么其在"复审"中思考曾祖父弟弟和鹰四的死亡则是对"真相"的直观展现。

　　既然我未看清"真相",那么我也未发现向死亡做最后冲刺的意志力吧！曾祖父弟弟与鹰四在死亡面前并非如此。他们确认了自己的地狱,呼叫着"真相"超越了死亡。
　　此时,失败感变得具体起来,它在我胸中如开水般沸腾,引起阵阵火辣辣的疼痛。我这才发觉,正如鹰四从小对我燃起对抗意识般,我也对他所追求的形象——曾祖父弟弟及其本人怀有敌意,并一直努力采取与其行动截然相反、稳健的生活态度。(224)

在逐步剖析曾祖父弟弟和S哥之死的"真相"过程中,蜜三郎也逐渐发现了关于自己的"真相"。这种"真相"是指蜜三郎在此之前一直对鹰四追求的形象曾祖父弟弟怀有敌意,并一直努力采取与鹰四截然相反的行动。在回归山谷的活动中具体表现为——鹰四满怀热情寻找新生活,想要在山谷扎根;而蜜三郎则无意在山谷扎根,也不知道新生活在何处。蜜三郎在"复审"中通过对过往历史的反思,逐渐找回面对现实和生存"真相"的勇气,实现了自我塑造。这种自我塑造是一种文化身份的回归,是山谷共同体和山谷文化,以及贯穿百年的历史共同塑造的结果。

　　正如格林布拉特所言,"任何时候当我全力关注看似自主进行的自我塑造时,我看到的不是自由选择的身份的忽然显现,而是文化的制造物。如果有自由选择的痕迹的话,那么这种选择也不会超过一些可能性,这些可能性的范围严格地受制于当时当权的社会和意识形态机制"(罗伯逊,2018)。个人选择的可能性会受到周围环境和社会的影响,看似自主的身份塑造究其根本不过是"戴着镣铐的舞蹈"。山谷社会存有森林的神秘力量,而体现这种神秘力量的念佛舞带来的狂热情感是山谷人身份塑造的重要因素之一。蜜三郎虽然未能在鹰四暴力性延续的身份认同中实现自我塑造,但是他在鹰四死后和后续的"真相"反思中重新找到了开始新生活的勇气,完成了自己的身份重塑。

5　结语

　　大江健三郎的创作始终立足现实,反映现实,他是一名具有强烈"人道主义和后人道主义"关怀的作家(李红,2013)。早在大江刚刚步入文坛之时,创作的短篇小说《他人之足》就包含残疾人(因患有脊髓骨疽病而无法行走的未成年人)、核污染、监禁状态等大江文学中的经典元素(四方朱子,2020)。1963年,大江的长子大江光诞生。长子一出生脑部便带有瘤子,虽然通过手术最终得以存活,但是智力发育受到影响。残疾儿的诞生带给初为人父和作为小说家的大江巨大的冲击,在长子光诞生后不久,大江相继前往广岛、冲绳进行考察。结束广岛、冲绳之旅的大江感受到了"广岛精神"和冲绳人被边缘化但依旧向前看的生活态度,受此鼓舞,大江决心同妻子携手与长子共同生活,并继续小说的创作。可以说,大江是首先通过发现自己关于生活的"真相",达到个人的身份统一,从而继续进行小说创作的。

在关于"真相"的描述中,《万延》中就作家讲述"真相"的相关描写耐人寻味。"作家? 有时那帮人也许说出确实近乎真相的事情,却没被打死,也没成疯子,他们活下去了。那帮人用虚构的框架骗人。可是,如果盖上虚构的框架,那么无论怎样可怕、危险、无耻的事,都能无损自身安全地说出,这本身从本质上削弱了作家的作用"(130)。与其说这段话是鹰四对作家讲述无损自己安危的"真相"的嘲讽,不如说这是大江健三郎的自省和对作家群体的警示。作家的作用是什么? 应该如何最大限度地发挥作用并完成作家的使命? 作家在讲述"真相"时应该如何表达自我? 究竟应该如何讲述"真相"? 这是大江借小说向自己和读者的发问。在2010年接受NHK采访时,大江是这样说的,"对于我来说,最重要的一件事情就是从根本上思考人类和人性……书写真相,并一直写下去,我想自己会以这样的方式度过作为作家的一生"[1]。人类和人性是大江作为人道主义作家一以贯之的主题,在这个创作主题的基础上,他用小说书写"真相",用想象力连接历史、现实和记忆,从某种意义上来说,《万延》中的人物在作家的创作中实现了身份认同与重塑,而作家大江也找到了自己的人生"真相",在一定程度上实现了作家的身份统一。

参考文献

[1] 大江健三郎.我在暧昧的日本[M].王中忱,译.海口:南海出版公司,2005.
[2] 大江健三郎.万延元年的Football[M].邱雅芬,译.北京:人民文学出版社,2021.
[3] 兰立亮.大江健三郎小说叙事研究[M].北京:科学出版社,2015.
[4] 李红.从人道主义到后人道主义:大江健三郎《万延元年的足球队》再审视[J].当代外国文学,2013(3):25-31.
[5] 刘苏曼.《万延元年足球队》中"眼睛"的意象作用[J].日语学习与研究,2017(1):

---

① https://www2.nhk.or.jp/archives/articles/? id = D0009071971_00000 笔者根据大江健三郎的采访录音整理而成。

119-126.

[6] 罗伯逊·斯蒂芬·格林布拉特[M].生安锋,译.天津:天津人民出版社,2018.

[7] 诺拉.记忆之场:法国国民意识的文化社会史[M].黄艳红,译.南京:南京大学出版社,2017.

[8] 盛宁.历史·文本·意识形态:新历史主义的文化批评和文学批评刍议[J].北京大学学报(哲学社会科学版),1993(5):18-27,127.

[9] 盛宁.新历史主义·后现代主义·历史真实[J].文艺理论与批评,1997(1):47-57.

[10] 薛晓光.安保斗争与美国对日政策[J].大连教育学院学报,2003(4):9-10.

[11] 张京媛.新历史主义与文学批评[M].北京:北京大学出版社,1993.

[12] 赵静蓉.文化记忆与身份认同[M].北京:生活·读书·新知三联书店,2015.

[13] 大江健三郎.核の大火と「人間」の声[M].東京:岩波書店,1982.

[14] 大江健三郎,柄谷行人.大江健三郎柄谷行人全対話:世界と日本と日本人[M].東京:講談社,1982.

[15] 大江健三郎.大江健三郎全小説7[M].東京:講談社,2019.

[16] 四方朱子.「他人の足」当事者であるということ[J].日本研究,2020(3):141-157.

[17] WHITE H. Tropics of discourse[M]. Baltimore:The Johns Hopkins UP, 1987.

令人不安的死亡:再论狄金森诗学中的"善终"传统

南京大学 任 越[*]

摘 要:在 19 世纪的美国,"善终"意味着在家中去世,身旁亲友环绕。这一传统在当时的通俗文学中体现为平静的临终行为、灵魂升入天堂的过程和不朽世界的生活想象。艾米莉·狄金森虽熟悉这些描写,却在她的诗歌创作中偏离了对她造成影响的"善终"传统。她倾向于描写平静临终场景之下具有反叛性的情感暗潮、被意外力量打断的死后升天过程和被永远隔绝于未知时空的灵魂。本文聚焦狄金森笔下的临终仪式、死亡时刻和来世叙事,认为狄金森坚持凸显死亡令人不安的特质,拒绝对死亡的熟悉化处理。她积极应对死亡迫近的恐惧,没有沉溺于幻想,而是选择理性面对死亡,珍惜与所爱之人在现世的短暂相聚。

关键词:艾米莉·狄金森;"善终";临终仪式;来世

1 引言

在狄金森(Emily Dickinson)生活的 19 世纪美国社会,"善终"("good death")是其死亡观的核心,指人在亲友环绕的境况中于家中离世。它包含一系列对临终场景参与者言行的文化阐释。具体而言,垂死者安详的临终行为被解读为受上帝拣选、从今世到来世的无缝过渡和死后能在天堂与亲友重聚的标志。

---

[*] 作者简介:任越,南京大学硕士研究生,研究方向为 19 世纪美国文学,电子邮箱:502022090013@smail.nju.edu.cn。

面对疾病与战争等因素导致的非自然死亡频发,当时的人们复兴了起源于中世纪的"善终"传统,力图使死亡过程熟悉化,从而减轻垂死者的恐惧,慰藉生者的丧亲之痛。人们通过重新发现有关死亡艺术的典籍,如泰勒(Jeremy Taylor)的《神圣死亡的规则与实践》(*The Rule and Exercise of Holy Dying*,1651)等,深入研究"善终"文化并赋予其现代特征,尤重家庭临终场景的仪式细节和死后天堂生活的构想。除重印典籍外,"善终"的内涵也通过丧葬手册、赞美诗、小说和传记等文体形式广泛传播,连同各种致哀仪式和珠宝、肖像画、摄影作品等以尽哀思的手工制品(Shipton,1997),在社区生活中形成一种集体性哀悼文化。

  当时的通俗文学中常有描绘安详的临终场景、升入天堂的关键时刻和作为现世延伸的来世生活。作家们用感伤化的语言描写儿童和年轻妇女等垂死的场景,具有情感安慰与道德教化功用。1830年,《妇女杂志》(*The Ladies' Magazine*)中《逝者的道德影响》一文提到:"我们可以满怀信心地希冀从她们(死去的妇女)那里获得同情的力量……我们会想到她们立下的榜样,效仿她们,使自己变得更好……"(Wood,1972)。斯托夫人(Harriet Beecher Stowe)笔下的伊娃就是通俗文学中一个典型的"善终"榜样,她怀抱对上帝的忠诚平静满足地等待死亡降临,向床旁亲友传递了爱的力量和神圣的启示。内战爆发后,"善终"传统调整适应了新的社会政治语境,菲尔普斯(Elizabeth Stuart Phelps)旨在抚慰战争创伤的小说《门半开着》(*The Gates Ajar*)在1868年发表后的20年间被重印了55次,该小说极其细致地描绘了由天使引领的死后升天过程和天国的幸福生活。

  狄金森的创作无疑受到了"善终"文化的影响。在她的600余首与死亡有关的诗歌中,有的将死神刻画为求爱的绅士,有的描述床旁亲友聚集的临终场景,有的以死者口吻述说对死后世界的探索。然而,与当时的通俗文学不同的是,狄金森的死亡诗摒弃对程式化的死亡过程和集体哀悼活动的常规描述,暗示真实的死亡是难堪而孤独的。按部就班的仪式中搅扰频现,横生枝节。同时,哀悼者或许怀有异于常态的情感,并非时刻关注垂死者的一言一行,而是显得态度疏离。狄金森质疑天堂作为尘世延续的合法性,在诗中构建了一个没有可识别时空特质甚至自我也面目全非的来世。本文将狄金森的死亡观置于19世纪美国"善终"传统的张力中进行考察,认为其诗学中对死亡的呈现有别于同时期通俗文学作品对死亡的熟悉化处理,拒绝采用一种感性和心理安慰式的言说方式。狄金森笔下的临终仪式、死亡时刻与来世想象都充斥着令人不安的因素,是对当时流行的"善终"传统话语模式的消解,体现诗人对粉饰内战后果的政治话语的抵抗。

2　临终仪式:哀悼者的情感暗潮

家庭场景是维多利亚时代"善终"文化的核心。有别于"善终"传统作品中濒死者安详的举止和哀悼者悲痛而强自镇定的反应,狄金森的诗歌使临终场景褪去平静的外表,突出外表下暗涌的反叛性情绪。她的诗歌《她活着的最后一夜》("The last Night that She lived")表明狄金森的临终叙事弱化了仪式感,凸显了生者与死者之间的疏离。同时,对比其临终叙事与《汤姆叔叔的小屋》(*Uncle Tom's Cabin*)中伊娃的临终场景描写,也表明狄金森对不同角色的反应的刻画偏离了"善终"的惯例。

"善终"传统中,垂死者的行为预示着死后的境遇,他们的遗言对床旁亲友来说至关重要。在《苦难的共和:死亡与美国内战》(*This Republic of Suffering: Death and the American Civil War*)一书中,历史学家福斯特(Drew Gilpin Faust)指出,在19世纪的美国,"死亡时刻"(*hors mori*)被认真地见证、审视、解释和记叙(2008:51)。在狄金森的时代,临终行为是"个体灵魂祸福的量表"(St. Armand, 1894)。除了亲朋会聚集在病床旁观看临终过程,神职人员也会记录教区居民在告别人世时的行为(Buell, 1989)。他们要观察临终者的状况,评估来世天堂团聚的可能(Jalland, 1996)。在清教传统中,人们相信平静地步入死亡是受上帝拣选的标志,因此目睹所爱之人安详离世是值得欣慰的。如果临终者表现出惊惧,则表明其对进入永生世界毫无准备。"善终"传统实践除了祷告、葬礼、抹油等仪式,临终遗言也是不可或缺的一部分。这些遗言具有说教功能,人们倾向于将其视为宝贵的教诲,毫不怀疑其真实性(Faust, 2008:33)。由于遗言某种程度上能够维系生者与死者的联系,人们甚至认为临终者有责任向生者吐露智慧之语。由于传达遗言需要清醒的头脑,临终者可能在极度痛苦中拒绝麻醉止痛剂(Loeffel-Atkins, 2012)。

在当时,讨论逝者的临终行为是很常见的,人们认为这有助于减轻丧亲之痛并加深生者之间的联系。狄金森写给亲友的信件显示了她对临终行为的好奇和审慎观察。在写给朋友克拉克的信中,狄金森表达了她想知道其兄詹姆斯临终前细节的愿望:"如果你有你哥哥的任何照片,我会很高兴在某个合适的时间看到它——虽然难以获知最后一刻的确切情况,但你是否愿意在某个时候告诉我接近于那一刻的情况是怎样的(Letter 983)①。她急切地想知道好友牛顿的临终状态,甚至写信给他的牧师:"我常想知道他最后一刻是否快乐,是否甘愿就死。"(L153)从她的信件中可以看出,狄金森对临终仪式与不同角色的言行十分重视,但获知这些细节并不能完全打消她的不确定感。

这种焦虑的痕迹增加了她诗歌的张力,使她的临终叙事有别于通俗文学。与这些作品中描绘的平静的临终场景不同,狄金森的临终场景显得更为躁动不安,展现了晦涩和混乱的临终境况。这些诗歌中的叙事者经常以哀悼者群体(通常是女性)的身份说话,关注着即将到来的死亡(Mayer,1997:45)。在那个时代,中产阶级妇女承担着照顾病人的社会责任(Bennett,1990),就像狄金森自己在生命的最后十年与妹妹拉维尼娅一起照顾生病的母亲一样。诗歌《她活着的最后一夜》以一群哀悼者的视角叙述了一位身份不详的女性的临终时刻:

> 她活着的最后一夜
> 那是一个普通的夜晚
> 除了死亡正在发生——于我们而言
> 使其与众不同
>
> 我们注意到最微小的事物——
> 以前被忽视的事物
> 被这束伟大的光照亮
> 斜体——就像这样
>
> 当我们进进出出
> 她最后的房间
> 和那些活人的房间
> 明天,是,一个责难
>
> 其他人可以存在
> 当她必须结束生命时
> 对她的嫉妒

---

① 凡狄金森所著信件,均以 Thomas H. Johnson 的《艾米莉·狄金森书信选》(剑桥:哈佛大学贝尔纳普出版社,1971)中的编号为准。以下"Letter"将缩写为"L"。

近乎无限——

我们等待着她的逝去——
那是一段狭窄的时间——
我们的灵魂被挤压得无法言说
终于,通知来了

她提起了,又忘记了——
然后像芦苇一样轻
弯向水面,挣扎——
同意了,死了——

我们——把头发
把头竖起来——
然后一段可怕的闲暇
信仰调整——(1100)

这首诗中缺乏19世纪临终场景的常规元素。诗中不见对哀悼者悲痛情状和濒死者身心挣扎的具体描述,也缺少升入天堂的高潮部分。除第六节外,全诗几乎没有濒死者的身影。这首诗对死亡过程、哀悼者的言行和情感的描述与《汤姆叔叔的小屋》中伊娃凄婉的临终场景形成对比。

本诗中,濒死女人的所有行为都浓缩在第六节中。这个简短的死亡过程囊括了她的喃喃自语和平静的最后时刻,几乎没有挣扎,就像"芦苇弯向水面"。而斯托夫人则详细描绘了伊娃的死亡过程:"……伊娃的脸因为死亡的痛苦而抽搐起来,她不断地挣扎,却几乎喘不过气来,她无限痛苦地举起了小手"(257)。有别于狄金森笔下的女人的被动接受,伊娃在最后时刻积蓄力量,展现了她坚强的意志和勇气。她以惊人的自制力清晰地说出了"爱、快乐、平安"(258)这些摄人心魄的字眼,符合时人对临终遗言的普遍期待。她并未因死亡的折磨丧失神智,而是以一种坚忍的方式应对痛苦,以从容和悦的态度迎接死亡,这可视为她将升入天堂的明确标志。

诗歌《她活着的最后一夜》还突出了生者的反叛情绪。在19世纪通俗文学中,悲痛和欣慰是哀悼者最常见的两种情感。他们为阴阳相隔而悲痛,又为临终者安详的情状而欣慰。在伊娃的例子中,生者在伊娃的病榻前悲痛欲绝,同时也被她面对死亡的勇气感动。具体而言,目睹伊娃的痛苦,她的父亲圣·克莱尔呻吟道:"噢,苍天啊,这太残酷了!"并"使劲抓着汤姆的手,可是自己却丝毫不知:'噢,汤姆,我的仆人,这怎么让我活下去啊!'"(257)汤姆注视着床上的女孩,"黝黑的脸颊上泪水纵横"(257)。他们的痛苦直观而具体,可被读者直接感知并引起读者同情。

然而,狄金森诗歌中的哀悼者却难见悲伤的痕迹。第三节中,诗人通过并置"她最后的房间"与"那些活人的房间",营造出一种对立感,即哀悼者群体与临终者分属两大阵营。由于诗人对死者着墨较少,哀悼者群体在这一场景中占据显眼位置,他们的情感波动被前置。他们似乎并没有因平静的临终场景感到悲伤或欣慰,相反,他们与奄奄一息的女人显得关系疏远,忙于自身琐事,如"进进出出"房间。第三节中的"责难"(blame)和第四节中的"嫉妒"(jealousy)暗示了他们的负面情绪。狄金森在全诗中使用的集体代词则表明哀悼者的事务和情感是共同的。有学者注意到,这些矛盾的情感被视为"一个群体的集体特征"(Mayer, 1997:48),但它们可能又是相互独立的,属于不同的哀悼者。"我们的灵魂被挤得无法言说"表明狄金森对哀悼本质的理解:哀悼常被视为集体行为,但于每个参与者而言实际是孤立的。

3 "死亡时刻":莫测的接引者

狄金森笔下的"死亡时刻"却没有"善终"传统文学作品里的神圣崇高感。在她的诗作中,去往天堂的过程可能会被意外力量打断,前来接引垂死者的"天使"或"死神"或形容诡异,或居心叵测。《我听到苍蝇的嗡嗡声——当我死时——》("I heard a Fly buzz—when I died—")与《只因我无法为"死亡"停步——》("Because I could not stop for Death—")这两首诗呈现了叙述者在"死亡时刻"遇见的不同的"死神"形象,对比菲尔普斯的小说中去往天国的接引者,可见狄金森对"善终"文化中现世与来世无缝过渡的质疑。

从狄金森书信的字里行间可窥见,她对死者在安详的临终行为后会顺利升入天堂持犹疑态度。她曾向霍兰夫人讲述了母亲的最后时刻:"经过一个不安的夜晚,她抱怨非常疲倦,并且比往常更早地被从床上抬到椅子上。她急促地呼吸了几下,说了声'别离开我,文尼',她的幸福人生便终止了。"(L779)这些文字勾勒了她母亲的临终过程,表明她没有遭受太多痛苦,在家人的陪伴下安详离世。然而,狄金森对"善终"传统始终缺乏信心。在罗德法官去世后,她在给朋友霍兰夫人的信中表达了自己的怀疑:"亲爱的罗德先生已经离开了我们——

在短暂的昏迷之后，他在睡眠中浮现出微笑，他的侄女告诉我们，他匆匆离去，'被天使看见了'——谁知那神秘深处——唉，不是我——"（L890）可见典型的"善终"迹象并不能完全消除她对死后灵魂去向与处境的焦虑。

  与通俗文学中的程式化描写与浪漫的想象不同，狄金森在她的诗中塑造了令人意想不到的死神形象，并用超自然干扰破坏了表面的平静。她擅长以一种身临其境的方式叙述死亡。诗中的逝者肉体已死但意识尚存，因此能够跨越生死之间横亘的鸿沟，向读者诉说详细的死亡过程。在《我听到一只苍蝇嗡嗡——我死的时候——》一诗中，叙述者回忆了她[①]离奇的死亡经历：

  我听到一只苍蝇嗡嗡——我死的时候——
  一片沉寂在房间
  就像一片沉寂在大气里——
  在风暴来袭的间歇——

  四周的眼睛——已拧干——
  呼吸快要凝固
  为那最后的一击——当国王
  被见证——就在这个房间——

  我馈赠了最后的纪念品——签字
  赠出了我的可转让的
  部分——然后，就在此处
  插进来一只苍蝇——

  以蓝色——飘忽不定——磕磕碰碰的嗡嗡——
  在亮光——与我之间——
  然后窗户消散——然后
  我看不见看——（591）

  [①] 与流行感伤文学相似，狄金森的死亡诗中死者通常是年轻女性，如《这些低矮的脚步蹒跚了多少次——》("How many times these low feet staggered"，238）中积劳成疾的家庭主妇和《她临终房间里的安慰》("Twas comfort in her Dying Room"，1740）中早逝的女孩。

狄金森用一只嗡嗡作响的苍蝇戳破了家庭临终场景的宁静表象，以苍蝇取代死神的位置，成为房间里的"国王"。二三两节表现了一个传统临终场景的缩影：临终者交代后事，哀悼者聚集在濒死者周围，默默垂泪，屏息静待死神的降临。这时，突然出现的苍蝇声打断了这一庄严时刻。"一片沉寂在房间"放大了苍蝇的嗡嗡声，带来戏剧性的悬念，仿佛预示着风暴将至。说话者精神恍惚，她的所有注意力都被苍蝇攫取。起初她只能听到苍蝇飘忽不定的声音，之后她看到了苍蝇的样子，随即视线被苍蝇挡住，或许是由于苍蝇逐渐靠近她，最后落在她的眼皮上。

这首诗表明，通俗文学中温和的死亡过程仅是一种幻想，真正的死亡是孤独、难堪和令人不安的。苍蝇的突然造访首先打断了正在进行的临终仪式，而后切断了以"光"为象征的叙述者与天堂之间的联系。最后一句"我看不见看——"(I could not see to see—)是说话者对语言和感知能力的最后运用(Mayer, 1997: 59)。此后，她失去了与外部世界的联系，不再具备处理信息的能力。从听觉层面到视觉层面，苍蝇的接近产生了一种不祥之兆。内斯特鲁克(Nesteruk, 1997)认为，"蓝色"(Blue)与"嗡嗡"(Buzz)在发音上有相似之处，营造一种连续感，加强了苍蝇的声势，即威胁性。说话者卧于病榻，无路可逃，只能被迫承受苍蝇带来的暴力，被动地接受厄运而非获得神圣的救赎。诗中叙述者的命运暗示着或许每个人最终都将在无助的孤独中面对神秘的死亡。

与此相对，菲尔普斯的小说《门半开着》以第一人称日记的形式描绘了进入天堂前的接引流程。书中将灵魂脱离肉身描写为"一个安静的过程，一次温和的改变"(123)。首先迎接这些灵魂的是"相熟的面孔"，然后由上帝"在面纱后"带领，因为新来者无力直视上帝的荣光(124)。在威妮弗蕾德姑妈的畅想中，她还将见到一些她在现世从未有机会见过的杰出人物，如林肯总统和勃朗宁夫人。这些熟悉的面孔弥合了作为新人的灵魂与神灵之间的鸿沟，给他们带来了归属感。

而在狄金森的诗作中，纵然死神温文尔雅，其目的也并非接引死者去往温馨的天堂。在《只因我无法为"死亡"停步——》一诗中，死神以一位绅士的形象出现，迷惑死者登上去往"永生"的马车：

> 只因我无法为"死亡"停步——
> 他好心地为我停留——
> 那马车只载着我们两位——
> 还有"不朽"。

> 我们慢慢行驶——他知道不急
> 而我已打发了我的活计
> 也抛开了我的闲暇,
> 只因他彬彬有礼——
> ……
> 我们停在一座房子前,它好像
> 地面的一个隆起——
> 屋顶几乎看不见——
> 屋檐——在土地下面——
>
> 从那时起——过了多少个世纪——
> 却感觉比一个白昼还短
> 我第一次猜到,那些马头
> 朝向"永生"—— (479)

文德勒指出,狄金森的诗歌只处理真正的死亡,并不提供什么拯救(Vendler, 2010)。诗中的死神看似驾着来自天国的马车,带着上帝的旨意前来接引死者,实则蓄意令天真的叙述者放下警惕,抛开俗尘旧物,启程去往坟墓。他们的目的地是形如"地面的一个隆起"的一座房子,其屋檐"在土地下面",可见死者安然踏上的并非去往天国的通道,而是通往被永久封于地下的阴冷处。

4 "神秘深处":难以识别的来世

狄金森质疑真实的天国生活作为尘世生活延伸的合理性,她认为来世是人类认知难以探求的。她对来世的描摹剥离了可辨认的地点和人物,破除了通俗文学中与亲朋在天堂团聚的幻想。这一部分主要探讨狄金森诗歌《我用双手感受我的生命》("I felt my life with both my hands")中的身份危机,并将这首诗与克罗斯比(Fanny Crosby)的赞美诗和菲尔普斯的小说进行比较,以体现狄金森与"善终"传统对来世建构的差异。

在19世纪美国人的普遍认知中,天堂是可进入和被言说的。受维多利亚感伤主义和资产阶级愿望的影响(Petrino, 1994),通俗文学将天堂描绘成一个引人入胜的场域,不仅物质丰富,还提供与亲友团聚的永久幸福,是尘世生活的完美版本。许多流传甚广的小说和小册子,如菲尔普斯的作品和克罗韦尔

(Eugene Crowell)的《精神世界：居住者、自然与哲学》(*The Spirit World: Its Inhabitants, Nature and Philosophy*, 1880)等，将天堂描述为一个具体可感的地方，有房屋、花园、镀金家具、天鹅绒地毯，甚至还有钟表。这些当时以安慰为基调的文学作品将天堂视为"家的延续和美化"(Douglas, 1977)。

从信中可以看出，狄金森对这种死后团聚的承诺经历了态度的转变。亲友的相继离世使她深受打击，她逐渐摒弃了对天堂的热望。在她年轻时的信中，她表达了对永生的感伤主义看法。1855年，她在给霍兰夫人的信中写道："感谢上帝创造了永生之境，我们所爱的朋友们永远住在天上的房子里。"(L179)后来，她又在另一封信中对这一构想做了补充："我对天堂的勾勒，是一大片蔚蓝的天空，比我在六月看到的天空还要蓝，还要广阔，里面有我的朋友们——他们所有人——他们每一个人——那些现在和我在一起的人，还有那些半途中与我'被迫分开'，'被带到天堂'的人。"(L185)这两封信表明，早年她对来世的想法与身处的文化环境是一致的，她对天堂的想象与她尘世的居住地模样无二，那里永远风景如画，亲友相伴相随。然而，在家仆的女儿去世后，她在给霍兰夫妇的信中激愤地说道："我再也不能待在这个充满死亡的世界里了。奥斯汀得了热病。上星期我埋葬了我的花园——猩红热夺去了迪克的小女儿……啊！民主的死神！……他无处不在吗？我该把东西藏在哪儿？谁还活着？……安妮和凯蒂——她们是在下面，还是不知被送到哪里去了？"(L195)当疾病屡屡威胁到她的亲朋时，"善终"传统对来世的构想已无法抚平她的不安。除了已逝者，她觉得每个人都受到死亡的威胁。死亡的阴影使她惶恐迷失，对流行话语中的死后归宿产生怀疑。

在她的诗作中，这种质疑的姿态显而易见。狄金森并不全盘奉行清教中上帝选民的观念，也拒绝轻信19世纪家庭版本的善终传统。她在《我用双手感受我的生命》一诗中戏剧化地描绘了一场死后世界中的身份危机：

我用双手感受我的生命
看看它是否存在——
我把我的灵魂朝向玻璃
为了证明它的存在——

我把我的身体转了一圈又一圈
每转一圈就停一下
询问主人的名字——

因为怀疑，我应该认得出声音——

我审视我的五官——拨弄我的头发——
我挤出酒窝，等待着——
如果它们——闪回
确认可能，是我——

我告诉自己："鼓起勇气，朋友——
那——是从前的事了——
但我们可以学会喜欢天堂，
就像我们的老家一样"！（357）

  虽然感官功能尚存，已在来世的叙述者用尽一切办法也无法进行自身身份确认。她首先用双手触摸身体，感知自己的存在。随后，她惊讶地发现自己的外貌甚至身体结构都被扭曲了，于是她"为了证明它的存在"，急忙走到镜子前。在镜子前，她把这个陌生的身体当成物体，操纵着它"一圈又一圈"地旋转，并不断询问它的名字，以求能认出它的声音。当这些方式无法提供答案时，她只得从细节入手寻找证据，比如头发和酒窝。例如，"我挤出酒窝，等待着"表明她在尝试自己熟悉的动作，看是否能找到自己身份的线索。在所有努力都徒劳无功的情况下，她只能试图说服自己将这个新住所等同于她在尘世的"老家"。

  最后一节中说话者的喃喃自语表明她对永生世界的眷恋。结尾两行中集体代词的使用暗示了这种诡异的经历并非个案，天堂是"我们"——19世纪美国人——应该"学会喜欢"（learn to like）的地方。他们被教导把天堂视作家园，至少与尘世家园同等看待，尽管二者可能并不相似。与狄金森同时代的一位颇具影响力的盲人女诗人克罗斯比的一首主日学校赞美诗，表达了对天堂来世的热切期盼：

我们要走了，我们要走了
去天外的家园
那里的田野美不胜收
阳光永不熄灭
在那里，欢乐的泉水潺潺流淌
在苍翠宜人的山谷

令人不安的死亡：再论狄金森诗学中的"善终"传统

> 我们将相爱相守
> 在那里我们永不分离
> ……
> 我们要走了，我们要走了
> 当凡人的生命结束
> 去那纯洁幸福的地方
> 我们的朋友曾经去的地方
> 他们和天使一起歌唱
> 在那片光明美丽的土地上
> 我们将永远与他们同住
> 在那里我们永不分离（Bradbury，1864：71）

  这首诗歌以对死亡的感伤化处理，表达了一种对奔赴来世生活的强烈意愿。与"阳光永不熄灭""苍翠宜人的山谷"和"光明美丽的土地"类似的意象在狄金森的自然诗中很常见，但在她对来世场景的描绘中却不见踪迹。本诗中，来世体验在与逝去的"和天使一起歌唱"的朋友相遇时达到高潮，抚慰了因目睹他们在人间离去而造成的情感创伤。"在那里我们永不分离"一句的重唱告诉人们天堂充满了永久的欢乐，没有尘世中失落和分离的痛楚。这类对美景和与已逝亲朋团聚的许诺可以唤起人们对永生的渴望，从而减轻死亡和丧亲之痛。
  与克罗斯比对天堂的畅想不同，狄金森不无讽刺地指出，将来世视为尘世居所的延续是自欺欺人的。在狄金森的来世叙事中，这种熟悉感的剥夺是通过去除可识别的地点和人物来实现的。《我用双手感受我的生命》一诗未提供任何可被视为与尘世相似的地点或人物的迹象。说话者被一股未知的力量丢弃到一个陌生的世界，切断了所有的人际关系。与这种孤独的流离感相反，菲尔普斯的《越过大门》（*Beyond the Gates*）作为《门半开着》出版 15 年后的续篇，生动地描绘了舒适的来世生活：

> 我们在一座用奇特的镶嵌木料建造的宁静的小房子前停了下来……雕刻和着色如此精美，如果规模再大一些，其效果可能会影响建筑物的坚固性，但这座迷人的房子的比例如此适中，其庄严因其精致而更显突出。它被树木……鸟儿遮挡着，我注意到一只漂亮的狗在台阶上晒太阳……我漫步穿过小草坪，弯下腰，不确定地走到门槛前。我走过来时，那只狗站了起来，亲切地迎接我。(126)

在一位好心天使的护送下，叙述者来到了她的新家，周围是宜人的田园风光。为她准备的房子装饰精致，色彩明丽，充满了动植物的活力。这些微小的细节描写使来世显得相当真实，作家正是如此努力将来世生活变成人类现有知识的一部分（Douglas，1974）。

此外，《我用双手感受我的生命》进一步体现了来世场景中身体畸形的倾向。法兰（Farland，1998）指出这首诗中包含"对自我的绝对陌生化"，这意味着诗中的作者失去了理解自身存在的能力。第三节中的六个破折号表明，随着不断的尝试，她对解决身份问题的希望逐渐破灭。虽然行文近乎不带情感色彩，但读者仍能感受到她在来世场景中无法辨认自我时难以言表的震惊和失望。

这首创作于1862年的诗歌可从一名阵亡士兵的视角进行解读。内战期间，伤亡人数达总人口的2%，共计60多万士兵丧生（Faust，2008：37）。加勒特（Garrett，1990）在《家中：1750—1870年的美国家庭》（*At Home：The American Family 1750—1870*）一书中写道："死亡的阴霾无处不在；在家里，在隔壁，在布道讲坛上，在一周的死亡名单中，在床上，在钟声敲响时，都能听到死亡的声音。"内战时期是狄金森一生中最多产的阶段，虽然她的诗没有一首直接提到战争，但其主题大多与死亡和痛苦有关。自我认识的困难可能来自战场对尸身的破坏性影响，也可能来自战争造成的精神创伤。在《门半开着》这部战后安慰性质的小说中，对身体变化的暗示是积极的。威妮弗蕾德姑妈在临终前说："我可能会发现他们（像林肯这样的人）与我想象的大相径庭。我知道我将会发现他们比我想象中更加令人满意……如果现实与我的梦境毫无相似之处，那将是一个更加雄伟、更加令人愉快的惊喜。"（123）她期待的居于天堂的身体是尘世的更新，而狄金森诗歌中呈现的身体更像是一种退化。局部异化的身体导致了叙述者与自身的疏离，表明"善终"传统中宣扬的天堂或许无法将我们熟悉的美好事物分门别类地保留下来。它也会同时保留痛苦的部分，甚至带来无法预测的改变和错位。如果说这首诗暗示了精神创伤导致的自我认知障碍，那么它同样暗示了痛苦的印记并不一定会在死后进入永生的神圣过程中消除。狄金森真正与流行的来世畅想相左的地方在于，她质疑天堂在人类设计中的有效性，认为天堂并非世俗世界浪漫化的延伸。对狄金森而言，来世终究是不可知、不可控的。

5　结语

通过比较狄金森作品与19世纪美国通俗文学中的家庭临终场景、死亡时刻与来世叙事，笔者认为狄金森对死亡抱有一种焦虑不安的态度，而同时代作家则试图将死亡熟悉化。狄金森浸淫于"善终"传统，吸收了其家庭修辞和对死亡的浪漫化描写，却质疑了顺利的升天过程和天堂重聚许诺的有效性。狄金森的临终叙事笼罩在暗流涌动的气氛中，通过书写哀悼者矛盾的情绪和与超自然力量下的意外干扰，打破了19世纪社会习俗倡导的临终仪式。同时，她对来世的想象抽象晦涩，与通俗文学描绘的尘世生活场景的延续不同，其诗歌构建了一个生机寥落、孤立无援的永恒地界，没有任何可供识别的时空线索。

由于生活中充斥着死亡和痛苦，19世纪美国社会更多地将希望寄托在来世，渴望以此慰藉尘世的艰辛与死亡的恐惧。狄金森虽未全然放弃对永生的追求，但她更注重现世生活，珍惜身边的亲朋好友。她的创作呈现一种与流行的安慰战争创伤的"善终"话语对抗的姿态，不主张以天国幻想麻痹生者的苦痛，而是更多地言说战争、暴力行为对人身心的异化。同时，她的创作也传递了积极的讯息，因为"死亡将所有瞬息照亮"（847），人们不应耽于幻想，而应更重视当下的生活。

参考文献

[1] 哈丽叶特·比切·斯托. 汤姆叔叔的小屋[M]. 王岩,译. 哈尔滨:北方文艺出版社,2011.

[2] BENNETT P. Emily Dickinson[M]. New York: Harvester, 1990.

[3] BRADBURY W B. The golden censer: a musical offering to the Sabbath schools, of children's hosannas to the son of David[M]. New York: Ivison, Phinney, Blakeman & Company, 1864.

[4] BUELL J W. "A Slow Solace": Emily Dickinson and consolation[J]. The New England quarterly, 1989, 62(3): 323-345.

[5] DOUGLAS A. Heaven our home: consolation literature in the northern United States, 1830—1880[J]. American quarterly, 1974, 26(5): 496-515.

[6] DOUGLAS A. The feminization of American culture [M]. New York: Alfred A. Knopf, 1977.

[7] FARLAND M M. "That tritest/brightest truth": Emily Dickinson's anti-sentimentality[J]. Nineteenth-century literature, 1998, 53(3): 364-389.

[8] FAUST D G. This republic of suffering: death and the American civil war[M]. New York: Alfred A. Knopf, 2008.

[9] FRANKLIN R W. The poems of Emily Dickinson[M]. Cambridge: Belknap Press of Harvard University Press, 1998.

[10] GARRETT E D. At home: the American family 1750—1870[M]. New York: Harry N. Abrams, 1990.

[11] JALLAND P. Death in the victorian family[M]. New York: Oxford University Press, 1996.

[12] JOHNSON T H. Emily Dickinson selected letters[M]. Cambridge: Belknap Press of Harvard

University Press, 1971.

[13] LOEFFEL-ATKINS B. Widow's weeds and weeping veils: mourning rituals in 19th century America[M]. Gettysburg: Gettysburg Publishing, 2012.

[14] MAYER N. A poet's business: love and mourning in the deathbed poems of Emily Dickinson [J]. The Emily Dickinson journal, 1997, 6(1): 44 – 67.

[15] NESTERUK P. The many deaths of Emily Dickinson[J]. The Emily Dickinson journal, 1997, 6(1): 25 – 43.

[16] PETRINO E A. "Feet so precious charged": Dickinson, sigourney, and the child elegy[J]. Tulsa studies in women's literature, 1994, 13(2): 317 – 338.

[17] PHELPS E S. The gates ajar[M]. Boston: Fields, Osgood & Company, 1868.

[18] PHELPS E S. Beyond the gates[M]. Boston: Houghton, Mifflin, 1883.

[19] SHIPTON P M. Confidence men and painted women: a study of middle-class culture in America, 1830—1870[M]. New Haven: Yale University Press, 1997.

[20] ST ARMAND B L. Emily Dickinson and her culture: the soul's society[M]. Cambridge: Cambridge University Press, 1894.

[21] VENDLER H. Dickinson: selected poems and commentaries[M]. Cambridge: The Belknap Press of Harvard University Press, 2010.

[22] WOOD A D. Mrs. Sigourney and the sensibility of the inner space[J]. The New England quarterly, 1972, 45(2): 163 – 181.

《天堂》中的"反成长"特征与古尔纳的流散书写

天津外国语大学　宋欣宇[*]

摘　要：作为古尔纳的代表作之一，《天堂》讲述了优素福从孩童到成人的成长过程，因而常被认为采用了成长小说的叙事模式。然而，在具体内容上，《天堂》却在多处呈现出"反成长"的特征，包括个体难以融入环境、缺少引路人的指引等，小说结尾优素福是否成长也引发广泛的讨论。这种"反成长"的特征并非对成长小说叙事模式的简单反转，而是导向古尔纳对"流散性"的书写。通过这些"反成长"的特征，古尔纳充分描绘了流散者的身份焦虑、流散群体面临的困境，揭示了流散者国族身份与归属感的缺失等问题，对流散主题的书写与流散问题的思考具有重要意义，同时也塑造了古尔纳独特的创作理念与创作风格。

关键词：古尔纳；《天堂》；"反成长"；流散

1　引言

2021年，阿卜杜勒拉扎克·古尔纳（Abdulrazak Gurnah）获得诺贝尔文学奖。他于1994年创作的作品《天堂》（*Paradise*）讲述了东非男孩优素福（Yusuf）从12岁到18岁的经历。优素福被父亲卖给商人阿齐兹抵债，在经历商队旅行、爱情失败的过程中逐渐认识到自己的处境，最终毅然投奔德国军队。《天堂》常被视为采用了成长小说的叙事模式。伯曼认为，这部作品中的成长故事是通过成长小说的形式进行描述的（Berman，2013）。德卡德也提出，《天堂》的叙事采

---

[*] 作者简介：宋欣宇，天津外国语大学硕士研究生，研究方向为后殖民文学、非洲英语文学，电子邮箱：xysong2016@163.com。

用了成长小说的形式(Deckard,2010:179)。仅就外部特征而言,《天堂》与成长小说确有一定的契合之处。成长小说的"大致轮廓"往往都涉及从童年到成年的转化(Buckley,1974:9)。艾布拉姆斯也提出,成长小说叙述的是主人公从幼年开始经历的各种遭遇(艾布拉姆斯,1990:218)。从这一点来看,《天堂》讲述了优素福从孩童成长为成人的故事,其大体情节脉络与成长小说相似,因此在某种程度上可以被视为成长小说。然而,在具体内容上,《天堂》却在多处表现出同成长小说的分歧。小说中主人公优素福的成长线索并不明晰,结局也并未对其成长成功与否给出明确答案。这些现象违背了成长小说的部分特征,构成了小说的"反成长"特质。

"反成长"(anti-Bildungsroman)是伴随成长小说发展过程出现的现象之一。格雷厄姆指出,成长小说发展史揭示了成长小说承诺的理想与各类条件之间存在的一种矛盾,条件的变化很可能致使成长无法实现(Graham,2019:144)。这种矛盾在20世纪日益加剧,现代化进程中不断出现的社会动荡与自我犹疑使得传统成长小说的模式难以维系,这进一步催生了成长小说危机的集中爆发与反成长小说的发展。从外部形式来看,反成长小说在多处对成长小说构成反拨,其整体框架虽大致遵循成长小说的基本形式,但具体情节与之大相径庭,小说中的主人公似乎失去了成长的可能性,常常走向自我毁灭的结局。从本质层面来看,反成长小说的出现揭示了这样一种情况:当相应的环境与条件不足以支撑个体的成长时,对成长是否可能、成长是否可以实现等质疑也逐渐浮现,随之而来的便是"反成长"对成长小说构建的模式的解构。

由此来看,《天堂》呈现的"反成长"特质与文本内外面临的环境与条件有一定的关联。《天堂》的主人公优素福常被视为流散者(Ajulu-Okungu,2006),其成长经历实际上就是其不断流散的过程。他先是被父亲典当给商人阿齐兹抵债,后又被寄养在哈米德的店内,此后又作为随从跟随商队行进,他始终处在漂泊无依的状态之中。与此同时,《天堂》的作者古尔纳也是一名有着流散经历的作家,他出生于坦桑尼亚的桑给巴尔,后以难民身份前往英国,之后又重回非洲。他的笔下总是书写并探讨着"殖民主义影响下非洲流散群体的命运与未来"(程雅乐、朱振武,2022)。据此,《天堂》中的"反成长"特质在一定程度上体现了这样一种思考,即对处在流散状态的流散者而言,其成长是否可能、能否成功。

从这一点来看,《天堂》中的"反成长"特质就并非对成长小说叙事模式的简单反转,而是导向古尔纳对"流散性"的书写。古尔纳借用了成长小说的架构,通过表现个体与环境的隔阂、"引路人"的缺席和引人深思的争议性结局,塑造了小说的"反成长"特征,并在此基础上表现了流散者的身份焦虑、流散者共同体建构的困境,揭示了流散者的国族身份与归属感的缺失问题。通过对流散语境下个体成长问题的思考与探讨,古尔纳充分表现了对流散问题的关切,并进一步深化了对流散主题的认知与表达。

2 个体与社会的隔阂:流散者的身份焦虑

个体与社会的关系,是成长小说的核心问题之一。冯至曾指出,成长小说表现的是个人与社会的关系(歌德,1988:3)。巴赫金提出,成长小说有别于其他小说的一个特征在于其主人公是"动态的统一体"(巴赫金,1998:230)。这种动态性就体现在个体与社会之间持续不断的交流互动关系。也就是说,成长小说在个体与社会之间建立起联系,成长的经历就是个体与社会不断交互作用的过程。在此基础上,个体通过不断调适自身与社会之间的关系逐渐找到自己的定位(Susannes,1966:25),从而建构起身份认知与身份认同。以18世纪经典成长小说为例,此时的成长小说诞生于公民社会不断发展的背景下,因此其主要内核就是教会读者成为"公民"(Buckley,1974:132)。可以看到的是,此时的经典成长小说对个体的身份与定位有一定的预期,在这些作品中,社会为个体预留了亟待填充的位置,持续吸纳个体作为社会的合格一员。在这种期待与培养方式的影响下,个体得以实现成长,也由此构成了经典成长小说的叙事模式。

然而,在《天堂》中,主人公优素福与其所处社会之间的关系却是断裂而疏离的,个体与社会之间并未建立起良好的互动关系。优素福是位于社会环境边缘的旁观者与局外人,其最常见的状态就是"静默地看"。在阿齐兹的店内,优素福总是沉默不语。初到店内时,他的自我介绍是由哈利勒代为表达的。哈利勒对顾客说:"这是我弟弟,来帮我们干活的……瞧瞧这可怜的孩子,瞧瞧他无力的胳膊和一脸苦相。"(Gurnah,1994:22)在顾客眼中,优素福是被忽视或嘲笑的存在。在顾客们同哈利勒交流时,他们大多对优素福视若无睹。而对喜欢优素福的顾客们来说,优素福也只是"取笑的对象"(Gurnah,1994:29)。优素福的此种状态与其语言的障碍也有一定的关系。优素福不擅长阿拉伯语,也很少使用阿拉伯语。当阿齐兹与哈利勒用阿拉伯语彼此问候和交流信息时,优素福只能静静旁观(Gurnah,1994:21)。而语言恰恰是个体与社会之间建立联系的重要桥梁。语言建构了语言习得者的社会身份,是人的社会性的集中表现之一(Peirce,1995)。对优素福而言,他不通晓的语言在其与所处社会之间构筑起天然的屏障,阻碍他融入当下的社会环境。这一切都在宣告,优素福只是一个处境尴尬的外来者,与所处的社会环境格格不入。他虽身处社会之内,却并未被接纳成为社会的一员，他与社会之间始终存在一层隐形的隔膜。

与这种个体与社会的隔阂密切相关的，便是身份焦虑的形成。可以看到，在阿齐兹所处的社会中并没有属于优素福的位置，社会也没有为他提供任何可参照的身份定位，而这正是优素福身为流散者面临的身份困境。优素福处在一种特殊的"中间状态"之中，一方面，他在少年时期远离故土、奔赴异乡，与出生地相距甚远；另一方面，他始终是流散地的边缘人，与身处的环境格格不入、难以相融。霍米·巴巴在谈及移民问题时也曾指出类似的问题：当代移民大多生活在一种中间状态之中，即使在法律上被接受为国民，但仍被视为一个独立的群体，没有完全融入（Bhabha，1999）。这种特殊的处境似乎在一定程度上隔绝了个体与社会之间建立联系的可能，随之而来的便是身份焦虑的产生。后现代理论认为，文化与身份密切相关，文化是身份的来源（Edgar，2008：166）。文化身份是一个文化群体或个体界定自身文化归属的标志及生存的依赖（萨义德，2003：4）。然而，流散者的特殊定位注定其难以找到稳定的文化归属。根据霍尔所言，文化身份可以有两种立场：第一种是"想象的过去的我们"，第二种是"真正的现在的我们"（霍尔，2000：211）。如果将前者视为故土文化身份而将后者视为当下文化身份，那么以优素福为代表的流散者显然是位于地缘与文化裂隙之间的"夹心人"，处在缺少稳定的文化身份与文化归属的无根状态。

古尔纳曾表明：在他写过的所有书里，总是对人们探求自己"身份"的问题表现出浓厚兴趣（纳斯塔，2022）。探求身份的过程，在某种程度上就是个体逐渐建立起身份认同的过程。身份认同的重要内容之一便是社会认同，强调人的社会属性（陶家俊，2004）。也就是说，在确立身份定位、构建身份认同的过程中，个体与社会之间的联系与互动是一个极为重要的方面。对优素福而言，他与所处社会之间的隔阂导致他无法同社会建立稳定的联系，他缺乏对社会的认同感与归属感。受这一状态影响，优素福无法建构起一个稳定自洽的个体，难以完成对自我的认知与塑造。这既是优素福身为个体面临的成长困境，也是优素福身为流散者面临的身份困局。优素福的形象与经历，反映着古尔纳对流散者中间状态与身份认同困境的深刻认识。

3 "引路人"的缺席：流散者共同体设想的困境

"成长"与"教育"关系密切。杜威曾提出，"教育即生长"，教育的目的就是个体的生长（杜威，2009：289）。在某些语境下，"教育小说"也被视为"成长小说"的一个类别。在诸多成长小说中,主人公的成长通常伴随着接受教育的过程。其中,受教育者往往需要师长类角色作为引导者,也就是成长小说中的"引路人"。例如:索尔·贝娄的成长小说中就曾出现多个引路人,包括《勿失良辰》中的塔莫金医生、《赛姆勒先生的行星》中的格鲁纳大夫等(张军,2011:121)。奇玛曼达·阿迪契的《半轮黄日》中也曾出现一位身为非洲民族主义者的大学教授奥登尼博,他是主人公乌古教育成长的引路人(王卓,2022)。在成长小说中,引路人通常具有两类身份:一是向导,为主人公的成长提供方向性指引和力所能及的帮助;二是楷模,作为主人公学习和模仿的榜样。引路人的存在使主人公不会在成长过程中偏离方向、误入歧途,也不会在精神上迷失自我、茫然无措。

　　成长小说的英文译词是"Bildungsroman",其中,bild 是形象、图像,蕴含着范本、摹本之意。这一词的含义就是按照范本进行摹写,按照既定的理想进行教化或陶冶。Bildung 一词在教育学上指的是一个人变得同他的导师一模一样,以导师为楷模并同他合为一体(约斯特,1980:2)。据此,成长小说中的引路人背后的隐藏逻辑便是:其一,成长是可能实现的,引路人便是先于主人公完成成长过程、实现既定理想的可借鉴的模范人物;其二,成长是可以延续的,身为后辈的主人公可以在身为前辈的引路人的指引与帮助下完成成长,二者之间可以建立起良好的帮扶关系,从而实现代际的传承。

　　然而,《天堂》中有关引路人的情况则较为复杂。哈利勒在人物设置上与引路人的角色有相似之处,他比优素福年长且更早来到阿齐兹的店内,在某种程度上可以算作优素福的前辈。对此,读者或许会"一厢情愿"地编织这样一个故事:哈利勒将自身的经验倾囊相授,优素福最终在哈利勒的指导和帮助下完成个体成长。但实际上,哈利勒并不完全符合引路人的特征,也没有完成引路人应当完成的任务,甚至是否可以称之为引路人,也值得商榷。在某些方面,哈利勒的确是优素福的"老师"。他纠正优素福的行为,多次警告优素福不能称呼阿齐兹为"叔叔",而应称呼"老爷"。相较于同外部环境格格不入的优素福,哈利勒也更能融入其中。但从另一个角度来看,对同为流散者的哈利勒而言,其处境实际上与优素福并无二致。哈利勒同客人的愉快交流,是建立在他迁就客人对自己进行取乐的基础之上的(Gurnah,1994:29)。而当哈利勒与优素福在私下交流中谈及故土与家人时,优素福也能感受到哈利勒的语气"从嘲弄变成了痛苦"(Gurnah,1994:39)。哈利勒时常用故作轻松的口吻来讲述自己过去的故事,"所有人都去了阿拉伯,他们把我撇在这儿。我的哥哥们,我妈妈……所有的人"(Gurnah,1994:39),这些故事的背后是哈利勒极力掩盖的深切悲痛。也就是说，哈利勒的外在处境和内在心态都与优素福有共通之处，在这些方面，他并不比优素福更加成熟或进步。从这一点来看，哈利勒自身不是一个成功的成长者，更无法帮助优素福实现成长，同为流散者的二人共同挣扎于流散境遇的困境之中。而除哈利勒之外，小说中也难再找到另一个足以担任引路人角色的人物。因此，从某种程度上说，《天堂》中的引路人这一角色在本质上是缺席的，其原因在于，自顾不暇的流散者难以建构起稳定的社群关系，也就无法实现先来者对后来者的帮扶。通过优素福与哈利勒的共同境遇，引路人的缺席这一事实，古尔纳将流散主题的书写从流散者个体扩展到了流散者群体，进一步指出流散问题并不局限于单一个体，而是蔓延至整个群体的一种集体困境。

随着流散文学的发展，"流散"与"共同体"的概念都不断被赋予新的内涵。共同的情感追求和命运将个人联系起来构建成集体，形成一个想象的"共同体"（曾艳钰，2022）。滕尼斯在论及共同体时曾指出，共同体应具备引导与教育功能（滕尼斯，2019：323）。根据这一理念，由流散者群体构成的流散者共同体应为超越狭隘的民族国家视域、以相似的命运与心态为基础建构起来的理想化社群。在这样一个流动的动态群体中，共同体中的先驱者应对后来者有引导和教育的作用，帮助后来者顺利融入共同体，促进共同体的进一步发展。但《天堂》中的情节表明，这一共同体的建构并非易事。显然，《天堂》中并不存在这样一个合格的先驱者，也没有描绘一幅先驱者指引后来者的理想化图景。这种引路人的缺席表明，至少在古尔纳当时的创作与认知中，流散者彼此之间尚不具备构建稳定良好的交流互动关系的条件，也无法建立起一个理想化的流散者共同体。

除此之外，流散者共同体的建构需要充分的客观条件与主观条件。其中，命运的"共同性"是流散共同体的基础，而情感的"共同性"则是联结共同体的有利纽带（何卫华，2023）。在《天堂》中，这样的条件并不充分，即使在表面上初步具备了相应的条件，也不足以将其转化为现实。就优素福与哈利勒的关系而言，命运的共同性将他们分别带至阿齐兹的店内，情感的共同性使他们在私下交流时能够在一定程度上理解对方的感受。但这些相似性对流散者共同体的建构并无实质性帮助。在客观层面，优素福与哈利勒都只是被贩卖的奴隶，受限于这样的身份与地位，他们难以突破当下环境的束缚，也就无法从根本上摆脱流散者的困境；在主观层面，虽然二人在身世层面有着诸多共鸣，但二者的交流互动仅停留于表层，并未直达彼此的精神深处，难以建立更进一步的情感联结。在引路人缺席的情况下，优素福始终处于精神迷失状态，最终只能绝望地只身投奔德军。对优素福而言，他没有既定的楷模可以学习与模仿，没有特定的方向与目标可以遵循，也没有业已建成的社会群体可以作为归属，只能选择走向一条未知的道路。这是一个缺少引路人的成长者的被迫选择,也是一个孤独无依的流散者试图改变当下境遇的无奈抉择。引路人的缺席背后不仅是个体成长的"举目无亲"、无依无靠,更是流散者缺乏集体归属问题的深刻写照,反映了古尔纳对流散者共同体设想面临的困境的深刻认识。

4 成长结局的争议:流散性对成长小说国族叙事的解构

对成长小说而言,主人公的成长最终是否取得成功,显然是一个值得关注的问题。然而,《天堂》的结局却并未对优素福成长的成败给出明确答案。在小说末尾的短短几行中,优素福望着德军队伍,突然"飞快地回头看了一眼,然后双脚刺痛地朝队伍奔去"(Gurnah, 1994:247)。小说在此处戛然而止,毫无征兆,也并无后续。这一结局历来饱受争议。查尔斯·萨尔万认为,小说"没有结尾,因为绝望的优素福跑去加入被德国殖民当局绑架的人,为他们工作或战斗"(Sarvan, 1995);黛安娜·施韦尔特指出,优素福"选择的既不是解放,也不是救赎,只是与即将到来的殖民压迫者的主奴联盟"(Schwerdt, 1997)。这些观点显然已经超越了对优素福的成长成功与否的讨论,转而对是否真正存在结局、如何充分理解结局进行深入探究。这样一来,优素福的成长成功与否、结局的安排有何深意,就愈发引人深思。

经典成长小说通常以主人公成长为理想化个体作为结局,但这种理想化个体并非凭空产生,而是依社会和叙事的情况而定(Slaughter, 2007:103)。与此同时,个人的发展常常以一种寓言的方式和民族发展并行(Courtois, 2019)。成长小说中的个人成长往往也是国族重构的隐喻,涉及个人成长与社会转型、现代化进程等的复杂互动关系(Donnelly, 2018)。对此,巴赫金也指出,个人成长和历史发展之间强有力的联系纽带是成长小说的主要特征(巴赫金, 1998:232)。也就是说,成长小说中个体的成长常与国族叙事之间存在一定的联系。举例来说,部分乐观基调的美国成长小说就以走向成熟的青少年隐喻新兴的、渐趋繁荣的美国。在这些作品中,年轻而充满活力的青少年正是饱含生机、蒸蒸日上的美国的最佳诠释,而青少年成长的胜利也不断印证着美国梦的正确性(Graham, 2019:117)。由此来看,成长小说往往反映着特定的国家、民族、社会对个体的期待与规划,个体成长的过程往往也遵循着国族叙事拟定的路径,关联着国族发展的进程。

然而,《天堂》中并不存在一个足够明晰而强势的国家、民族或社会为优素福的成长提供指引。对故土而言,优素福不过是"被弃置"的存在,二者之间的联系日渐淡化。对流散地而言,优素福也并未被接纳成为当下环境中的一员。这种漂泊无依、无根无源的状态正是"流散性"的表现之一。在流散研究的现代转向中,流散民族主义是没有民族国家的民族主义(Hilbrenner, 2008)。流散群体无论身处哪里,都是当地的少数群体(汤因比, 2016: 67)。由此来看,以优素福为代表的流散者,本质上是并无稳定的国族身份归属的"空心人"。在这一情形下,由于失去国族叙事作为依托,优素福的成长就不再有特定的方向与路径,也不再有统一而明确的衡量标准。

基于"流散性"重新审视《天堂》的结局,优素福的选择就不再令人困惑。正因优素福无权利亦无义务"效忠"母国与客国中的任何一个,他投奔德国军队的行为并不是一种毫无缘由的逃避与背叛,而是在认清自身绝望处境后的奋力一搏。相较于当下可预见的痛苦与挣扎,他选择将赌注投向一个新的环境,即使这个新环境依然大概率充满剥削与奴役。至此,优素福的结局已然无法再根据简单的成败来进行评价,因为这一结局本身就充满着矛盾性与复杂性。在小说结尾,长大后的优素福并未在社会中找到属于自身的身份与归属感,也未能摆脱迷惘无措的精神状态,因而不能视为一次成功的成长过程。但与此同时,优素福又在最终意识到了身为流散者的特殊处境,并在最后关头为自己的人生方向主动做出了选择。从这一角度而言,优素福又似乎并非毫无成长与进步,只是这种成长的性质已与传统意义上的成长小说截然不同。流散者面临的处境天然地拒绝了个体成长与国族发展并行的可能性,因此,优素福的成长只能被放置在特定的语境下加以探讨,将其视作囿于特殊身份与境遇的另类成长。这样一来,小说的结局就具备一定的反成长性,这种反成长性并不单纯在于小说结局一反经典成长小说的常规,没有交代主人公最终成长的结果,更在于从根本上解构了经典成长小说的国族叙事要求,建构了对流散语境下成长概念的新诠释。在此基础上,古尔纳通过这一充满深意的结局,刻画了流散者缺失国族身份与国族归属的处境,反映了他对流散者特殊境遇的深刻认识。

5 结语

"流散"是古尔纳始终关注的内容。古尔纳自身就是一名流散者,他出生于东非的桑给巴尔,后以难民身份前往英国进行政治避难。于古尔纳而言,一边是回不去的故土,一边是融不进的他乡,居于文化与地缘裂隙之间的他时常有难以排遣的身份焦虑与孤独、游离、漂泊的复杂情绪。他将这种独特的人生经历与情感体验深深地熔铸在自己的作品之中。除《天堂》外,《最后的礼物》《砾心》等作品都在不同程度上同流散主题建立起关联。相较而言,《天堂》的特殊性在于,其中的流散主题是通过"反成长"叙事表现出来的。古尔纳将一个成长故事置于流散语境之下,入木三分地刻画了成长在这种特殊环境与条件下的变异。初读《天堂》时,读者极易将其视作古尔纳对经典成长小说的继承与改写。然而,在作品的具体叙事过程中,成长小说的外在形态逐渐消隐,"反成长"叙事特征则不断凸显。在这部作品中,读者无法完整而充分地感受到主人公优素福的成长过程,也很难对其成长成功与否作出确切的评判。相比之下,优素福同外界环境格格不入的游离感、缺乏引导者与集体社群的孤独感和最终难以找到国族身份与国族归属的绝望感,反而在读者心中留下深刻的烙印。而这些"反成长"特征,正与流散者的身份焦虑、流散者共同体设想的困境、流散者国族归属的缺失等流散主题的表达相契合。

经典成长小说的叙事模式往往建立在一种预设之上,即成长已然具备条件、成长是可能实现的。但在《天堂》中,"流散性"成了一个巨大的变数。根据优素福的经历来看,与其讨论优素福是否成长、如何成长,不如说其成长从一开始就丧失了条件、基础,这种成长在本质上就是难以实现的。首先,流散者的身份焦虑就注定其难以在社会中确立自己的位置,无法在与社会的交流互动中实现个体的成长;其次,流散群体面临着共同的生存困境与精神困顿,难以形成理想化的共同体社群,也就无法为个体的成长提供相应的指引与帮助;再次,流散者缺乏稳定的国族归属,这使流散者的成长失去了方向与目标,其成长成功与否也就难以判定。因此,尽管古尔纳挪用成长小说的叙事模式作为故事框架,但比起探讨优素福的成长本身,他似乎更关注隐藏于优素福的成长背后的、更为宏大而深远的流散主题。相较于编织一个成长成功的幻梦,他更希望聚焦流散者、流散群体、流散境遇的真实面貌。这不仅表现了古尔纳对流散问题的深度关切,也塑造了古尔纳独特的创作风格。

参考文献

[1] 艾布拉姆斯. 欧美文学术语词典[M]. 朱金鹏,朱荔,等译. 北京:北京大学出版社,1990.

[2] 巴赫金. 小说理论[M]. 白春仁,晓河,等译. 石家庄:河北教育出版社,1998.

[3] 程雅乐,朱振武. 古尔纳的非洲流散书写[J]. 外国语文研究,2022(4):14-20.

[4] 杜威. 民主·经验·教育[M]. 彭正梅,译. 上海:上海人民出版社,2009.

[5] 歌德. 威廉·麦斯特的学习时代[M]. 冯至,姚可昆,译. 北京:人民文学出版社,1988.

[6] 霍尔. 文化身份与族裔散居[M]//罗钢,刘象愚. 文化研究读本. 北京:中国社会科学出版社,2000:208-223.

[7] 何卫华.《血的本质》中的世界主义与流散共同体构建[J].外国文学研究,2023(1):31-42.

[8] 纳斯塔,刘子敏."不易说清的东西"——阿卜杜勒拉扎克·古尔纳访谈录[J].世界文学,2022(2):74-84.

[9] 萨义德.文化与帝国主义[M].李琨,译.北京:生活·读书·新知三联书店,2003.

[10] 陶家俊.身份认同导论[J].外国文学,2004(2):37-44.

[11] 滕尼斯.共同体与社会[M].张巍卓,译.北京:商务印书馆,2019.

[12] 汤因比.变革与习俗:我们时代面临的挑战[M].吕厚量,译.上海:上海人民出版社,2016.

[13] 王卓.后殖民语境下《半轮黄日》的成长书写[J].外国文学,2022(2):25-36.

[14] 约斯特.比较文学导论[M].廖鸿钧,等译.长沙:湖南文艺出版社,1980.

[15] 张军.索尔·贝娄成长小说中引路人的影响作用研究[D].上海:上海外国语大学,2011.

[16] 曾艳钰.流散、共同体的演变与新世纪流散文学的人类命运共同体书写[J].当代外国文学,2022(1):127-134.

[17] AJULU-OKUNGU A. Diaspora and displacement in the fiction of Abdulrazak Gurnah[D]. Johannesburg: University of the Witwatersrand, 2006.

[18] BERMAN N. Yusuf's choice: East African agency during the German colonial period in Abdulrazak Gurnah's novel *Paradise*[J]. English studies in Africa, 2013(1): 51-64.

[19] BHABHA H K. The manifesto [followed by Reinventing Britain: a Forum][J]. Wasafiri, 1999(29): 38-44.

[20] BUCKLEY J H. Season of youth: the bildungsroman from Dickens to golding[M]. New York: Harvard University Press, 1974.

[21] COURTOIS C. "Revolutionary politics" and poetics in the Nigerian bildungsroman: the coming-of-age of the individual and the nation in Chigozie Obioma's *The Fishermen*[J]. Commonwealth essays and studies, 2019(1): 1-14.

[22] DECKARD S. Paradise discourse, imperialism, and globalization: exploiting eden[M]. London: Routledge, 2010.

[23] DONNELLY M A. The bildungsroman and biafran sovereignty in Chimamanda Ngozi Adichie's *Half of a Yellow Sun*[J]. Law and literature, 2018(2): 245-266.

[24] EDGAR A, SEDGWICKP. Cultural theory: the key concepts[M]. London: Routledge, 2008.

[25] GRAHAM S. A history of the bildungsroman[M]. London: Cambridge University Press, 2019.

[26] GURNAH A. Paradise[M]. New York: The New Press, 1994.

[27] HILBRENNER A. Civil rights and multiculturalism: Simon Dubnov's concept of diaspora

nationalism[J]. Osteuropa, 2008(8):101-116.

[28] PEIRCE B N. Social identity, investment, and language learning[J]. TESOL quarterly, 1995(1):9-31.

[29] SARVAN C P. *Paradise* by Abdulrazak Gurnah[J]. World literature today, 1995(1):209-210.

[30] SCHWERDT D. Looking in on paradise: race, gender and power in Abdulrazak Gurnah's *Paradise*[M]// WRIGHT D. Contemporary African fiction. Bayreuth: Bayreuth African Studies, 1997:91-101.

[31] SLAUGHTER J R. Human rights Inc: the world novel, narrative form, and international law [M]. New York: Fordham University Press, 2007.

[32] SUSANNE H. Wilhelm Meister and his English kinsmen[M]. New York: AMS Press Inc, 1966.

从面向大众到远离通俗
——《螺丝在拧紧》的刊载渊源与亨利·詹姆斯的创作矛盾

北京大学　许泓一[*]

摘　要：长期以来，《螺丝在拧紧》以复杂的艺术手法吸引着学者的关注，但该小说最初不过是一篇面向大众连载的商业杂志约稿。本文聚焦《螺丝在拧紧》与通俗文艺的互动关系，考察亨利·詹姆斯变化的创作关切和心理矛盾，以期对强调小说艺术性的研究形成补充。詹姆斯在服务读者和艺术实验之间摇摆权衡，这种矛盾心态反映了他在19世纪末的职业焦虑，预示了他此后强调艺术、远离通俗的创作定位。不过，詹姆斯与通俗市场的决裂并不彻底，《螺丝在拧紧》的存在也否定了艺术与大众的绝对区分，启发我们思考19世纪末20世纪初英美艺术家与大众市场的复杂关系。

关键词：《螺丝在拧紧》；通俗杂志；亨利·詹姆斯；艺术与大众

1　引言

亨利·詹姆斯的中篇小说《螺丝在拧紧》引发了严肃文学批评家们的热烈讨论。在20世纪80年代前，学术讨论围绕鬼魂是否存在的问题，形成了鬼魂论和非鬼魂论两大阵营[①]。而后，由于双方争执难有定论，一些学者转而强调文本内在的含混，认为小说以高超的艺术技巧向读者提供了"X 和 Y"两种并行不悖

---

[*] 作者简介：许泓一，北京大学硕士研究生，研究方向为英美现代主义文学，电子邮箱：xuhongyi@stu.pku.edu.cn。

[①] 罗伯特·海尔曼鬼魂论的寓言解读和埃德蒙·威尔逊非鬼魂论的精神分析为其中代表（Heilman, 1948; Wilson, 1934）。

的解释(Beidler, 1995)。80年代以来,随着文学批评的关注点转向外部研究,对《螺丝在拧紧》的阐释开始关注历史背景和社会问题。例如,布鲁斯·罗宾斯认为,应在承认文本含混的基础上提供"一种鲜明的政治批评"(Robbins, 1984)。内部性研究和外部性研究采用的分析方法和论证材料各有侧重,共同发掘了《螺丝在拧紧》的多种阐释可能和思想关切。

不管侧重哪种视角,目前大多数研究都预设该小说具有精妙的艺术设计和严肃的社会批判[1],它天然就是高雅深刻的艺术精品。这种预设源于詹姆斯本人及批评家们对他艺术成就的肯定,而随着《螺丝在拧紧》进入大学文学课堂,它的艺术地位也水涨船高。不过,《螺丝在拧紧》还具有尚未被广泛关注的通俗渊源——在杂志连载阶段,它不过是《科里尔周刊》(*Collier's Weekly*)面向中下层大众读者的鬼故事。涉及《螺丝在拧紧》杂志出版的相关研究并不多。内梅罗和桑斯特加德注意到了这一写作背景,他们分别从杂志文本间性(Nemerov, 2013)和杂志配图(Sonstegard, 2005)的角度出发,将詹姆斯的小说和新闻报道或插画创作进行对比分析,但他们的研究很少涉及詹姆斯的文学创作本身。安涅斯科深入分析了詹姆斯的文学创作和市场环境的复杂关系,但他主要关注长篇小说,没有探究《螺丝在拧紧》和杂志刊载的问题(Anesko, 1986)。

《螺丝在拧紧》的通俗渊源触及了亨利·詹姆斯创作理想的基本矛盾之一。1898年到1908年间,他对该小说的态度发生了从不屑到重视的根本转变。此种转变原因为何?为何詹姆斯在1898年对该小说嗤之以鼻?《螺丝在拧紧》对詹姆斯来说到底意味着什么?这是本文将尝试回答的问题。该小说一方面是詹姆斯为谋生计赶工制成的通俗故事,另一方面又是广受赞誉、值得反复细读的艺术精品,体现了詹姆斯在大众市场的妥协与斗争。在创作之初,詹姆斯考虑到了大众读者的阅读兴趣,而在故事后期,他又渐渐背离了流行小说的写作标准。此外,詹姆斯的矛盾心态反映了他在19世纪末进行创作转型的挣扎。当詹姆斯渐渐克服职业焦虑、重塑创作定位,便愈发与通俗市场划清界限,强调自己的艺术家身份。然而,《螺丝在拧紧》的存在本身就否定了艺术与大众之间的绝对区分。它生动地说明,詹姆斯的创作既是通俗小说写作的一部分,又具有自身独特的艺术价值,艺术与大众市场并非天然对立的两极,两者之间存在复杂而深入的互动关系。在这一语境下,詹姆斯与大众市场的决裂是一种姿态而非态度,这不

---

[1] 例如,费尔曼认为,该小说的模糊性"解构所有……传统对立",能引发深奥哲思(Felman, 1995)。罗宾斯则称赞该小说精准地抓住了阶级问题,通过"重塑社会寓言"对阶级分化发起质疑(Robbins, 1995)。

仅表现出他追求艺术的严肃努力,也间接显示出他极力遮蔽的、对市场现实的关注和应变策略。

2 《螺丝在拧紧》与通俗小说的联结

在亨利·詹姆斯动笔之前,他已然明白《螺丝在拧紧》会是一篇通俗商业杂志上连载的娱乐小说。结合特殊的创作背景和文本构成,我们可以发现,詹姆斯在该小说的前半部分关注到了大众读者的阅读体验,时常提及或化用他们习以为常的阅读模式和故事桥段,以此与他们建立联结。

与其他艺术实验作品不同,《螺丝在拧紧》是一篇商业约稿,与之相伴的是其非凡利润及中产阶级读者群。从1890年到1900年,詹姆斯大部分杂志发表作品的稿酬都在200到300美元之间①。1897年,《科里尔周刊》出价900美元向詹姆斯约稿鬼故事,为面临经济问题的他解了燃眉之急(Edel,1985)。对比其他纯艺术杂志,《科里尔周刊》的出价不能说不慷慨。该杂志还面向更为广泛的读者群体。詹姆斯长期合作的《小册子》和《斯克里伯纳月刊》(*Scribne's Magazine*)都服务于精英读者和纯文学作品(Mott,1957:450,718)。《科里尔周刊》则主要刊载"有可读性的材料和滑稽图片",内容涉及通俗小说、日常新闻和公共事务(Mott,1957:453-454)。基于以上因素,詹姆斯在动笔前应当已十分清楚,他的故事不只面向文艺爱好者,更面向大众读者,会与众多下里巴人的作品一同连载发表②。

《螺丝在拧紧》的创作背景与通俗小说息息相关,这种关联也体现在文本内部。詹姆斯在框架叙述里频频抛出关于杂志连载的俏皮话,在主叙述中多次化用流行小说的常见桥段、修辞,并特别考虑分期连载的需求排布叙述节奏。这些设计都展现出詹姆斯吸引读者的意图。

《螺丝在拧紧》的框架叙述描绘了道格拉斯和友人围炉夜谈的经过。这个

---

① 1896年,他在《小册子》(*Chapbook*)上发表的《它来了》("The Way it Came")稿酬为166美元,1898年《大都会》(*Cosmopolis*)上的《约翰·德拉沃伊》("John Delavoy")稿酬约270美元,1899年《盎格鲁-撒克逊评论》(*Anglo-Saxon Review*)上的《伟大的境况》("The Great Condition")稿酬约255美元(Horne,1996)。詹姆斯另一篇著名小说《梅奇知道什么》(*What Maisie Knew*)出版于1897年,《小册子》出版商只提供了150美元的报酬(MacLeod,2016)。

② 需要说明,《科里尔周刊》并未强求詹姆斯写出烂俗的故事。据杂志编辑科里尔(Rob Collier)称,向詹姆斯约稿盖因杂志需要"一点真正的文学气息"以促进销量,他继而暗示,杂志读者很少有博学到懂得希腊语的(Mott,1957:455)。尽管科里尔肯定詹姆斯的文学才能,但他语气轻佻,并未严肃对待艺术实验,反而将文学才能看作吸引读者的装饰品。

关于讲故事的故事为文本内外的读者(听众)构建了相似的时空情境,从而引起连载读者的兴趣①。小说开始于一句评价:"听完故事后,我们这几个围坐在炉火旁的人都屏住呼吸",而道格拉斯的开场介绍则被形容为"一个连载小说(a serial)的开头"(詹姆斯,2001:1-5)。前一句话表明小说的开头之前还有一个未知的故事,宛若杂志阅读的经历,众多连载故事汇聚一堂,一篇连载的前后还有其他完结或未完结的故事。后一句话中的"连载小说"则精准地将道格拉斯的故事讲述和杂志连载对应起来,让通俗杂志读者代入其中。小说一开篇,道格拉斯就说明了故事梗概,告诉杂志读者全文将讲述一个年轻家庭教师的可怕经历,这一说明像畅销书推荐词一样锚定了读者的期待。交代完故事梗概后,道格拉斯并未一挥而就地叙述整个故事,反而用了好几晚、以连载的形式开展讲述。同时他还适时与听众互动,借此点明故事的独创性:它会提供与众不同的罗曼司和阅读收获。种种设计既引导了杂志读者的思考方向,让他们不至于茫然无措,又承诺了未知的惊喜,使其保持期待。

随着道格拉斯的故事朗读,我们进入了家庭教师的第一人称叙述。詹姆斯继续在叙述设计中暗暗呼应通俗杂志读者的体验,并化用各种流行桥段和表述进行调侃。故事女主人公年轻、独身,对英俊的男士产生好感,且在担任家庭教师期间触及了该人家的隐秘。这种情节设计在浪漫小说中屡见不鲜,故事中的"我"也时常从自己的经历联想到《尤多弗之谜》《简·爱》等小说。家庭教师叙述故事时还常采用通俗小说相关的修辞语言。可爱的孩子被比作童话中的"贵族子弟、王子和公主"(詹姆斯,2001:18)。当主人公漫游花园,幻想着一场美好的偶遇,她感叹那"真像迷人的故事一样迷人(as charming as a charming story)"(詹姆斯,2001:24)。家庭教师的自我认知也浸透了成长小说的相关表述:她的旅程开始于"无知(ignorance)",而与彼得·昆特的相遇引发了她的"内在革命(an inward revolution)",相遇的震撼"刺激(sharpened)"了她的感官,她对世界的感知就此发生变化(詹姆斯,2001:22,28)②。家庭教师叙述中的情节安排和修辞语言都让人联想到流行小说,詹姆斯通过这种方式巩固读者的认同感,鼓励他们从过往阅读经验出发进行推想。

组织小说章节时,詹姆斯在多处设置悬念,迎合杂志连载的需求。例如,第3期连载(即小说第3章)结合了爱情故事的经典元素和悬念设置③。女主人公

---

① 本文引用的《螺丝在拧紧》中文,除特别注明外,均出自袁德成的译本。
② 此处系自译,其中"内在革命"一处原文为"achieved an inward revolution",在语境中译为"改变想法"更贴切,但该表述语域过高,此中含混意味应是作者有意为之。
③ 《螺丝在拧紧》的杂志版原文见1898年1月至4月发行的《科里尔周刊》。

在历史悠久的建筑前想入非非,回忆着英俊的男主人。就在这时,一名男士的身影将她钉在原地。女主人公对环境异乎寻常地敏感,这让人想起拉德克里夫(Ann Radcliffe)小说的惯用桥段:感官灵敏的主人公先与环境互动,重大事件随之发生。在第4期连载(即小说第4、5章)发表之前,读者会根据第3期连载和浪漫小说的阅读经验对男人的身份产生种种猜测。但是,该男子并非爱情故事的主角,而是一个死人的魂灵,是恐怖故事的角色。第4期连载颠覆了第3期设置的爱情故事元素,以恐怖元素取而代之,偏离惯例的设计增强了读者的新鲜感。同时,第4期连载的结尾点明了彼得·昆特的身份,却没有说清他的具体处境和死因,为故事制造出新的悬念。亨利·詹姆斯借鉴通俗小说的经典元素、语汇,对其进行适当化用,让读者在通过熟悉线索找到解读方向的同时又不失期待和惊喜。他对《螺丝在拧紧》的种种前期设计都表明,他考虑到了通俗连载小说的读者,有意吸引他们的注意,并未一味进行严肃深奥的美学实验。

3 《螺丝在拧紧》对通俗小说的背离

在《螺丝在拧紧》的后半部分叙述中,詹姆斯的艺术手法渐趋复杂,故事情节变得扑朔迷离。这种设计大大增加了小说的艺术含混性,詹姆斯也从化用惯例、偏离标准再进一步,就此背离了通俗小说的一般惯例和写作模式,与大众读者拉开了距离。

《螺丝在拧紧》最让人困惑的莫过于结尾,不但不解释前文的悬念,反而加重了故事的不确定性。"除我们两人以外,唯有静悄悄的白天。而他那失去主人的小小心脏已经停止了跳动。"(詹姆斯,2001:107)小说在迈尔斯死亡处戛然而止,结尾具有高度语言含混性和意义密度,却没有阐明任何问题。它没有解释男主人的漠然态度、迈尔斯被退学的原因或者鬼魂是否存在的问题,反而制造了迈尔斯为何而死的新疑问,制造出难以捉摸的恐怖印象。这种模棱两可的结局与传统恐怖故事或爱情故事形成了鲜明对比。从拉德克里夫的《西西里罗曼史》(A Sicilian Romance)到奥斯汀的《诺桑觉寺》(Northanger Abbey),再到家庭教师在叙述中暗指的《简·爱》(Jane Eyre),这些小说中的激烈冲突都得到了临时但完美的解决。《西西里罗曼史》中强大的反面角色在结尾突然自相残杀,主角得以幸福团聚。奥斯汀在结尾匆匆概述蒂尔尼上将的心态转变,避免这位父权家长与主角正面对峙。简·爱突得横财,与罗切斯特在机械降神的情节助力下长相厮守。这些小说均触及了社会中无法解决的矛盾,并往往在故事结尾削弱矛盾的复杂性,给出读者期待、意义明确的结局。与之相反,《螺丝在拧紧》没有炮制粗糙的大团圆结局,甚至没有给出一个恰当的结尾,而是竭力强化文字的艺术含混效果,保留故事的冲突力量,从而推动智性或美学方面的相关深入讨论。

在同时期的通俗写作领域,许多畅销书作家认为好故事应当抚慰读者,不能过分挑战他们的既有观念。以 F. 马里昂·克劳福德(F. Marion Crawford)为例①,他曾在《小说指南》(*The Novel: What it is*)中提出,"[作家]不过是让公众逗乐消遣……能引发读者的思考就再好不过了……不是那种需要对科学和哲学有深入了解的思考……要创造他们可能会想效仿的角色,让角色们的经历吸引读者代入其中"(Crawford, 1893)。克劳福德认为,作家应该为读者带来乐趣和启发,不能一味要求其费神苦思。精彩的小说应该构建一个令人舒适的世界,让读者产生参与感。与他的标准相比,詹姆斯那悬而未决的结尾和奇诡的人物塑造让人极其无所适从。在剧情进展方面,女主人公的叙述在后期越发支离破碎,构造出一个难以理解的故事世界。例如,迈尔斯的夜间外出是影响家庭教师的关键事件,其前因后果却并未按时间顺序解释明白,而碎片式地分散于第 10 至 13 章中,读者须细读苦思才能拼凑出事情原委。在人物塑造方面,家庭教师的形象也越来越神经质,难以引发理解和同情。在小说前半部分,尽管家庭教师的相关信息有限,读者仍然可以根据以往的阅读经验来理解女主角,将她看作成长小说或爱情小说中的经典人物形象。然而,在小说后期,对抗鬼魂的病态欲望将家庭教师变成了令人费解的混合体。她似乎既是天使又是魔鬼,既是好女人又是疯女人,在义无反顾保护孩子的同时也因为保护过度让迈尔斯窒息身亡。《螺丝在拧紧》的后半部分不仅以支离破碎的叙述挑战读者的理解力,还以混乱不可控的世界构建和人物塑造削弱了读者的参与感,克劳福德提出的逗乐消遣的创作理想大相径庭。

4 亨利·詹姆斯的创作转型及其矛盾

在创作《螺丝在拧紧》的过程中,亨利·詹姆斯从希望与大众读者建立联结变为优先考虑小说的艺术性。这本写于詹姆斯的创作转型期的小说呼应着作者职业生涯和艺术观念的重大转变。作为詹姆斯的众多超自然故事之一,它代表

---

① 克劳福德(1854—1909)是 19 世纪末最受欢迎的畅销书作家之一,声望甚至比肩亨利·詹姆斯。《大西洋月刊》的一篇匿名评论如是说道:"月刊杂志的活跃让我们得以享用詹姆斯、克劳福德和豪威尔斯的大作。"(James, Crawford, and Howells, 1886)

着詹姆斯的自我超越；作为他创作转型期的作品，它折射出詹姆斯的定位焦虑和矛盾心态。

在詹姆斯19世纪90年代创作的一众超自然故事中，《螺丝在拧紧》最具艺术复杂性，是作者的艺术才能和想象力的结晶，而其他故事则相形见绌。以《多米尼克·费兰德爵士》("Sir Dominick Ferrand")为例，虽然不能对其艺术价值妄下评判，不过已知事实是，这篇小说发表在通俗杂志上，并未收入纽约版文集，没有得到作者本人的承认。也有评论家指出，詹姆斯的超自然短篇采用"老掉牙的体裁……经常是草草写就"，进一步佐证这些故事的创作不尽如人意（Jacobson，1983）。尽管《螺丝在拧紧》艺术造诣更高，但其创作环境与其他故事差别不大。它也在短时间内匆忙写就①，也同样想要吸引读者关注，同样借用了流行文类的经典模板。不同的是，詹姆斯似乎在写作中历经了一场想象力的迸发。根据相关书信记录，他最初计划写一篇"8千到1万字"的小故事，但实际字数却超过了4万（Anesko，1997：380）。在与本森（Arthur Christopher Benson）的通信中，他也提到自己"无法控制的想象力"致使他"无可避免地拓展话题"（James，1920：286）。詹姆斯突然涌起的想象力让故事偏离了原本计划，远离了大众舒适区，却因此成就了《螺丝在拧紧》的艺术性。

詹姆斯在写作过程中福至心灵，创作关切随之转变。这种在迎合大众和追求艺术性之间犹豫、变化的经历正好呼应了他19世纪90年代的创作焦虑和心理转型。1886年，《波士顿人》(The Bostonian)在市场遇冷，其后十年间，他的作品一直不受欢迎。为此，詹姆斯在困惑沮丧中开始产出各种体裁的文艺作品，想以此吸引读者，在小说创作之外发掘新的、施展才能的营生。1895年，他创作戏剧《盖伊·多姆维尔》(Guy Domville)，希望收获更多观众，但该剧作反响极差、恶评如潮，成为压倒他的最后一根稻草。这次滑铁卢后，詹姆斯开始调整自我定位。1899年，他在讨论《尴尬时代》(The Awkward Age)时重提旧事："这[詹姆斯的遇冷经历]是很早之前的事了——要是我还像以前那样在乎，那我早就化为一抔黄土了。"（James，1920：326）从19世纪后期到20世纪初，许多留名青史的艺术家都同公众趣味渐行渐远。个中原因包括读者群体扩大、传播技术和出版业更新、小说社会功能的转变等，我们在此不做深究。不过可以肯定的是，詹姆

---

① 《螺丝在拧紧》的创作时间存在争议。伊戴尔表示该小说创作于1987年9月到12月之间（Edel，1985：462）。诺顿批评版《螺丝在拧紧》将时间划定在10月到11月之间（Esch，Warren，1999）。莫兰对此再次进行考证，认为詹姆斯动笔于10月末，大概率在11月26日完成全文（Moran，2009）。若采用莫兰的考据结果，则詹姆斯的写作时间不足一个月，在如此短的时间内产出一部有相当篇幅和复杂度的文学创作并完成修改、订正、誊写工作，其中困难可想而知。

斯也受到世情易变的影响,他既叫好又叫座的创作理想和社会现实产生了激烈的冲突,这让当时的他在迎合公众趣味和进行艺术实验之间摇摆挣扎,间接催生了《螺丝在拧紧》创作重心的矛盾变化。

尽管《螺丝在拧紧》展现了从通俗模板到含混艺术的重心变化,但詹姆斯在那时还没有完成创作转型,我们仍能从他的笔下窥见职业焦虑的影子。在小说当中,秋意萧瑟的布莱被比作"散场之后的剧院,地上撒满揉皱的节目单"(詹姆斯,2001:61)。小说其他部分从未提及剧场的意象,长于乡野的叙述者"我"也未必熟悉剧院的布置。这一稍显突兀的比喻反映的不是"我"的心境,而是詹姆斯戏剧失败的阴影。同时,家庭教师的窘境也与詹姆斯相似[①]。家庭教师处于教导与服务之间的灰色地带。同样的,职业作家既要以文字改善社会,又受到读者的钳制,不得不为他们服务逗乐。种种迹象表明,此时的詹姆斯并未解决身份困境,而这篇小说的通俗性让他尤其困扰,乃至否定其艺术价值。因而,1898年,他在给豪威尔斯的信中对其不屑一顾,认为这不过是"赚钱的活计……有尊严者屈尊而为之事"(Anesko,1997:309)。十年之后,詹姆斯专门在纽约版作品集中作序肯定该小说的价值,并避而不谈其通俗渊源:"这篇作品展现了纯粹的聪明才智和缜密的艺术设计。"(James,2011)价值评判的根本性改变表明了詹姆斯的心态转变。在1908年,他极力强调自己的艺术家形象,同商业作者划清界限,似乎已经与通俗市场彻底决裂。

不过,《螺丝在拧紧》的成功也扰乱了这种表面上的决裂。在诞生之初,这部经典之作就扎根于通俗小说的土壤。它发表于通俗杂志,考虑到了连载读者的需求,就连詹姆斯的创作焦虑也被投射到文本当中,为其恐怖氛围添砖加瓦。詹姆斯在动笔之前是否已有深入复杂的文学思考?这一点我们无从得知。但至少能确定,该小说与通俗文学惯例存在联系,它并非脱离大众的纯粹艺术,詹姆斯在创作中也从未忽略文学市场的存在。《螺丝在拧紧》是通俗写作惯例和高超艺术技巧互动的结果,是亨利·詹姆斯多种创作动机的矛盾混合体。正如小说内容扰乱了善恶之分,它的存在也模糊了绝对的雅俗区分。詹姆斯在1908年序言中对艺术的执着并不能说明他只专注于美学实验,因为"不受欢迎……自有其优势"(Anesko,1986:143)。虽然他很难在发挥艺术才能的同时为读者带去轻松乐趣,但晦涩复杂、曲高和寡的作品标签也更容易收获艺术声誉,反而能因不够通俗而进入大众的视野。在一个文化动荡、文学的定义渐趋模糊的时期,

---

[①] 詹姆斯总将艺术家类比为弱势群体。他在《小说的未来》(*The Future of the Novel*)中指出艺术家和女性的相似处境,认为艺术构思"和女性的卖弄风情并无不同"(James,1956)。

詹姆斯对高雅艺术全然投入的姿态不失为一种高明的应对策略。

5　结语

　　从 19 世纪中后期到 20 世纪初，西方作家和读者的冲突愈发明显。正如奥尔巴赫所言，许多现在闻名遐迩的重要艺术家在当时都承受着"公众的不理解、敌视或漠不关心"（奥尔巴赫，2014）。这种生前事与身后名之间的断裂影响广泛、前所未有，而在此剧烈变动中，詹姆斯历经重重挣扎，最终选择强调自己抵抗通俗市场、专注艺术实验的创作者形象。詹姆斯的助手鲍桑奎也随之宣称，詹姆斯"［被］放逐到荒野……从未在智性追求上妥协分毫"（Bosanquet, 2006）。顺着这条詹姆斯崇拜者的思路，许多评论都将《螺丝在拧紧》看作精心打磨的艺术珍品。但是，该小说的刊载渊源提醒我们，它与通俗小说联系紧密，是大众需求和艺术追求不断磨合的产物。詹姆斯与大众市场的决裂只是一种姿态，它遮蔽了小说的多重创作关切和詹姆斯与通俗市场既妥协又斗争的矛盾关系。对《螺丝在拧紧》通俗渊源和詹姆斯创作矛盾的探究能发掘该小说鲜为人关注的写作语境和解读思路，让詹姆斯的形象更多面立体，并启发我们进一步思考英美艺术家在世纪之交的文学实验与读者大众、商业创作的复杂关系。

参考文献

[1] 奥尔巴赫. 摹仿论[M]. 吴麟绶，等译. 北京：商务印书馆，2014.

[2] 詹姆斯. 螺丝在拧紧[M]. 袁德成，译. 成都：四川人民出版社，2001.

[3] ANESKO M. Letters, fictions, lives: Henry James and William Dean Howells[M]. New York: Oxford University Press, 1997.

[4] ANESKO M. "Friction with the market": Henry James and the profession of authorship[M]. New York: Oxford University Press, 1986.

[5] BEIDLER P G. A critical history of *The Turn of the Screw*[M]//JAMES H. The turn of the screw. London: Macmillan, 1995: 127 - 151.

[6] BOSANQUET T. Henry James at work[M]. Ann Arbor: University of Michigan Press, 2006.

[7] CRAWFORD F M. The novel: what it is[M]. London: Macmillan, 1893.

[8] EDEL L. Henry James: a life[M]. New York: Harper & Row, 1985.

[9] ESCH D, WARREN J. The turn of the screw[M]. 2nd ed. New York: Norton, 1999.

[10] FELMAN S. "The grasp with which I recovered him": a child is killed in *The turn of the Screw*[M]// JAMES H. The turn of the screw. London: Macmillan, 1995: 193 - 206.

[11] HEILMAN R. *The Turn of the Screw* as poem[J]. University of Kansas city review, 1948,

14: 277-289.
[12] HORNE P. Henry James and the economy of the short story[M]//IAN W, GOULD W, CHERNAIK W. Modernist writers and the marketplace. London: Palgrave, 1996: 1-35.
[13] JACOBSON M A. Henry James and the mass market[M]. Alabama: University of Alabama Press, 1983.
[14] JAMES H. The turn of the screw[M]. London: Penguin, 2011.
[15] JAMES H. The letters of Henry James: volume I[M]. London: Macmillan, 1920.
[16] JAMES H. The future of the novel: essays on the art of fiction [M]. New York: Vintage, 1956.
[17] James, Crawford, and Howells[N]. The Atlantic monthly, 1886, 57: 850.
[18] MACLEOD K. Material turns of the screw: *The Collier's Weekly* serialization of *The Turn of the Screw*[J]. Cahiers victoriens & edouardiens, 2016, 84: 5.
[19] MORAN C. When did Henry James write *The Turn of the Screw*[J]. Notes and queries, 2009, 56(3): 402-404.
[20] MOTT F L. A history of American magazines: 1885—1905 [M]. Cambridge, Mass.: Harvard University Press, 1957.
[21] NEMEROV A. Seeing ghosts: *The Turn of the Screw* and art history[M]//BLANCO M P, PEEREN E. The spectralities reader: ghosts and haunting in contemporary cultural theory. New York: Bloomsbury Academic, 2013: 527-548.
[22] ROBBINS B. Shooting off James's blanks: theory, politics, and *The Turn of the Screw*[J]. The Henry James review, 1984, 5: 192-199.
[23] ROBBINS B. "They don't much count, do they?": the unfinished history of *The Turn of the Screw*[M]//JAMES H. The turn of the screw. London: Macmillan, 1995: 283-296.
[24] SONSTEGARD A. "A merely pictorial subject": *The Turn of the Screw* [J]. Studies in American fiction, 2005, 33: 59-85.
[25] WILSON E. The ambiguity of Henry James[J]. Hound and horn, 1934, 7: 385-406.

婚礼、盒子与歌唱队
——《詹姆士》三部曲的仪式书写与身份政治

上海外国语大学　张兆宇[*]

摘　要：《詹姆士》三部曲(*The James Plays*, 2014)由当代苏格兰戏剧家罗娜·门罗(Rona Munro)创作，剧目聚焦15世纪三位统治苏格兰的斯图亚特君主，摹写其王权获取和行使过程，由权力式微至被赋予权力，再至权力确立。剧目以文化人类学视角下的仪式作为关键支撑和联结，书写了詹姆士一世参加王室婚礼、二世走出盒子与三世组建歌唱队三次重要的戏剧性事件，分别对应通过仪式、仪式性降卑和狂欢化仪式，以达到君主权威、政治身份和历史记忆的再次聚合。在书写策略方面，门罗灵活运用身体叙事、空间叙事和跨媒介叙事的手法，寄托剧作家对苏格兰摆脱仪式阈限、走向交融未来的希冀。

关键词：《詹姆士》三部曲；罗娜·门罗；仪式；身份政治；苏格兰戏剧

《詹姆士》三部曲(*The James Plays*, 2014)由当代苏格兰戏剧家罗娜·门罗(Rona Munro)创作，首演于2014年爱丁堡国际艺术节(Edinburgh International Festival)，后又登上英国国家剧院(National Theatre)，被《卫报》(*The Guardian*)评为"21世纪最好的50部戏剧"(The 50 best theatre shows of the 21st century)之一。剧目聚焦15世纪三位统治苏格兰的斯图亚特君主，围绕英苏关系、王室婚姻、内阁政治等典型事件，书写其王权获取和行使过程，由权力式微至被赋予权力，再至权力确立。当代苏格兰戏剧对王权历史、身份政治的书写，一直是学界关注的焦点。剧作中对三位君王生平标志性事件的描绘，与苏格兰历史动态沿

---

[*] 作者简介：张兆宇，上海外国语大学硕士研究生，研究方向为比较诗学、中英比较戏剧，电子邮箱：0213100236@shisu.edu.cn。

革高度重合,使该剧具有厚重的历史叙事色彩。但是,事件的刻画并非完全遵照历史,门罗设置了事件的主导者和主要场景,并适当调整了叙事的侧重点和话语导向,以当代视角予以建构和重述,试图回应和解决当代议题,从而表达和实现现实意义。继而,一个连接性问题不容忽视——历史叙事如何展现剧作主旨?实则,门罗正是以事件化的舞台仪式作为表征和链条,使戏剧角色和观众分别成为仪式的参与者与旁观者,调动舞台的空间和时间向度,运用剧场的虚幻性和互动感,让仪式中的角色实现其政治目的,同时,引导观众反思并厘清现实社会问题,从而锻造了角色和观众双重向度的仪式时刻,传达出深刻的主旨意蕴。

就仪式而言,戏剧发端与人类仪式关系密切。近年来,戏剧与仪式的关系成为戏剧学与人类学共同关注的重要问题。仪式作为象征符号和以动作为主要载体的叙述,是人类创造意义的行为。"在仪式中,占主导地位的象征将社会的伦理和法制规范与强烈的情感刺激紧密联系在一起……一方面规范和价值中渗透着情感,另一方面粗俗的、原始的情感通过与社会价值之间的联系而变得高贵起来。讨人厌的道德约束由此转化为'对美德的爱慕'"(Turner,1967)。人类学家维克多·特纳(Victor Turner)在《戏剧、场景及隐喻:人类社会的象征性行为》(2007)(*Dramas, Fields, and Metaphors: Symbolic Actions in Human Society*)中提出"社会戏剧"(social drama)概念,指出社会与戏剧之间存在潜在、隐秘的联系。

在文化人类学中,阿尔德·范·杰内普(Arnold van Gennep)提出"通过仪式"(rites de passage),即伴随着每一次地点、状况、社会地位和年龄的改变而举行的仪式,其不同阶段由社会文化构建、记录和影响。这一仪式分为三个阈限阶段(liminal phase),阈限(liminal)一词的词源是 limen 和 limus,前者意为门槛,后者意为泥土、穿越,三个阶段分别为分离(separation)、边缘(margin-transition)、聚合(reaggregation)。在第一阶段,旧的身份、地位、思维模式被蜕去;在中间阶段,个体经历了转变性事件;在第三阶段,新的身份得以建立。而特纳运用和发展了阈限(liminality)这一概念。作为区分,他提出阈限(liminoid)可见于各样的时空和人物,并以不同的方式、程度和持续时间共享"神圣边缘性"(sacred marginality),其本质特征是反结构的。

特纳指出,仪式是将义务转化为尊崇的周期性机制。他认为戏剧表演中的仪式之于社会文化的作用在于,进入角色将会增强人类学者在这一动态仪式中对他们研究的文化的"科学"解释。因此,本文拟借助特纳的仪式理论,聚焦剧中詹姆士一世参加王室婚礼、二世走出盒子与三世组建歌唱队三次重要的戏剧性事件,剖析门罗如何通过独特的仪式书写重塑三位詹姆士君主这一文化符号,展现剧作对苏格兰历史和社会现实的观照。

1 婚礼与通过仪式

　　戏剧第一部呈现了詹姆士一世继承苏格兰王位、受制于亨利五世的婚姻操控，再到完成王室婚礼的戏剧化历史。戏剧的叙事路径正构成了以婚礼为中心的通过仪式，展现了詹姆士一世仪式主体身份的转换历程。

　　在前阈限（preliminal）的"分离"仪式中，婚姻干预无视詹姆士一世独立选择权，欲将詹姆士一世与君主自由情感的世界隔绝。仪式主体"必须无条件服从教导者的命令，还要毫无怨言地接受专断的惩罚"（特纳，2006），詹姆士一世由此被亨利五世的婚姻干预和继而产生的行政阴影置于受礼者的地位，等待进一步的仪式洗礼。起初，亨利五世多次要求詹姆士一世下跪，以表示其对自身及下一代英格兰国王统治的服从，表现苏格兰相对英格兰的从属地位（Munro, 2016）。

　　在阈限阶段（liminal）的边缘仪式中，看似服从的詹姆士一世却出乎意料地发表了就任宣言。他已经从原有的受制于人的处境中分离出来，并且象征性地带领苏格兰脱离英格兰的控制。加冕礼结束时，詹姆士一世宣称所有人必须"下跪"以表达敬意和服从，而其前一任摄政王莫戴克（Murdac）敏锐地指出"这或许是英格兰的方式"；詹姆士一世进一步阐明众人不是向他下跪，而是向苏格兰下跪，他的身体代表苏格兰（Munro, 2016）。虽然因袭了仪式的操作方式，即"下跪"，但其行为对象和主体发生了翻转。民众跪君主的时刻，也是詹姆士一世作为君王的人身（physical body）与政体（the body politic）产生联结的时刻。

　　进入后阈限（postliminal）的聚合仪式，詹姆士一世赢得了与斯图亚特兄弟瓦尔特（Walter）的争论和打斗，声明自己能够"替代亨利五世"（take him）而掌握政权；在与大詹姆士的战役前，詹姆士一世看到了亨利五世的鬼魂（Munro, 2016），他最终在心理上战胜了曾经的囚禁操控，身体上取胜了政治敌对方。从而，詹姆士一世证明了自身权力的合法性和有效性，即完成了通过仪式。他重新获得了相对稳定的状态，并且因此取得了自身相对于他人的明确定义、"结构性"类型的权力和义务。相应地，他也被赋予了一定的期望值，而这也正是社会体系中对于职位担任者的要求。

　　历史上，詹姆士一世将奥尔巴尼公爵默多克·斯图亚特及其两个儿子判定叛国罪，在斯特灵处死，从而恢复了国王个人管理司法的古老惯例（麦克阿瑟，2020）。门罗通过仪式的书写，刻画了詹姆士一世曾经"门槛之处的人"的身份及其对政治主体性的追求和行动。这便是受礼者超越教导者的观念，走出阈限的过程。

综合而论,在当今英苏关系现状下,作为苏格兰的文化符号和民族象征,詹姆士一世在通过仪式中对英格兰婚姻干预和身体阈限的摆脱,亦折射出苏格兰对民族身份构建可实现性的反思、追问。

2　盒子与地位逆转仪式

特纳考察了非洲恩丹布部落的酋长就职仪式:酋长在就职前不仅要被隔离在单独建造的树叶小屋中,还要默默忍受族人的肆意辱骂甚至虐待,经历这样的阈限仪式后才能荣登宝座,接受族人的爱戴与敬仰。他将这类仪式归为"地位逆转的仪式"(rituals of status reversal),在这类仪式中,社会结构中处于高位者必须接受低位者仪式性的领导,这一"仪式性的降卑"可以"净化结构,使结构变得纯粹"(特纳,2006)。

此外,英国人类学家詹姆斯·弗雷泽(James Frazer)在《金枝》(The Golden Bough)中介绍一场古罗马宴会时也提到这种仪式,在每年的某一天,"奴隶可以责骂他的主人,像主人一样喝得醉醺醺的,并和主人们共坐一桌……主人们也真的和奴隶交换座位,并在桌前负责招待"。通过平等互动的仪式,能够象征性地表达出统治者对于民主理念的尊崇,纵然与此同时,他实际上的权力却与这一理念截然相反(科泽,2015)。

历史上,谁能获得詹姆士二世的人身监护权,谁几乎就能获得王室权力。这一荣誉竞争者分别是爱丁堡城堡的司法官、总督——威廉·克莱顿勋爵,苏格兰重要要塞斯特灵总督——卡伦德的亚历山大·利文斯顿和詹姆士二世的母亲琼·博福特。门罗在剧中借这一地位逆转仪式再现了历史上詹姆士二世监护权的争夺及其对第八代道格拉斯的处置方法。

"盒子"作为詹姆士二世的内心空间(巴什拉,2020),逃进盒子是为"仪式性降卑",是为躲避"阁楼中的低语",而这"低语"是对其父母统治的讽刺和对继承父母血统的詹姆士二世统治的诅咒。另外,在盒子中躲避的实际上也是现实中大臣利文斯顿(Livingston)的胁迫式辅佐。剧中,道格拉斯家族继承人(Young Douglas)声明自己不会夺取詹姆士二世的王位,并致力于管理自己的家族时,伊莎贝拉(Isabella)的声音不断提醒詹姆士二世,他当下的决策即将与其父母重合,即继承他们残忍的、魔鬼般的血统。接下来,利文斯顿主持并杀害了道格拉斯家族继承人(Young Douglas),结束时高呼"以国王的名义"(In the King's name)。加之,利文斯顿意图控制詹姆士二世,并曾说道:"像我告诫你的那样,待在栅栏门内;(继而噩梦追逐着詹姆士二世)。"(Munro,2016)由此观之,詹姆士二世的精神处在过往童年经历的折磨之中,作为君主的权力也被利文斯顿实际控制。

如特纳所言,地位逆转仪式中处于结构中低下位置的人常常戴上形状十分恐怖的面具以掩饰自己的身份,从而"无意识地将自己与深深恐吓他们的力量认同了起来"。这一认同行为还得到了心理学家的解释,即"认同也就意味着代替。从一个强有力的事物中吸收力量,就是在削弱这个事物"(特纳,2006)。

当詹姆士二世再一次进入盒子时,皇后玛丽站在他和幻象中的鬼魂之间,命令詹姆士二世看向她,这时,道格拉斯兄弟的鬼魂消散;玛丽亲吻并告诫詹姆士二世需要振作起来,以维护他们的婚姻。皇后玛丽通过吻面礼(Munro,2016)拯救了"降卑"中的詹姆士二世,净化了结构。

作为净化后的结果,詹姆士二世杀死威廉·道格拉斯,在葬礼上,伊莎贝拉(Isabella)言明詹姆士二世已经击败了诅咒,与此同时,他可以自如地让伊莎贝拉(Isabella)离开,而不再纠缠(Munro,2016)。

历史上,第八代道格拉斯伯爵威廉·道格拉斯几乎已经是整个南方地区的领主,还与北方的部族首领建立了联系。詹姆士二世用刀捅了威廉·道格拉斯,间接导致后者的死亡。可见,门罗通过地位逆转仪式,强调了君主在多重压迫下的被救赎和自救过程,唯有如此,方才能达到后期的执政效果。

综合而论,苏格兰在艺术表达中常被视为女性或具体而言"妻子"(Swenson,2017),剧中君主依靠女性力量走出降卑,也表达了苏格兰需要依靠自身获取民族身份认同。

3 歌唱队狂欢化仪式

在《表演人类学》(*The Anthropology of Performance*)中,特纳关注了巴西里约热内卢的狂欢节,并借法国社会学家罗歇·凯卢瓦(Roger Caillois)的游戏学说理论探讨狂欢节仪式的反结构与交融性。特纳指出,里约狂欢节的一个重点项目便是嘉年华上的游行彩车。彩车往往由一位歌者领头,吟唱传统的桑巴歌谣。另外,每年在四月斋(Lent)开始之前举行狂欢节,民众可以嘲讽权威的象征,情绪性地表露出放浪形骸的一面,等级制的象征发生了翻转(Muir,1981)。

仪式可以在政治紧张时充当安全阀。人类学家麦金·马里奥特(Mckim Marriott)在印度的金斯曼·格里(Kinsman Garhi)村见证了每年庆祝的爱节

(Festival of Love），并探查到哄闹混乱之下文化规范的系统性互换，而这些规范主导着日常的社会生活。富有的高等级种姓男性笑着接受女子们鞭打他们的小腿。这些施鞭者是被鞭打者雇佣的低等级种姓劳工的妻子（1966）。仪式既为被压迫者潜在的对抗性情绪提供了一个"安全阀"（Scribner，1978），也维持了"结构性的现状"（Hunt，1977），使潜在的失序或混乱能够处在控制中。

历史上，詹姆士三世与两个弟弟亚历山大·斯图亚特和约翰·斯图亚特之间的冲突，导致英格兰爱德华四世之女与苏格兰王子的联姻被迫中止；亚历山大·斯图亚特因叛国而被捕，爱德华四世致力于将其推上王位。同时，詹姆士三世对金钱的热爱和对和平的追求得不到贵族的支持。这一内忧外患的局面也在剧作中得以呈现。作为对抗，福斯河以南的领主们成立联盟，组建庞大的军队，企图进行战事"狂欢"，并把苏格兰王子詹姆士斯图亚特推为领袖，以显示其行动的正当性，声称要废黜其父詹姆士三世，立他为合法的国王。詹姆士三世在福斯河以北集结了强大的军队。两军在索奇伯恩相遇，史称索奇伯恩战役。然而，詹姆士三世见形势不利逃跑，摔下马后，1488年被杀。剧中因为继承的替代性、议会的支配性等问题，纵然詹姆士三世将被统治者降格为物性主体（subject）（Munro，2016），但实际上他才是王储和议会针对的客体。因而，詹姆士三世组建歌队是为缓和（cushion）现实冲击。歌队在他的指挥下唱出"国王啊，（让我们）赞赏他"，和萦绕不去的动听歌谣（haunting and beautiful song）（Munro，2016），希冀达到保持结构稳定的效果。

综合而论，詹姆士三世在审美中短暂获得主体性地位，以反结构的方式巩固想象的统治权。门罗呼吁当下应暂时搁置民族身份的冲突与对立，以追求英苏关系的和谐相处模式。

基于以上，我们可以推断门罗后续推出的詹姆士第四部（James Ⅳ）被给予了开放式的可能性，历史上，英苏于1502年签订永久和平条约，苏格兰与法国的传统联盟关系受到制约，詹姆士四世与亨利七世的长女玛格丽特联姻。

4 结论

《詹姆士》三部曲以仪式作为关键支撑和连接，分别书写了通过仪式、仪式性降卑和狂欢化仪式，以达到政治身份、君主权威和历史记忆的再次聚合。在书写策略方面，门罗灵活运用身体叙事、空间叙事和跨媒介叙事的手法，展现了其对构建苏格兰民族身份的态度，从其可实现性的反思、追问，到需要依靠自身获取民族身份认同的忠告，再到暂时搁置民族身份的冲突与对立，以追求英苏关系的和谐相处模式的愿景,寄托剧作家对苏格兰摆脱仪式阈限、走向交融未来的希冀。

参考文献

[1] 科泽.仪式、政治与权力[M].王海洲,译.南京:江苏人民出版社,2015.

[2] 巴什拉.空间的诗学[M].张逸婧,译.上海:上海译文出版社,2020.

[3] 麦克阿瑟.苏格兰史[M].刘淑珍,译.北京:华文出版社,2020.

[4] 特纳.戏剧、场景及隐喻:人类社会的象征性行为[M].刘珩,石毅,译.北京:民族出版社,2007.

[5] 特纳.仪式过程:结构与反结构[M].黄建波,柳博赟,译.北京:中国人民大学出版社,2006.

[6] HUNT E. Ceremonies of confrontation and submission: the symbolic dimension of Indian-Mexican political interaction[M]// MOORE F S, MYERHOFF G B. Secular ritual. Assen: Van Gorcum, 1977: 124-147.

[7] MARRIOTT M. The feast of love[M]// SINGER M. Krishna: myths, rites and attitudes. Honolulu: East-West Center Press, 1966: 200-212.

[8] MUIR E. Civic ritual in renaissance Venice[M]. Princeton: Princeton University Press, 1981.

[9] MUNRO R. The James plays[M]. London: Nick Hern Books, 2016.

[10] SCRIBNER B. Reformation, carnival, and the world turned up-side down[J]. Social history, 1978,3(3): 303-329.

[11] SWENSON R. Essential scot and the idea of unionism in Anglo-Scottish literature, 1603—1832[M]. Pennsylvania: Bucknell University Press, 2017.

[12] TURNER V. The forest of symbols[M]. Ithaca: Cornell University Press, 1967.

不成熟的小说读者
——凯瑟琳·莫兰与现实生活的哥特事件

北京大学　周华韵[*]

摘　要：《诺桑觉寺》是简·奥斯汀的早期作品，它的特点在于通过戏仿表现女主人公凯瑟琳·莫兰的哥特想象和她在成长过程中面临的考验。许多批评已经指出，《诺桑觉寺》并非简单讽刺哥特小说，而是思考这类作品对女性读者的教育意义。不过，以上批评较少涉及哥特小说的教育意义与凯瑟琳的阅读方式之间的关系。本文认为，作为一名哥特小说读者，凯瑟琳对女性的困境有一定直觉，但是她对哥特小说的理解流于表面，没有认识到小说对现实生活恐怖事件的指涉。

关键词：简·奥斯汀；《诺桑觉寺》；哥特小说；阅读策略

1 引言

简·奥斯汀(Jane Austen)是英国女性小说家的杰出代表，一共出版了六部长篇小说，其中《诺桑觉寺》(*Northanger Abbey*)创作于1798—1799年(Copeland, 2005: 317)。奥斯汀的作品大多聚焦女主人公的成长过程，她们一开始往往因违背社会规范而受惩罚，逐渐从中吸取教训，最终和理想伴侣步入婚姻殿堂。《诺桑觉寺》的故事情节基本符合这一框架，但与其他作品不同，它以戏仿(parody)的方式表现女主人公对哥特小说的沉迷和她在成长道路上面临的危险。小说中，凯瑟琳·莫兰同保护人艾伦夫妇一道前往巴斯，由此进入社交

---

[*] 作者简介：周华韵，北京大学硕士研究生，研究方向为英美文学，电子邮箱：2201212003@stu.pku.edu.cn。

圈,结识亨利·蒂尔尼和索普兄妹。凯瑟琳几次想同亨利和他的妹妹埃丽诺见面,但屡屡遭到索普兄妹阻挠。后来,她应蒂尔尼将军邀请前往诺桑觉寺暂住。沉迷于哥特小说的凯瑟琳渐渐怀疑蒂尔尼太太被将军囚禁,她暗中潜入太太生前的房间,却被亨利发现并遭其训诫。出乎意料的是,将军突然将凯瑟琳赶出诺桑觉寺,原因是约翰·索普谎称莫兰一家生活拮据却想高攀阔亲。直到埃丽诺嫁给一个有钱有势的男人,且蒂尔尼将军发现莫兰一家经济条件尚可,他才同意亨利和凯瑟琳的婚事。小说看似讽刺凯瑟琳将想象和现实混为一谈,但是奥斯汀通过将军对凯瑟琳的残暴举动暗示《诺桑觉寺》并非简单的戏仿之作。

许多批评已经指出,奥斯汀并非全盘否定哥特小说,而是洞察哥特小说对凯瑟琳的教育意义。其中,约翰逊(Claudia Johnson)认为,"在哥特小说的教导下,一向顺从、缺乏主见的凯瑟琳成长为敢于质疑父权的女性,她意识到令人生畏的父权背后可能隐藏着更加残酷的秘密"(Johnson,1988:39-40)。在皮尔逊(Jacqueline Pearson)看来,"凯瑟琳最终得到的教训不仅是浪漫故事的虚构性,更是此类作品的现实意义。阅读哥特小说既是逃避现实,也是回归现实,她从中学会不能只看事物的表面。"(Pearson,1999:212)。沃尔德伦(Mary Waldron)指出,"哥特小说本该构成凯瑟琳所受教育的一部分,使她对日常生活中潜在的暴力有所警惕。然而,直到凯瑟琳遭遇不人道的对待,她才真正理解哥特小说这套修辞的内涵。"(Waldron,2003:34)兹洛特尼克(Susan Zlotnick)认为,"小说阅读赋予凯瑟琳真正的自主性,使她能独立地做出判断,以实际行动探究诺桑觉寺背后的秘密。"(Zlotnick,2009:288)以上批评肯定了凯瑟琳阅读哥特小说的益处,但没有解释为何凯瑟琳仍然无法保护自己免受驱逐。

实际上,虽然哥特小说有其教育意义,但是小说本身无法帮助凯瑟琳回归书本以外的现实世界。相反,哥特小说教给凯瑟琳的道理本质上仍然遵循奇幻世界的逻辑,这就要求小说读者采取一定的阅读策略超越这种认识上的局限。波德(Laura Baudot)指出,《诺桑觉寺》呼应了十八世纪的文学传统,"探索小说的形式并思考这一新兴的文学体裁如何吸引读者"(Baudot,2011-12:325)。虽然小说以印刷品的形态出现,和现实中的物质世界密不可分,但是这一体裁往往激发读者的想象力,使读者沉浸在作品中的虚构世界,将小说本身的物质性抛诸脑后。奥斯汀在小说中细致描绘了一张洗衣账单的外观、内容和所在位置,由此"说明爱情小说和读者的情感期待掩盖了婚姻和阅读行为背后的物质事实"(Baudot,2011-12:325)。在此基础上,本文的分析对象由哥特小说对凯瑟琳的价值转向她阅读哥特小说的方式。小说培养了凯瑟琳对女性困境的直觉,但是她的理解建立在作为读者的情感投入之上,缺乏成熟的阅读策略,没有意识到作品暗指现实生活的恐怖事件。

2 简·奥斯汀对《奥多芙的神秘》的改写

在奥斯汀创作《诺桑觉寺》的年代,哥特小说盛极一时,主要分为两种类型:一种是以马修·刘易斯(Matthew Lewis)为代表的暴力的、惊世骇俗的风格;另一种以安·拉德克利夫(Ann Radcliffe)为代表,不以恐怖取胜,而是对比读者所在的安全世界和小说刻画的危险世界,从而达到引人入胜的效果(Sadleir,1927:14)。虽然奥斯汀对两种类型的哥特小说都有所了解,但她主要关注拉德克利夫的作品(Litz,2003:62)。在《诺桑觉寺》中,女主人公凯瑟琳最喜欢的小说便是拉德克利夫的代表作《奥多芙的神秘》(The Mysteries of Udolpho)。书中,父母双亡的艾米丽·圣奥伯特被监护人芒托尼送往远在意大利的奥多芙城堡,在那里遭受了芒托尼的种种虐待。芒托尼去世后,艾米丽终于回到家乡拉瓦里,和爱人瓦朗康特过上幸福、安宁的生活。豪威尔斯(Coral Howells)指出,"奥多芙城堡是无序与专制的中心。艾米丽的茫然、恐惧与芒托尼咄咄逼人的敌意都表明,失控的情感具有颠覆理性判断的危险。"(Howells,1995:29)在奥多芙城堡,艾米丽面临的威胁一部分是真实存在的,如她和姑妈先后被芒托尼监禁、失去主动权(拉德克利夫,2004:309)。但也有一部分源于艾米丽的想象,如她误以为黑纱幔掩盖着一具腐烂的尸体,但其实不过是一具蜡像(拉德克利夫,2004:672)。最终,艾米丽发现,芒托尼的政治野心和军事势力远不及她想象的那么恐怖,他的暴行不过是为了掠夺财产。而随着芒托尼的死亡,一切真实的和想象的恐怖都神奇地得以化解,仿佛关于奥多芙城堡和芒托尼的一切都只是"童话、白日梦,甚至某种精神错乱,而现实生活与之不同、更加寻常"(Howells,1995:56)。拉德克利夫将恐怖事件和日常生活结合起来,这一创作技巧背后是她对放纵情感的担忧和对社会秩序的提倡。因此,在小说结尾,作者悬置此前展现的种种心理危机和道德问题,直接跳到对文明社会和人道秩序的赞颂(Howells,1995:59)。

奥斯汀将拉德克利夫的恐怖悬念转化为小说人物的虚情假意,通过现实主义的创作手法,指出恐怖不仅出现在拉德克利夫笔下遥远的国度,也可能发生在日常生活中。拉德克利夫在《诗歌中的超现实主义》("On the Supernatural in Poetry")中区分了恐惧(terror)和恐怖(horror),前者"扩展灵魂,唤醒感官的生命力",而后者"收缩、冻结甚至湮灭感官"(Radcliffe,1826:149)。此外,拉德克利夫还指出,恐惧和恐怖最大的区别在于,前者往往伴随着"不确定性和模糊性"(uncertainty and obscurity),更能激发读者的想象,这也是拉德克利夫作品的魅力所在(Radcliffe,1826:149)。而在《诺桑觉寺》中,这种不确定性和模糊性体现为婚姻市场的虚伪与算计。女主人公倘若上当受骗,就可能遭遇哥特恐怖事件。与拉德克利夫不同,奥斯汀反对把发生恐怖事件的地点局限在遥远的国度,"揭露这种做法不理智、不现实的本质"(Litz,2003:63)。奥斯汀笔下的凯瑟琳在各种看似安全的情境下遭遇了不亚于被监禁、绑架和驱逐的暴行,感受到现实生活带来的恐惧。《诺桑觉寺》的反转打破了读者的心理预期,揭示了凯瑟琳面临的潜在威胁。

3 暗流涌动的巴斯社交圈:身体和精神的双重桎梏

小说开篇,奥斯汀有意识地与读者的阅读经验进行互动,表面上讽刺感伤小说的陈词滥调,实则暗示读者应警惕现实生活中有悖常识的一面。在凯瑟琳和艾伦夫妇一同前往巴斯前,对这座城市一无所知的莫兰夫妇"冷静而适度地处理了与这次重要旅行有关的一切事项。这种态度倒是十分符合日常生活中的一般情感,但并不符合那种优雅的多愁善感,不符合一位女主角初次离家远行时,照理总应激起的那种缠绵柔情"(奥斯汀,2017:10)。奥斯汀不仅讽刺感伤小说戏剧性的分别场景,还讽刺莫兰夫妇对常识的过度依赖。他们常年生活在与世隔绝的富勒顿村,从"一系列与当下情形完全无关的预设"中得出偏离事实的观点,没有告诫凯瑟琳应对陌生环境保持警惕(Spacks,1981:172)。莫兰夫妇也没有预见到,艾伦太太是一个不负责任的保护人。她更关心自己的装扮而非凯瑟琳的安全。在第一卷第二章,奥斯汀写道,"现在应该来介绍一下艾伦太太,以便让读者能够判断:她的行为今后将会如何促成本书中的种种烦恼,可能如何使可怜的凯瑟琳陷入狼狈不堪的境地"(奥斯汀,2017:10)。作者看似讽刺哥特小说将保护人塑造成反派的套路,实则提醒读者运用自己的判断力辨别真相。因此,奥斯汀暗中扭转了她的戏仿,她的读者不能预设哥特小说都是脱离现实的低劣作品。

在巴斯认识索普一家后,凯瑟琳被伊莎贝拉的虚情假意欺骗,不知她另有所图。凯瑟琳第一次和艾伦夫人去舞厅时,她十分警惕,紧贴在保护人身边。当她们穿过人群,到达最高一排长凳后面的过道时,凯瑟琳终于可以"通观一下下面的人群,也可以通观一下刚才闯进来时所冒的种种危险"(奥斯汀,2017:11-12)。作为一个刚开始步入社会的女主人公,凯瑟琳此刻获得了全面的视野,她感受到"困境的烦恼",隐约意识到人群中某种潜在的危险(奥斯汀,2017:12)。不过,认识了看似热情的新朋友,凯瑟琳的警惕便松懈了,完全信任伊莎贝拉的一言一行。她不仅鼓励凯瑟琳沉浸在对亨利的幻想中,还模仿感伤小说的女主人公,希望凯瑟琳参与这场角色扮演,好让她以看似不经意的方式流露出对詹姆斯·莫兰的好感。伊莎贝拉的虚伪使凯瑟琳的日常生活充斥着小说常见的桥段,现实与虚构的界限变得模糊。格洛克(Waldo Glock)指出,"文学作品甚至比伊莎贝拉对社会生活的看法更'真实',因为它(《诺桑觉寺》)至少揭示了伊莎贝拉的'虚构'象征着什么。"(Glock,1978:38)阅读《奥多芙的神秘》时,伊莎贝拉故意卖关子,激发凯瑟琳的好奇心:"我说什么也不告诉你那黑纱幔后面罩着什么!难道你不急于想知道吗?"(奥斯汀,2017:29)在她的诱导下,凯瑟琳和书中的艾米丽一样,以为黑纱幔掩盖了一个恐怖的秘密:"我知道准是具骷髅。我想准是劳伦蒂纳的骷髅。"(奥斯汀,2017:29)这样一来,凯瑟琳渐渐走上歧途,变成一个沉浸在想象世界的小说读者。

  凯瑟琳对约翰的看法受到了伊莎贝拉和詹姆斯的误导。当约翰提议带凯瑟琳乘敞篷马车去兰斯当山游玩时,尽管感到这种做法有失规矩,她还是接受了邀请。和沉迷哥特小说的凯瑟琳相比,约翰更加罔顾事实,屡屡违背自己的承诺。第二天,凯瑟琳原本计划去矿泉厅,期待遇见蒂尔尼小姐,但是一经约翰提醒,她还是信守承诺,和索普兄妹一同出游。相比之下,约翰擅自将出游目的地从兰斯当山改为克拉沃顿高地,这表明他是一个不讲信用的人(Austen,2013:101 - 129)。凯瑟琳乘车的过程一波三折,不仅遭到约翰的欺骗,还被迫服从他的权威,约翰的敞篷马车因此变成哥特城堡的翻版。上车前,约翰添油加醋地形容詹姆斯的马车容易散架,又说自己的马脾性暴烈,使凯瑟琳对自己和哥哥的安全感到忧心忡忡。随后,凯瑟琳庆幸马车能平稳行驶,夸赞约翰技艺精湛,又开始担忧詹姆斯的安全。约翰称,"至于车身,我敢说,就是你用手一碰,也能把它摇个粉碎……就是给我五万镑,让我坐着它走两英里,我也不干。"(奥斯汀,2017:54)见凯瑟琳惊慌失措、要求他掉头,约翰又说,"只要你会驾驭,那马车安全得很……谁给我五英镑,我就驾着它到约克跑个来回,保证一个钉子也不丢。"(奥斯汀,2017:54)作者将这两种自相矛盾的说法并置在一起,突出约翰话语的空洞和虚伪。凯瑟琳也意识到约翰"不可能把先前模棱两可的话解释清楚",他的谎言甚至比文学作品更加含混(奥斯汀,2017:55)。

  凯瑟琳虽然逐渐形成了自己对约翰的看法,但没有识破他带自己乘坐敞篷马车的用意。这一认识上的局限仍然使凯瑟琳沦为敞篷马车里的囚犯。为了说服她与蒂尔尼兄妹毁约,约翰设计了一个更具迷惑性的虚构——一座和小说描绘得一模一样的城堡,尽管他口中的布莱兹城堡不过是后来兴建的仿哥特式建筑(Austen,2013:101-129)。不料,凯瑟琳还是抵挡住了城堡的诱惑,于是约翰更加肆无忌惮地撒谎,称亨利违背诺言,已经驱车前往威克岩了。凯瑟琳以为自己受朋友怠慢,便答应同索普兄妹一同去布莱兹城堡,却在路上碰见蒂尔尼兄妹。约翰不仅罔顾凯瑟琳下车的请求,还嘲笑她的无能为力:"索普先生只是哈哈大笑,把鞭子甩得啪啪响,催着马快跑,发出怪里怪气的声音,车子一个劲儿地往前飞奔。"(奥斯汀,2017:74)因为约翰无法如期抵达布莱兹城堡,这段不亚于被监禁的经历也成为凯瑟琳这次旅途中唯一具有哥特性质的元素。当她回到寓所,艾伦先生评价道,这次旅行"本来就是个十分轻率的怪主意"(a strange, wild scheme)(奥斯汀,2017:76)。一向讲求理智的艾伦先生此刻却用了哥特小说的常见表达,不仅呼应凯瑟琳受困于敞篷马车的经历,也暗示现实生活恐怖的一面。后来,约翰故技重施,背着凯瑟琳传假话,推迟她和蒂尔尼兄妹一同散步的约定。当凯瑟琳准备找蒂尔尼兄妹化解这场误会时,"不想伊莎贝拉抓住她一只手,索普抓住另一只,三人苦苦相劝"(奥斯汀,2017:86)。凯瑟琳又一次陷入几乎被绑架的困境,但是她没有意识到身处险境,只是坚持自己的道德判断:"我认为错误的事情,别人要是无法说服我去干,也休想骗我去干。"(奥斯汀,2017:88)最终,凯瑟琳顺利和蒂尔尼兄妹一同去比琴崖散步。不过,她对生活中潜在的危险并不敏感,凯瑟琳因此陷入更隐蔽的骗局。和蒂尔尼兄妹一同欣赏风景的时候,她抛弃了自己的审美直觉,以为"从高山顶上似乎不能再取到好景了,清澈的蓝天也不再象征晴天了"(奥斯汀,2017:96)。凯瑟琳为自己对绘画的无知感到羞愧,急于接受如画学派(the picturesque)的观点,而她的直觉也被这一鉴赏规则框定。波德(Laura Baudot)指出,亨利提及的各种绘画元素"皆用于在平面上创造立体的错觉"(Baudot,2011-12:346)。这样一来,亨利在传授知识的同时也助长了凯瑟琳将哥特小说的典型元素当作其全部内涵的错误倾向。

4 掩盖暴力的诺桑觉寺:抛弃直觉的危险

随着凯瑟琳和蒂尔尼兄妹的联系日益密切,蒂尔尼将军邀请凯瑟琳前往诺桑觉寺暂住。在前往寺院的路上,亨利不仅暗示这座寺院跟"'书上看到的'这类建筑"相仿,还把凯瑟琳的注意力吸引到并不存在的秘密通道上(奥斯汀,2017:139)。当她表示自己并不像哥特小说中的女主人公一样有勇气走进秘密通道时,亨利几乎强迫她开启这场探险:"什么!当多罗茜告诉你,在你的房间与二英里以外的圣安东尼教堂之间有一条秘密通道之后,你也不干——这么简单的冒险,你都畏缩不前?不,不,你会走进这间带拱顶的小屋……"(奥斯汀,2017:141)亨利对哥特小说的戏仿使其内容扁平化,限制了凯瑟琳解读哥特小说的视角(Miles, 2002:145)。可以说,亨利和约翰二人的敞篷马车并无本质差别,一个是精神上的桎梏,另一个是身体上的监禁,两者都削弱了凯瑟琳的主动性。当晚,凯瑟琳果然在房间里发现一个黑色大立柜。与其说是巧合,不如说是她在亨利的诱导下注意到这个木柜,以为其中暗含玄机。于是,凯瑟琳变成了亨利口中的女主角,按照作者的意图开启一场哥特式探险。当凯瑟琳在柜子里发现一卷纸时,她理所当然地认为这是神秘的手稿。第二天,她发现所谓的手稿不过是几页账单,这种希望落空的羞愧使她忽略了账单本身的含义。兹洛特尼克指出,"洗衣账单不仅是一个笑话,也是一件令人不安的物品:它反映了笼罩于男欢女爱之上的利益动机。"(Zlotnick, 2009:277)而凯瑟琳只是为自己的错误感到无地自容,并没有注意到账单内容和她当下处境的呼应。

  初到诺桑觉寺,首先使凯瑟琳感到恐惧的并非寺院本身,而是蒂尔尼将军严苛的时间安排。尽管哥特小说培养了凯瑟琳对恐怖的直觉,但是她并没有将这种直觉与生活常识结合起来,发现蒂尔尼将军的专横和他利用婚姻谋求经济利益的企图。抵达诺桑觉寺的第二天上午,蒂尔尼将军故作热情地问凯瑟琳想先参观寺院还是去户外散步,实则将自己偏好的时间安排强加给她。当凯瑟琳和埃丽诺准备提前回寺院时,蒂尔尼将军又告诫女儿不得带着朋友在寺院里乱转。在沉迷哥特想象的凯瑟琳看来,蒂尔尼将军不合时宜的散步习惯和避开太太生前房间的做法都表明他像芒托尼一样内心阴郁,甚至可能偷偷把妻子囚禁在寺院的某个地方。凯瑟琳未曾想过,使她感到畏惧的可能更多的是蒂尔尼将军代表的父权。他阻止埃丽诺带她参观寺院,更可能是有意向凯瑟琳展示寺院内最时新的设备以促成她与亨利的婚姻。作为一个缺乏阅读策略的读者,凯瑟琳只注意到哥特小说的表层,没有察觉蒂尔尼将军的言外之意,以为"一个反派犯下的罪行必定是监禁、谋杀他的妻子"(Johnson, 1988:35)。经过精心安排,她最终潜入蒂尔尼太太生前居住的房间,却发现它宽敞明亮,并不如哥特小说写得那么阴森恐怖。凯瑟琳想当然地认为,在一间毫无哥特风格可言的房间里不可能发生恐怖的事情,她也没有继续探索的必要。

  当亨利发现凯瑟琳擅自闯入母亲的房间时,他不仅淡化蒂尔尼将军对自己太太的虐待,还声称哥特小说描绘的暴行不可能发生在英国,进一步破坏凯瑟琳对父权威胁的直觉。亨利将蒂尔尼将军的冷血无情解释成脾气暴躁,混淆了道德准则与性格特质的区别。他义正词严的说教使凯瑟琳产生了和哥特小说女主人公一样缺乏节制的情绪反应:"她羞愧得无地自容,痛哭得无比伤心。她不仅自己觉得无脸——还让亨利看不起她。她的蠢行现在看来简直是犯罪行为,结果全让他知道了,他一定再也瞧不起她了。"(奥斯汀,2017:175)凯瑟琳看似幡然醒悟,成长为一个理智的女主人公,实则做出了过于情绪化的决定,完全抛弃了她对女性困境的直觉。当凯瑟琳决定"以后无论判断什么还是做什么,全都要十分理智"时,她也无法躲避像书中女主人公一样被驱逐的命运(奥斯汀,2017:177)。凯瑟琳最终意识到,蒂尔尼将军在家时她之所以感到束缚,根本原因在于,"自己先前猜疑将军谋杀或是监禁他的妻子,实在并没有侮辱他的人格,也没有夸大他的残暴"(奥斯汀,2017:177)。哥特小说教会凯瑟琳对女性可能遭遇的危险保持警惕,但是她只关注表层文本,没有把阅读经验转化为认识现实世界的动力。吉尔伯特(Sandra Gilbert)和古芭(Susan Gubar)写道,"奥斯汀通过它(《诺桑觉寺》)对哥特小说进行了重写,这并不是因为她不赞同其他女性小说家关于女性受到约束的观点,而是由于她相信,比起被约束在四堵墙之内来,女性因错误教育而受到的约束其实更加严重,她们同时还受到更加严重的经济上依赖性的束缚,这一点才真的是来自那座古老大厦的诅咒。"(吉尔伯特 & 古芭,2015)亨利全盘否定凯瑟琳从哥特小说学到的知识,在打破凯瑟琳哥特幻想的同时,也使她落入更危险的圈套,沦为财产的附庸。

  尽管奥斯汀通过女主人公受骗的故事强调视角全面的重要性,但在小说结尾,她再次提醒读者不能偏信她的虚构。奥斯汀讽刺了读者对圆满结局的预设:"诸位一看故事给压缩得只剩这么几页了,就明白我们正在一起向着皆大欢喜的目标迈进。"(奥斯汀,2017:219)波德指出,奥斯汀这一做法旨在让读者从小说中抽离出来,通过书本的外观表明小说不过是作者的虚构(Baudot,2011-12:347)。不同于《奥多芙的神秘》结尾处对小说寓意的总结和人物美德的颂扬,奥斯汀拒绝道德说教,而是要求读者自己做出判断:"至于本书的意图究竟是赞成父母专制,还是鼓励子女忤逆,这个问题就留给那些感兴趣的人去解决吧。"(奥斯汀,2017:222)拉德克利夫小说中随处可见的模糊性被皆大欢喜的结局掩盖,而奥斯汀将模糊性的特点贯彻到底:她的读者仍要像凯瑟琳一样学习更加全面的阅读方式,以防被表象迷惑。最终,《诺桑觉寺》讽刺的并非哥特小说本身,而是那些只关注表象、忽略哥特小说现实寓意的读者。

5 结语

在《诺桑觉寺》中,奥斯汀将凯瑟琳的成长表现为重新建立主动性的过程,她将拉德克利夫小说中的模糊性转化为各种迷惑凯瑟琳的陷阱。最初,凯瑟琳感受到巴斯社交圈里隐藏的危险并谨慎规避。随着她与索普兄妹的联系日益密切,凯瑟琳开始听信他们的花言巧语,没有意识到索普兄妹另有所图。结果,凯瑟琳被迫按照他们的意愿行事,陷入了相当于被拘禁的危险。她逃脱了索普兄妹的骗局,又逐渐被亨利的权威蒙蔽。当她对蒂尔尼将军的怀疑被亨利发现后,凯瑟琳开始失去主见,自愿抛弃从哥特小说中获得的对女性困境的直觉。凯瑟琳最终认识到,她原有的判断并没有夸大蒂尔尼将军的残暴,日常生活中确实存在哥特事件。在奥斯汀看来,不偏信小说的表层文本、留意小说对现实的指涉,是每个成熟的读者都应掌握的阅读策略。

参考文献

[1] 奥斯汀.诺桑觉寺[M].孙致礼,译.北京:人民文学出版社,2017.

[2] 吉尔伯特,古芭.阁楼上的疯女人:女性作家与19世纪文学想象[M].杨莉馨,译.上海:上海人民出版社,2015.

[3] 拉德克利夫.奥多芙的神秘[M].刘勃,译.北京:中国人民大学出版社,2004.

[4] BAUDOT L. "Nothing really in it": gothic interiors and the externals of the courtship plot in *Northanger Abbey*[J]. Eighteenth-Century fiction, 2011-12, 24(2): 325-352.

[5] COPELAND E. Money[M]//TODD J. Jane Austen in context. Cambridge: Cambridge University Press, 2005: 317.

[6] GLOCK W S. Catherine Morland's gothic delusion: a defense of *Northanger Abbey*[J]. Rocky Mountain review of language and literature, 1978, 32(1): 33-46.

[7] HOWELLS C A. Love, mystery, and misery: feeling in gothic fiction[M]. London: The Athlone, 1995.

[8] JOHNSON C. Jane Austen: women, politics, and the novel[M]. Chicago: The University of Chicago Press, 1988.

[9] LITZ A. Jane Austen: a study of her artistic development[M]. New York: Oxford University Press, 1965.

[10] MILES R. Horrid shadows: the gothic in *Northanger Abbey*[M]//MILES R. Gothic writing, 1750—1820: a genealogy. Manchester and New York: Manchester University Press, 2002: 145-152.

[11] PEARSON J. Women's reading in Britain 1750—1835: a dangerous recreation[M].

Cambridge: Cambridge University Press, 1999.

[12] RADCLIFFE A. On the supernatural in poetry[J]. New monthly magazine, 1826, 16 (1): 145-152.

[13] SADLEIR M. The northanger novels: a footnote to Jane Austen[M]. Oxford: The Oxford University Press, 1927.

[14] SHAPARD D. The annotated *Northanger Abbey*[M]. New York: Anchor Books, 2013.

[15] SPACKS P M. Muted discord: generational conflict in Jane Austen[M]//MONAGHAM D. Jane Austen in a social context. New York: Palgrave Macmillan, 1981: 159-179.

[16] WALDRON M. Jane Austen and the fiction of her time [M]. Cambridge: Cambridge University Press, 2003.

[17] ZLOTNICK S. From involuntary object to voluntary spy: female agency, novels, and the marketplace in *Northanger Abbey*[J]. Studies in the novel, 2009, 41 (3): 277-292.

语言学研究

"NP+不存在"结构中 NP 指称非存在性的预设理论分析

南京大学　付晓阳[*]

摘　要：在"NP+不存在"命题中，包含一个有关存在性的悖论：主语 NP 蕴含着其指称的存在性，但命题却称 NP 的指称不存在，命题意义陷入矛盾。早期理论都没能很好地解决这个问题，一方面他们将 NP 指称的存在性视作 NP 成为主语的必要前提，实际上是将语言视作对世界的机械反映，另一方面则是解释时往往打破了原有语言结构，不能触及问题实质。斯特劳森和盖士达的预设理论在兼顾语言结构完整的同时取得了突破，认为主谓句中主语指称的存在性只是语句使用中的一种预设，与实际的存在情况无关。但盖士达的取消机制对此的解释仍过于粗暴，本文将对此进行补充。本文认为，存在预设实质上是由主谓语句"[+存在性]-[±其他属性]"的双层语义结构要求的，语义强度较弱。由于"NP+不存在"只涉及"[±存在性]"的单层语义，在使用中也就不再也不应预设 NP 指称存在。

关键词：金山悖论；预设理论；存在性；主语

1　引言

名词短语的指称的存在问题贯穿了西方哲学史。这一领域最具代表性的讨

---

[*] 作者简介：付晓阳，南京大学博士研究生，研究方向为德语句法、德汉语言对比、语言哲学，电子邮箱：ludwich@foxmail.com。

论主要包括安瑟伦-笛卡尔-康德对"上帝存在"命题的讨论①,由奥地利哲学家迈农(Alexius Meinong)提出的"金山悖论"和以罗素"当今法国国王是秃头"(The King of France is bald)命题为代表的、对主语指称为空的命题真值情况进行的争论等。

其中,讨论相对较少的是"金山悖论"。其内容是:当人们说"金山不存在"时,其意义是"金山"这个谈论对象不存在;但如果金山真的不存在,它又如何能够作为对象被谈论? 即在一个主谓陈述句中,如果主语/主词(subject)的指称并不存在,那么如何能被谓语/谓词(predicate)描述? 这样,由于在"NP + 不存在"(NP does not exist)这类句子中,主语隐性的"存在"与谓语显性的"不存在"显化了主谓之间的语义冲突,主语的指称是否存在就成为一个两难的问题。如果把谓语的"不存在"改为"存在",问题同样存在,只是主谓语语义之间的相互冲突变成了同义重复。本文主要以否定形式为例进行讨论,不再单独讨论肯定形式的情况。

这个问题的解决看似不难,因为主语指称的存在性更像一种没有必要的规定:实际语言使用中,一个能被谈论的对象并不需要先存在,"金山不存在""上帝不存在"之类的语句在使用上并没有任何意义障碍。因此,舍弃这一规定,悖论中的矛盾就迎刃而解。但是,解决方案的优化自 20 世纪初以来实际经历了一个颇为漫长的过程,直到预设理论的提出和发展才迎来较大转机。那么,各流派对主谓句中主语指称的存在性观点意味着什么样的哲学转变? 在预设理论的已有基础上,"金山悖论"是否有新的、更完善的解决方案? 这是本文试图解答的问题。本文首先展示语言哲学家如何看待和解决这一问题,然后运用预设理论给出新的解答。

2 "NP + 不存在"问题的早期解决路径

如上所说,"金山悖论"显化了主谓之间的语义冲突。在预设理论出现之前,要解决这个悖论,主要有两种路径:通过某种限制来调和主谓之间的矛盾,使

---

① "上帝存在"命题是西方思想史上被反复论证的命题。命题内容不是本文讨论的对象,但命题的论证中也有与名词指称有关的部分,即康德所说的本体论证明(康德,2004:387 - 394)。这派的思路是,上帝存在是从"上帝"的观念本身推导出来的,"上帝不存在"观点本就自相矛盾。例如,安瑟伦(2005:205 - 206)认为,因为上帝是"无法设想有比之更大的存在者",但如果上帝只在设想中存在(即这个观念可以被理性理解)而不实存,那么实际上就可以设想一个比它更伟大的存在者,它既存在于理性中,又存在于现实中,那么"无法设想有比之更大的存在者"就名存实亡。所以,上帝必然实存。

之能够共存,从而保留命题的语言形式;通过否定主谓其中一方的合法性来消解命题本身,用命题的底层逻辑形式来取代表层的语言形式。

2.1 保持语言结构,细化"存在"概念

选择第一种路径的较少,其代表人物是迈农本人。他认为谓词的"不存在"实际是指不在现实世界中实存,但主词部分被默认的存在却不是实存,而是更广泛的存在,也就是说可能是以其他形式在其他世界的存在。迈农的对象理论批判了古希腊以来的形而上学对实在之物的偏爱,认为实在之物完全不足以覆盖所有可以作为对象的概念。因此,他将一切对象分为"存在"(Sein)与"如此之在"(Sosein,也有译本译为"现象性存在"),其中,在"存在"(Sein)下,又分为实存(existieren)和虚存(bestehen,英语一般译为 subsist)。"圆的方""苏格拉底"和"金山"可分别作为如此之在、实存和虚存的例子,它们分别指不可能的对象、实的对象和不实在但在可能世界存在的对象(Meinong, 1904:3-9)。因此,当他说"金山不存在"或"圆的方不存在"时,主谓部分的存在并不在同一维度上,也就不构成矛盾。

但是,由于迈农的理论虚构了许多"世界"以容纳各式各样的存在,不符合"奥卡姆剃刀"原则,因此一再受到批判。

2.2 打破语言结构,消解原有主谓词

第二种路径则不接受迈农式的妥协,而是认为日常语言具有模糊性,"NP+不存在"的表达并非这一命题的实际逻辑形式,从而希望借助逻辑分析来排除日常语言对思维的遮蔽。从否定合法性的对象上,第二种路径又可以大致分为两类:

第一类,否定"存在"(及其否定形式)作谓语的合法性,即认为"存在"(或"是")不是一个谓词,或者说,至少是一个特殊的谓词。"是"(或"存在")不是一个实在的谓词,而只是一个系词,这个观点是由康德(2004:392)提出来的,尽管他并不认为"上帝不存在"这个命题有任何自相矛盾之处,但该观点在后世引起极大反响。根据陈嘉映(2013:30-31)对"存在"(或"是")是否为谓词相关讨论的梳理,赞同存在不是谓词的观点,要么同时承认了主语指称的实存性,如皮尔士认为"这只天鹅不存在"不同于"这只天鹅是白的",因为在前者中,"这只天鹅"已经说明了存在性,因此主谓之间相矛盾;要么将谓词中的"存在"消解掉,在这一过程中,(通常不实存的)主词往往也一起消解了,如汤普森将"方的圆不存在"替换为"没有圆是方的"。而后者与第二类路径密切相关。

第二类,否定名词短语作主语的合法性,即认为某一名词短语在命题中虽然语法上占据主语的位置,但并不是真正的主语。持这一观点的主要有弗雷格、罗素和蒯因,其中,罗素的描述语理论(description theory)最为清晰系统地指出了这一路径的方向。

不同于迈农,罗素坚持"奥卡姆剃刀"原则,认为没有现实世界以外的其他世界。在这唯一的世界中,罗素认为,虽然在语法上一切名词短语都可以成为命题的主词,但语法主词不等于真正的逻辑主词。他将一切名词短语(或指谓短语,即 denoting phrase)分为专名和描述语,只有专名的意义才直接指向它的指称对象,且这个对象一定是提出者亲知的,而描述语的意义在于通过这个语词描述概念,而概念可以指称现实世界的对象,也可以不指称。因此,他先指出,只有专名才是命题的逻辑主词,描述语不是"命题的真正成分"(the genuine constituents of the propositions)(Russell, 1905: 482),它可以而且必须被消解。例如,"金山不存在"的底层逻辑形式应该是"不存在一个 x, x 既是金的,又是一座山"。原句主词"金山"被消解。在这样的改写之后,逻辑主词就成了一个变元 x,整个命题变为一个命题函项。随后,他进一步提出了"缩略描述语"理论,将专名也纳入上述理论中,认为我们使用的一切专名都不是直接用来指称现实对象的名称,而是被当作描述语使用的缩略描述语。

2.3 症结

以上所有解决路径都有一个共同点,即用一种机械的眼光看待语言与世界的关系,实际上认为语言只能被动反映现实世界,并将其投射到语法中去,将指称的存在性作为名词短语在主谓陈述句中作主语的前提:如果一个名词短语没有实际指称,那它就不能进入一个主谓结构的语句充当主语,至少在地位上不是真正的主语。迈农虽然批判了对实存的偏爱,认为很多对象并不实存也可作主语,但他仍将不同的名词短语的指称静态地对应到不同的"世界"中。而罗素虽然从意义指称论转入了描述语理论,但他区分语法主词与逻辑主词,也正是用语法主词并不是真正主词这一关键点,捍卫了主词指称的必然存在。

除此之外,上述一切以消解原命题成分为手段的分析,都存在同一个方法问题,就是改变了命题原有的语法结构。罗素的方案虽然从逻辑角度巧妙地分析了这类悖论,但它只能作为理解悖论的一种方法,而不能将其视为悖论的解决。因为从语言学角度讲,这种改写的方法,虽符合分析哲学家对日常语言模糊性的批判,却忽略了句法结构对语义结构的影响,改写前和改写后的命题不能完全画等号。正如斯特劳森(P. F. Strawson)对罗素的批评,蕴含(imply)不是述说

(state)，但是罗素将语法主词消解到谓词部分之后，原先只是蕴含实现的条件得到了明确的述说（斯特劳森，1988：100）。1952 年，斯特劳森在著作中将"蕴含"改为了"预设"（Strawson，1952：175）。

3 预设理论对"NP+不存在"结构的解释

正是出于对罗素描述语理论的批判，斯特劳森提出了预设理论。与描述语理论相对，预设理论坚持在保持主谓句结构的基础上对主语指称的存在性进行分析。这种分析是可贵的，但并不全面：主要针对的是"当今法国国王是秃头"一类例子，只有盖士达（G. Gazdar）分析了"NP+不存在"句式，且相当单薄。为了在后文进行区分，本文将前者称为一般主谓陈述句，将"NP+（不）存在"这类表述主语存在性或非存在性的语句统称为（非）存在性主谓陈述句。

3.1 斯特劳森的预设理论

尽管弗雷格已经提出了预设的概念，但首先系统地阐释预设理论的还是斯特劳森。斯特劳森的预设理论一般被称为"语义预设"，与后来的"语用预设"相区分。语义预设有多种类型，Yule（2000：27-30）将语义预设分为存在预设（existential presupposition）、事实预设（factive presupposition）、词汇预设（lexical presupposition）、结构预设（structural presupposition）、非事实预设（non-factive presupposition）和反事实预设（counter-factive presupposition）。本文只涉及存在预设。

斯特劳森（Strawson，1952：175）这样定义"预设"：分别记两个陈述（statement）为 S 和 S'，若 S'的正确是判断 S 正确或错误的前提，那么就说 S 预设（presuppose）了 S'。例如，在语句"约翰的所有孩子都睡着了"中，该语句所陈述的"约翰的所有孩子都睡着了"记为 S，"存在约翰的孩子"记为 S'，如果要判断 S 的真值，无论其真值为真为假，S'都必须为真，否则真值无法判断。这就称 S'就是 S 的预设。

从定义可以看出，预设的命题并非恒为真，但预设理论并不要求语句真值必须是清晰可断的，真值无法判断并不代表语句没有意义。斯特劳森指出，应该区分语句（sentence）、语句的使用（use）和语句的表达（utterance）（斯特劳森，1988：91）。语句的"有意义"（significant）在于能够"正确地被用来谈论某物"，而不在于可以作出真值判断。如果有人使用语句来谈论一个不存在的对象，那么只能说明有人虚假地使用了该语句，而不是语句本身无意义（斯特劳森，

1988：96）。

这样一来，主语指称的存在性就不再是语言与世界如何达成映射的问题，而成为单纯的语句使用问题。一般情况下，人们总是希望语句的真值是可判断的，也就是希望语句具有"认识论意义"（陈晓平，2011：6）。因此，当我们使用语句来表述某种意义时，一般会预设主语的指称存在。但无论它是否真的存在，都不妨碍某个名词短语成为主语、参与组成有意义的语句并得到真实或虚假的使用。同时，由于指称存在与否是名词短语进入具体语句之后由语义的使用决定的，这种"存在性"是实存、虚存还是其他形式的存在，就不再是静态划分的，而是由具体的情况决定的。

3.2 盖士达的取消机制

从对象理论、摹状词理论等发展到预设理论，对存在问题的讨论终于从理论基础上摆脱了语言被动反映世界的观点，肯定了语言本身具有的创造性。然而，预设理论对"NP + 不存在"结构的研究并不充分。一方面，由于斯特劳森的理论部分建立在对罗素的批判上，他的研究重点仍然是"法国国王是秃头"这类一般主谓陈述句，而并未涉及"NP + 不存在"结构。另一方面，由于斯特劳森理论的局限性，此后的预设理论研究主要集中在复句中预设的可取消性和预设投射问题上，而对"NP + 不存在"结构关注不够，只有盖士达对此有所涉及。

盖士达（Gazdar，1979：141）首先认为，根据斯特劳森派的观点，"NP + 不存在"结构仍然存在语义矛盾，即语句的表述本身否定了语句的预设。他本人则是通过语境转化（contextual change）理论解决这一矛盾的，即认为该结构中潜在的存在预设被过滤了。

为解决复句中的预设投射问题，盖士达（Gazdar，1979）将语境这一要素加入句义的运算中，认为会话参与者本已拥有一个共同语境（如大量百科知识），而参与者通过表述命题来增加这一语境。为此，他提出了"潜在预设"（potential presupposition，也称 pre-supposition）的概念，即一个句子中理论上所有可能的预设的集合（Gazdar，1979：124），同理，还有"潜在衍推"和"潜在含意"。一个语句的这些潜在内容只有通过了取消机制筛选，才能成为实质上的预设、衍推和含意。在此过程中，最重要的是必须遵循以下顺序来逐项添加，后添加的内容不得与已有内容相矛盾，否则会被取消（Levinson，1983：213）：

    1. 语句 S 使用中的衍推（entailments）
    2. 语句 S 的小句会话含意（clausal conversational implicature）

3. 语句 S 的量级会话含意(scalar conversational implicature)
4. 语句 S 的预设

按照这种观点,"法国国王不存在"的潜在预设是"法国国王存在",而该句的衍推是"法国国王不存在",两者矛盾,衍推的优先级高于预设,因此该潜在预设被取消,因此不会形成"法国国王不存在"的实际预设,从而避免了预设与语句表述之间的矛盾。

盖士达的理论将这一较为特殊的结构纳入一般性的统一框架中,并被认为是解释该结构的有效途径(Levinson, 1983: 215; Yule, 2000: 32)。然而,这种解释并不令人满意。一方面,这一添加顺序只是基于普遍经验,并未解释为什么衍推优先于预设;另一方面,它没有解释为什么"NP 不存在"的潜在预设是"NP 存在"。换言之,这个结论没有告诉我们预设是从哪里来、又为何消失的。因此,接下来,本文将从预设的实质来源角度对该理论进行补充和完善。

3.3 语义层级的统一解释

康德等人争论"存在"是不是谓词、是不是特殊的谓词,实际上已经注意到"存在"与谓语表达的其他属性的不同,但盖士达的取消机制主要不是为了解决存在性问题,因此忽略了这一点。按照预设的基本定义,预设是由判断语句真值的要求决定的,这其实已经揭示了存在性与其他属性之间具有语义层级关系,即主语所指的存在性是其他属性的基础。本文据此用语义层级来统一解释非存在性主谓陈述句和一般的主谓陈述句的预设情况。

3.3.1 双层语义结构与存在预设

对于谓语不表达(非)存在性的一般主谓陈述句而言,主语的所指存在是主语的所指具有其他属性的基础,要讨论语句真值(即主语所指是否具有其他属性),就必须先预设存在性。以"法国国王是贤明的"为例,其语义结构如图 1 所示:

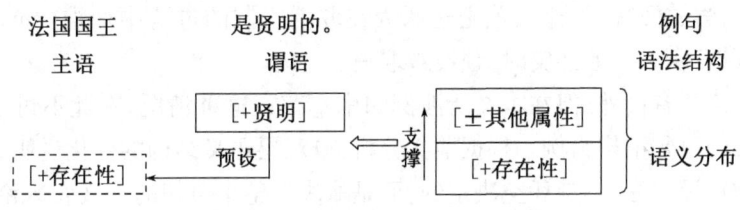

图 1 一般主谓陈述句的语义结构

如图,由于在典型的主谓命题中,句义结构比较简单,可以认为主语指称的其他属性是直接分布在谓语部分的。在图1中,主语"法国国王"得到直接陈述的属性是[+贤明],那么,为了讨论法国国王是否的确是贤明的,要求主语必须有所指称,也就是预设"法国国王"的指称必须存在,以满足真值判断的需要,从而为谓语陈述的属性提供底层的基础支撑。二者构成了"[+存在性]-[±其他属性]"的双层语义结构。

3.3.2 单层语义结构与存在预设的失效

从语义预设的定义出发,在"金山不存在"中,若主语指称仍保持存在性预设,则 S' 为"金山存在";而在该句中,谓语的表述是"不存在",则 S 为"金山不存在"。当 S 为假时,S' 为真;当 S 为真时,S' 为假,二者真值始终相反,不符合预设的定义,因此 S' 不是 S 的预设。所以,在这类结构中,没有存在性预设。

接下来,用语义层级来解释这一点。与一般性的主谓陈述不同,在非存在性主谓陈述句中,谓语表述的是[-存在性],而"存在"本身就处于语义层级的底层。反映到语义上,就是这一语句的谓语表述本身就没有产生对存在性预设的需求,因此也就不对主语指称的存在性进行任何预设,该结构只有单层语义。

以"金山不存在"为例,这类语句的语义结构如图 2 所示:

金山	不存在。	例句
主语	谓语	语法结构
[-存在性]	⇐ [+存在性]	语义结构

图 2 非存在性主谓陈述句的语义结构

由图可知,在这种仅具备单层语义的情况下,NP 指称的存在与否,完全取决于谓语的表述是存在还是不存在,因此不存在矛盾的情况。

3.3.3 语义层级对盖士达理论的解释

下面要用语义层级来解释和反思盖士达取消机制中的两个问题。

第一,尝试回答,为什么盖士达认为在取消机制的过滤中衍推(entailment)优先于预设,所以两者冲突时,预设被取消。

这一论断有例外,但在本文所涉例句中不存在这种情况,在此不讨论,仅以本文涉及的语句结构为例。根据前文分析,单双层语义结构的变化说明,主语指称是否被预设存在,不是凭空决定的,而是取决于整个语句的语义表达和真值判断的需要。更进一步说,至少就本文涉及的这类主谓结构单句而言,存在性预设只源于谓语表述的需要。在双层语义结构中,尤其可以清晰地看到这种双向关系:语义分布上,存在性是其他属性的基础;但在逻辑上,其他属性是存在性的来源。

衍推是从整个语句的表述内容中得出的真命题,一个语句的衍推也包括语句内容本身。因此,从语义层级看,衍推属于上层。而如前分析所示,预设属于底层,在语义上支撑着表层。衍推和预设若在不矛盾的情况下同时存在,则构成了双层语义结构。在这一结构中,由于预设直接产生自表层语义的需求,预设不可能在表层语义不存在的情况下单独存在,但相反的情况在一定条件下(如单层语义结构)则是可能的。因此,在属于表层语义的衍推与底层的预设相矛盾时,被取消的必然是预设,而不是相反。

第二个问题是,回到本文重点讨论的"NP+不存在"结构,潜在预设概念是否恰当。潜在预设只是一系列命题,它们根据百科知识等背景被认为可能成为某一语句的预设。问题在于,如果认为"NP+(不)存在"有潜在预设,且为"NP存在",那么,这种观点也不过是规定主语指称必须存在的一种变体。这种所谓的潜在预设更像是从一般主谓陈述句的"NP存在"预设中类推而来的,但这一类推并不恰当。与之相比,我们不如说"NP+不存在"没有潜在预设:如果根据百科知识知道NP实际存在,那么并不是取消了命题的潜在预设,而是直接否定了这个命题。

3.4 小结

通过分析两种主谓陈述句的主语存在性预设情况,可以发现,若要判断语句的真值,一般主谓陈述句要求必须对主语指称作存在性预设;而(非)存在性主谓陈述句则恰恰相反,不仅不需要,而且在任何情况下都必须舍弃这一预设。指称的存在性不仅不是名词短语成为主语的必要条件,而且由于(非)存在性主谓句的存在,它也不是判断语句真值的必要条件。主语的指称是否存在、如何存在,总的来说,只取决于具体语句在具体使用中的语义结构和语义表述。

用语义层级可以较好地解释盖士达的取消机制遗留的问题:在取消机制中,衍推的优先级先于预设,是因为衍推属于语义层级的表层,而存在性预设处于底层,它的生效直接取决于表层语义,因此在两者矛盾时不可能脱离衍推单独存在,只可能被取消。而在"NP+(不)存在"的单层语义结构语句中,"NP存在"的潜在预设是来自双层语义结构经验的不恰当类推,潜在预设概念并不适用于"NP+(不)存在"结构。

4　结语

　　以"NP+不存在"这类非存在性主谓陈述结构为研究对象的"金山悖论",体现的是语言哲学家对于语言与世界关系的困惑,它在句法上反映为对主谓语句中主语指称存在性的来源的困惑。早期方案的症结在于,机械地理解"存在",认为名词短语指称的存在性就等于实际该指称的存在性,进而将这种"存在性"视为名词短语充当主谓结构的主语的前提。这样,主语的所指就必然存在,在"NP+不存在"中,主语和谓语意义之间的矛盾就始终不可调和。

　　这样,无论是解释主谓两部分的"存在"性质并不相同,"存在"不同于其他谓词,还是认为语法结构不等于逻辑结构,语法主语不是命题的逻辑主语,应该予以消解,都无法完全解决这个悖论。尤其是后一种路径,以底层逻辑形式改写表层语法形式,虽然巧妙,但终究以对自然语言的不信任为基础,改写实际上破坏了原句结构本身具有的语法意义。

　　预设理论指出主语指称的存在性只是基于语句意义的预设,可以说标志着人们对主语指称存在性的来源的认识得到了新的发展。总的来说,这种认识可以总结为两点:

　　1. 主谓陈述句中主语指称的存在性来源于在语句意义基础上正确使用语句的要求,而不是主语的真实指称情况。这种观点将指称对象实际的存在情况与在语言中的存在情况区分开来,是对"存在"的动态理解。这一转变,解释了为什么主谓结构的主语指称可以为空。

　　2. 主语指称的存在性在本质上来源于语义结构。本文的分析强化了这一点:尽管句法结构的改变会引起语义结构的变化,但相同的句法结构(如主谓结构)不一定有同样的语义预设。具体而言,本文通过对两种主谓陈述结构的分析,得出结论:预设来源于主谓陈述结构中的"[+存在性]-[±其他属性]"双层语义分布,其中,存在性是其他属性的底层基础;同时,当存在性替换了其他属性的位置时,主谓陈述结构就只有单层语义,即"[±存在性]",预设就会失效。总之,主语的指称是否存在、如何存在,总体上只取决于具体语句在具体使用中的语义结构和语义表述。

参考文献

[1] 安瑟伦.宣讲[M]//信仰寻求理解:安瑟伦著作选集.北京.中国人民大学出版社,2005:205-206.

[2] 陈嘉映.简明语言哲学[M].北京:中国人民大学出版社,2013.

[3] 陈晓平.摹状词指称的存在性和语境[J].自然辩证法研究,2011(27):1-6.

[4] 康德.康德全集:第三卷·纯粹理性批判[M].李秋零,译.北京:中国人民大学出版社,2004.

[5] 斯特劳森.论指称[M]//涂纪亮.语言哲学名著选辑(英美部分).北京:生活·读书·新知三联书店,1988:91-100.

[6] GAZDAR G. Pragmatics:implicature, presupposition and logical form[M]. New York:Academic Press, 1979.

[7] LEVINSON S C. Pragmatics[M]. London:Cambridge University Press, 1983.

[8] MEINONG A. Über Gegenstandstheorie[M]//MEINONG A. Untersuchungen zur Gegenstandstheorie und Psychologie. Leipzig. Verlag von Johann Ambrosius Barth, 1904:3-9.

[9] RUSSELL B. On denoting[J]. Mind. New Series, 1905(56):479-493.

[10] STRAWSON P F. Introduction to logical theory[M]. London:Methuen & Coldt, 1952.

[11] YULE G. Pragmatics[M]. London:Oxford University Press, 2000.

"机器翻译腔"的语言特征聚类研究
——以原创汉语新闻文本与机译汉语新闻文本为例

同济大学　孔德璐[*]

摘　要：本文通过建立原创汉语新闻语料库和英—中机译新闻语料库，利用文本聚类和特征筛选方法，提取显著特征，并结合具体语料进行阐释。结果显示，聚类实验能够将原创汉语和机译汉语区分开，准确度达95%以上。具体特征差异为：机译汉语新闻文本的虚词、代词、助词、连词所占比例均高于原创汉语新闻文本，实词、名词比例则相对较低；机译汉语中人称代词、指示代词、助词"的"和转折连词出现频率较高；机译汉语的平均句长要明显短于原创汉语。"机器翻译腔"形成的原因主要有源语影响、训练数据和算法偏差三个方面。该研究期望能够对译后编辑实践、机翻系统开发、机器翻译教学和后续相关研究提供一定的启示。

关键词：机器翻译腔；文本聚类；特征阐释；译后编辑

1　引言

随着大数据、人工智能的快速发展，机器翻译已经进入到第三代神经机器翻译阶段(Neural Machine Translation，简称NMT)。神经机器翻译是一种基于序列到序列模型(Sequence-to-sequence)的方法，它完全采用神经网络完成源语言到

---

[*] 作者简介：孔德璐，同济大学博士研究生，研究方向为机器翻译译后编辑、语料库翻译学，电子邮箱：danielkong@ tongji. edu. cn。本文系国家社科基金年度项目"神经网络机器翻译的译后编辑量化系统模型研究"(项目编号:19BYY128)的阶段性研究成果。

目标语言的翻译过程,是一种极具潜力全新的机器翻译模型(李亚超等,2018;Jooste et al.,2021;戴光荣、刘思圻,2023)。神经机器翻译译文语言更加自然,其准确度和流利度得到显著提升,得到语言服务行业的青睐。《2022 中国翻译及语言服务行业发展报告》显示,人工智能翻译技术不断创新,机器翻译技术前景广阔,机器翻译在行业的应用越来越广泛。

然而,机器译文似乎和目标语原创文本在主观阅读感受上有所不同,这种不同主要体现在语言特征方面,比如读新闻体裁机器译文,在词汇运用和句法层面总会和原创新闻有所差别。目前有关机器翻译语言特征相关的研究主要关注人机译文质量对比(蒋跃等,2016;翁义明、王金平,2020;张志豪、李保杰,2022),机器翻译特征的质性阐释(胡开宝、李翼,2016;陈伟,2020;冯志伟、张灯柯,2022)和机器译文的错误分析(罗季美、李梅,2012;李梅、朱锡明,2013;崔启亮、李闻,2015)。可见,机器翻译语言特征的量化研究仍然较少,其与目标语原创文本语言特征的对比研究更是鲜见。基于此,本研究将借助两个语料库,运用文本聚类和特征筛选方法,探索机器译文与原创文本之间存在的语言特征差异,以期对译后编辑实践、机翻系统开发、机器翻译教学和后续相关研究提供一定的启示。

2 "机器翻译腔"

翻译语言作为一种客观存在的语言变体,被学者称为"第三语码"(The Third Code)(Frawley,1984),或"翻译腔"(Translationese)(Gellerstam,1986)。翻译腔的众多研究中,"翻译共性"(Translation Universals)(Baker,1993)成为学界的热点,也是最有争议的话题之一。翻译共性指的是"翻译语言相对于目的语原创语言,在整体上呈现出的一些带有普遍规律的特征"(胡开宝,2011)。学界提出的翻译共性假设主要有"简化""显化""范化"等,国内外针对词汇、句法等层面的系统研究也已经对这些假设做出一系列的探讨(Baker,1995;Mauranen & Kujamäki,2004;House,2008;王克非、胡显耀,2008;Rabadán et al.,2009;Xiao,2010;许家金,2016;蒋跃等,2021)。然而,目前的研究多关注人工翻译译文中存在的翻译腔现象,机器翻译的普及产生了大量的机器译文,有关机器译文中是否存在"翻译腔"的研究仍较为鲜见。

在国外,针对机器译文语言特征的讨论近几年已经开始出现。机器翻译文本中某些特定出现的不符合译入语习惯的表达方式被称为"机器翻译腔"(Machine Translationese)。Vanmassenhove 等(2019)发现,相比人工译文,英一法机器译文和英—西机器译文中普遍存在词汇密度下降的现象。Loock（2020）通过建立平行语料库，对比原创法语文本和英—法机器翻译文本，发现英—法机器译文的语言特征与原创法语文本有所不同，在个别语言特征上，机器译文相比原创译文出现明显的过度使用，这可能部分出于源语言干扰。De Clercq 等（2021）比较原创法语文本和机译法语文本，研究发现两者在平均句长、n 元词组和词汇密度上有所不同。同时也有 Daems 等（2017）通过研究"译后编辑腔"（Post-editese），间接发现了机器翻译在其中的重要作用。国内西安交通大学的蒋跃教授最先开展该领域的研究，对文学文本的机器译文和人工译文进行一系列的对比研究，并发现中文人工译文和中文机器译文同样出现了较为明显的词汇密度、句法结构等方面上的差异（蒋跃，2014；蒋跃、董贺，2015；蒋跃等，2016；韩红建、蒋跃，2016）。

总结上述文献，我们可以发现"机器翻译腔"研究方兴未艾。研究地域上，国外的文献成果较为丰富，而国内研究相对较少；翻译语对上，研究多集中在英—法、英—西等语言关系较近的语对（Vanmassenhove et al., 2019；Loock，2020），而英—中语对语言关系较远，且研究较少，前者的研究结论不一定适用于英—中语对；语言材料上，多使用文学体裁文本（蒋跃、董贺，2015；蒋跃等，2016），而针对体裁风格不那么显著的通用文本研究较少，如新闻文体；翻译引擎上，2017 年神经机器翻译开始进行商用，以往的研究多基于统计机器翻译系统，因此神经机器翻译系统的翻译腔研究还不多见；在研究方法上，随着语料库翻译学的兴起，采用语料库研究翻译腔现象成为主流，但也不乏批评称这种方法在特征选择上是"择优挑选"（cherry-picking）或"手动设计"（hand-engineered）（Ilisei & Inkpen, 2011）。

由此，本文主要从新闻文体的原创汉语文本和机译汉语文本的风格对比入手，借助机器学习中的文本聚类和特征筛选方法，试图对"机器翻译腔"的语言特征进行量化分析，以回答以下两个问题：

1）能否通过语言特征区分原创汉语新闻文本和机译汉语新闻文本的风格；

2）通过哪些语言特征可以区分这两者，又是如何体现在文本当中的。

3 研究设计

3.1 研究语料

本文选取的语料为原创汉语新闻文本和英—中机译新闻文本，两者均属于新闻体裁。其中,原创汉语语料源自人民日报、新华网等主流中文新闻门户网站,使用爬虫软件获得字数在 1 000—1 500 字的新闻稿件共 60 篇,进行人工核验,去除文本噪声,以确保最终结果均为中文原创新闻正文的主体部分,将其标记为 a1—a60。在机器翻译译文方面,选择经济学人、卫报等英国主流新闻媒体网站,获得英语新闻文本 60 篇,除噪后使用机器翻译引擎得到字数相仿的机器译文,标记为 b1—b60。为保证机器翻译的多样性,避免使用单一机器翻译引擎带来的个性化差异,我们使用 3 个国内外综合质量较好、使用人数较多的神经机器翻译引擎,其中 b1—b20 使用谷歌机器翻译引擎,b21—b40 使用 DeepL 机器翻译引擎,b41—b60 使用有道机器翻译引擎。

在对语料文本进行了预处理的基础上,我们借助中文自动分词与词性标注工具 ICTCLAS① 对文本进行自动分词并辅以人工校对;之后,对分词后的文本进行词频统计,得到词数、形符类符数等词频数据。语料规模如表 1 所示。

表 1 语料数据

	原创汉语新闻语料	英—中机译新闻语料
篇章数	60（a1—a60）	60（b1—b60）
总字数	76 383	73 936
平均字数	1 273.05	1 232.26
形符数(词)	44 978	45 231
类符数(词)	6 997	6 093

3.2 语言特征

文本当中的语言特征主要包括词汇、符号、句法、语篇等因素,现有研究多将其用于辨别文本风格差异、区分文本类型(刘淼、邵青,2015;韩红建、蒋跃,2016;朱一凡、李鑫,2019)。本研究所使用的语言特征均为词汇和句法层面的特征,参照以往研究中用于文本聚类的汉语语言计量特征(黄伟、刘海涛,2009;詹菊红、蒋跃,2017;Lynch & Vogel,2018;孔德璐,2023),结合语料库语言学和计量语言学中对语言特征的定义方法,最终确定形符比、标准形符比、平均句长等三个层面共计 45 个语言特征。

---

① 经对比,ICTCLAS 在众多中文分词软件中表现较好,官网为:ictclas.nlpir.org。

表 2　语言特征

层面	具体特征		
词汇层面	形符比	副词比例	语气词比例
	标准形符比	时间副词比例	特殊词"有"比例
	平均词长	助词比例	特殊词"说"比例
	名词比例	助词"的"比例	特殊词"是"比例
	动词比例	助词"得"比例	惯用语比例
	代词比例	助词"地"比例	实词比例
	人称代词比例	连词比例	虚词比例
	疑问代词比例	数词比例	实词密度
	指示代词比例	介词比例	虚词密度
	形容词比例	叹词比例	文言虚词比例
标点层面	叹号比例	括号比例	句号比例
	逗号比例	引号比例	省略号比例
	分号比例	冒号比例	顿号比例
句法层面	平均句长	感叹句比例	"被"字句比例
	陈述句比例	疑问句比例	"把"字句比例

注：(1) 词类比例 = 每种词类频次/总词数，标点符号和空白字符不算入总词数；(2) 句型比例 = 每种句型频次/总句数，以句号、问号、叹号、分号、冒号作为判断句子的标准；(3) 符号比例 = 每种符号频次/总符号数；(4) 参照以往研究（王克非、胡显耀，2008；秦洪武，2010；庞双子、王克非，2018），本研究将名词、动词、形容词和副词定义为实词，这些词类均具有表达稳定词义的词语；而将介词、连词、助词、语气词和叹词这些不具备稳定词义或意义模糊而主要起语法功能作用的词语定义为虚词；(5) 实词比例 = 总实词数/总词数，实词密度 = 总实词数/总虚词数。

　　以上特征的确立遵循了 Volansky 等（2015）提出的风格特征原则，即用于机器学习的特征应当：反映出现最为频繁的语言特征；独立于文本内容；易于阐释。词句是构成语篇的基础，从词句层面出发能探索语篇更为细致的风格差异。同时为了避免文本领域、体裁对文本分类过程造成的影响，本研究使用的特征未包含高频词、共现词等特征，使用的语言特征也多为比例形式，以规避文本规模大小不一致带来的频次差异。最后这些特征都可以体现到具体的语料之中，能够以较为直观的方式反映出两个文本的差异。实验文本经过切分后，借助自编 Python 代码和语料库检索工具 WordSmith 6.0，可以批量提取出形符比、标准形符比、总词数、总句数、词类频次、标点符号的频次和总数等。

3.3 研究方法

针对第一个研究问题,本研究主要基于机器学习中的文本聚类方法。与有监督学习过程不同,聚类是一种无监督的学习过程,它不要求事先人工类别标注,也不需要迭代训练,只需要将原始文本转化为由特征表示的结构化数据,就可以通过计算文本之间的距离来衡量它们之间相似度。聚类分析的结果可以将文本分组成多个类或簇,即同一个簇中的部分具有较高的相似度,而不同簇间的文本内容差异较大(黄伟、刘海涛,2009;贺湘情、刘颖,2014)。经过聚类分析后,如果原创文本和机译文本能够被归入不同的簇中,那么就可以证明,语言特征可以区分这两个文本类型。

针对第二个研究问题,已有研究发现(霍跃红,2010:120-129),各语言特征对分类、聚类的贡献度不同,有的特征往往不能有效区分实验文本,反而还会降低高贡献度特征的显著性。由此,本研究采用信息增益算法(詹菊红、蒋跃,2017),对全部语言特征的贡献度进行排序,并通过聚类分析进一步检验高贡献度的语言特征对原创汉语和机译汉语新闻语料的区分作用;同时借助语料库检索技术,运用卡方检验等统计方法,对高贡献度语言特征在不同文本当中的体现进行阐释和梳理。

4 研究结果

4.1 聚类分析

本研究首先使用全部 45 个特征对原创汉语新闻和机译汉语新闻进行聚类分析,使用 R 语言中内置的 k-means 函数,迭代算法选用其内置默认的 Hartigan & Wong(1979)算法,生成共 120 个样本的聚类图(图 1 左),置信椭圆为 95%。如图 1 所示,所有圆点对应的样本组成了第一个簇,其中包含 54 个样本,均属于中文原创新闻语料;三角代表的样本组成了第二个簇,其中包含 66 个样本,除了所有的英—中机译新闻语料均归为此簇,另有 6 个中文原创新闻语料样本被错误归入此簇(a9、a10、a19、a20、a22、a31)。总体看来,120 个样本中共有 114 个样本被正确聚类为相同的簇当中,正确率为 95%,已经达到较为满意的聚类结果。从聚类图也能够发现,两个簇包含的样本也大多聚集在核心,只有两个簇置信椭圆相交位置存在较多的错误分类样本。

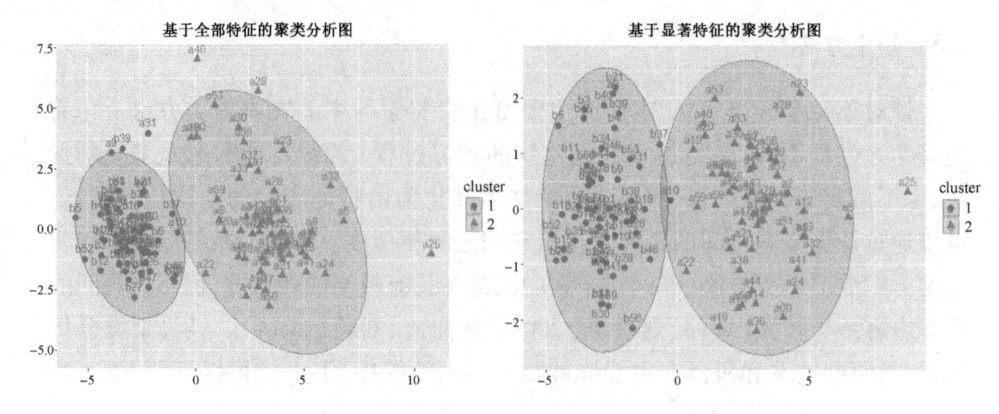

图 1 基于全部特征(左)和显著特征(右)的聚类分析图

4.2 特征筛选

为进一步观察哪些特征在本次研究中对聚类任务的贡献度高,我们使用特征筛选来对所有特征的重要程度进行排序。信息增益算法基于信息熵来计算,表示信息消除不确定性的程度。简单来说,某个特征的信息增益值越大,那么这个特征对实验结果的影响越大,因此我们可以对比各个特征信息增益的值来判断其重要性(刘丽珍、宋瀚涛,2004;毛勇等,2007)。借助 Weka 平台①中的特征筛选(Attribute Selection)模块,我们可以利用信息增益算法,得到全部 45 个特征的贡献度排序,并挑选出前 15 个特征作为显著特征,特征名称和信息增益值见表 3。

表 3 显著特征信息增益值及排序

序号	信息增益值	特征名称	序号	信息增益值	特征名称
1	0.838 ± 0.025	虚词比例	9	0.599 ± 0.033	人称代词比例
2	0.838 ± 0.025	助词"的"比例	10	0.54 ± 0.02	代词比例
3	0.838 ± 0.025	实词密度	11	0.387 ± 0.049	连词比例
4	0.762 ± 0.023	虚词密度	12	0.365 ± 0.041	引号比例
5	0.714 ± 0.052	助词比例	13	0.327 ± 0.034	指示代词比例
6	0.687 ± 0.03	平均句长	14	0.27 ± 0.037	助词"得"比例
7	0.686 ± 0.035	名词比例	15	0.213 ± 0.015	特殊词"是"比例
8	0.634 ± 0.027	实词比例			

① Weka 是一个开源的机器学习和数据挖掘软件,详情见官网:www.cs.waikato.ac.nz/ml/weka/index.html。

透过表3我们能够发现,虚词、实词相关的特征占据较为重要的位置,同时一些常被研究人员忽视的语言特征,如助词"的"、人称代词等,都表现出了较好的区分能力。同时,一些在以往研究中经常出现的特征,反而并不能很好地完成本研究的聚类任务(如型符比特征贡献度倒数第一)。随后,我们再次使用这15个显著特征进行同样步骤的聚类实验(图1右),结果表明,使用显著特征得到的聚类结果明显好于使用全部特征的聚类分析:第一个簇(圆点)包含57个样本,均属于中文原创新闻语料;第二个簇(三角)包含63个样本,除了所有的英—中机译新闻语料均归为此簇,另有3个中文原创新闻语料样本被错误归入此簇(a9、a10、a31)。总体看来,120个样本中共有117个样本被正确聚类为相同的簇,正确率为97.5%。

另外,通过聚类分析我们可以发现,整体上机译汉语样本的风格较为统一,不管是使用全部特征还是显著特征的聚类实验,都能得到较好的结果。同时,和原创汉语样本相比,机译汉语各个样本之间的向量距离也相差不大,这也就说明,虽然我们使用了三个不同的机器引擎来翻译所选取的英文新闻,但不同引擎的机器译文之间没有显著差异,至少在本次实验当中未能将三个机器翻译引擎的译文风格区分开。

5 特征阐释

上节聚类实验回答了第一个研究问题,即通过语言特征可以有效区分原创汉语文本和机译汉语文本的风格。同时,利用特征筛选,我们也得到了区分能力更强、贡献度更高、更为重要的前15个显著特征。那么,这些显著特征差异是如何体现在文本中的,本节将结合实例进行归纳总结。

5.1 实词虚词

根据实词虚词所涉及的特征对聚类任务的贡献度最高,其作用也最为重要,借助语料库工具WordSmith 6.0,我们统计出实词、虚词包含的词类相对应的语料数据,如下表4所示。

表4 实词虚词使用频率及显著性差异检验

	原创汉语	机译汉语	卡方值	显著性(p)
名词	3 425.18	2 583.95	752.06	0.00***
动词	2 671.30	2 597.08	6.30	0.01**

(续表)

	原创汉语	机译汉语	卡方值	显著性(p)
形容词	489.15	520.31	−4.46	0.03**
副词	583.24	686.55	−39.90	0.00***
数词	355.44	401.02	−12.63	0.00***
实词比例	7 524.31	6 788.92	593.07	0.00***
介词	492.30	543.67	−11.90	0.00***
连词	295.34	433.96	−121.66	0.00***
助词	666.76	1 031.04	−380.72	0.00***
语气词	6.98	16.91	−17.62	0.00***
叹词	0.00	0.45	−0.49	0.48
虚词比例	1 461.37	2 026.04	−494.00	0.00***

注：原创汉语和机译汉语两列数据均为每万词出现频率，下同。

从表4可见，原创汉语文本和机译汉语文本在实词和虚词的使用频率上有一定的差异。总的来说，原创汉语的实词数量要远大于机译汉语，前者平均每万词出现7 524个实词，后者仅有约6 788个实词，即每万词机译汉语要比原创汉语少使用大约736个实词。在实词词类当中，差异最明显的是名词的比例，原创汉语和机译汉语的卡方差异值达到了752，前者每万词要比后者多使用大约842个名词。而在虚词词类当中，总体情况是机译汉语的使用比例要明显高过原创汉语，每万词当中，机译汉语要比原创汉语多使用600个左右虚词。其中介词、连词、助词均为较明显的"虚词明晰化"特征，即机译汉语文本同样符合人工翻译汉语文本的特点——翻译汉语中的虚词比例高于原创汉语（王克非、胡显耀，2008）。

整体来看，机译汉语文本仍然能够被容纳入广义的翻译汉语文本类型当中，在实词和虚词的使用上与人工翻译汉语表现出的词汇分布和趋势较为相近，即汉语翻译文本较汉语原创文本更多的使用虚词，较少使用实词（Xiao, 2010；王克非，2012：62-70）。机译汉语文本中虚词出现频率较高的原因主要是"源语影响"，英文是形合度高的语言，行文中多包含表达语法功能的虚词词汇。而机器翻译和人工翻译不同，并不能主动向目标语写作习惯靠近，由此机译汉语中出现了较多虚词。下面我们将进一步挖掘不同实词、虚词中包含的具体词类，其他语言特征中体现的原创汉语和机译汉语的差异。

5.2 代词和名词

出于学界对代词属于实词范围还是虚词范围的争论(王克非、胡显耀，2008)，本研究将代词单独进行统计，结果发现代词及其包含的人称代词和指示代词特征，均能够对原创汉语和机译汉语进行区分(见表5)。其中，代词作为一个词类整体，在机译汉语当中的使用频率要明显高于原创汉语，前者每万词出现频率几乎是后者的两倍多。代词下面的子类人称代词和指示代词也均表现出了相似的趋势：从比例上来说，原创汉语中的指示代词占所有代词的比例(64.89%)要远高于人称代词(21.86%)，而机译汉语中指示代词占所有代词的比例(47.57%)则和人称代词(41.59%)相差不大；从频率上来看，机译汉语的人称代词使用频率大大超过了原创汉语，这代表着人称代词在机译汉语中大量出现。

表 5 代词使用频率

	原创中文	机译中文	卡方值	显著性(p)
代词	261.57	572.60	-538.82	0.00***
人称代词	57.18	238.12	-499.82	0.00***
指示代词	169.73	272.39	-108.31	0.00***

例1：

　　韩国是地球上睡眠最匮乏的国家之一，这对其人口造成了巨大损失。枝恩开始失眠，因为**她**的办公时间变得如此艰苦，**她**再也无法放松。平均而言，**她**从7点工作到22点左右，但在特别繁忙的日子里，这位29岁的公共关系官员会发现**自己**在办公室工作到凌晨3点。**她**的老板经常在半夜打来电话，要求**她**马上做一些事情。**她**说："这几乎就像**我**忘记了如何放松。"在位于首尔华丽的江南区的梦想睡眠诊所，专门研究睡眠问题的精神科医生李智贤说，**她**经常看到那些每晚服用多达20种安眠药的客户。

我们可以借助例1观察机译汉语中的代词显化现象，下划线为指示代词，粗体为人称代词。英文新闻原文主要讲的是韩国青年群体出现的睡眠缺乏现象，以一位职业女性的视角来讲述她遇到的问题。英文原文中多出现代词 she、her 和以 who 引导的定语从句，仿佛是汉语初学者写作时的"一逗到底"，机器翻译引擎也直接"一她到底",短短两段话中共出现了 9 次人称代词。同样地,英语中较多使用的"this、that"等指示词也会被直接翻译为"这、那"等指示代词。

文本中名词和代词在指称功能的使用上往往成互补关系(詹菊红、蒋跃,2016),这一点在本次实验中同样得到验证。原创汉语中的名词使用频率明显高于机译汉语,而代词频率大大降低,这说明原创汉语中表达指称功能的手段更为丰富,能够通过名词复现或同义词转换等方法实现;而英文中较为严格的语法规则使其代词的使用比例本就高于汉语(刘礼进,1997;赵宏、邵志洪,2002;黄立波,2008),通过机器翻译不加删减的语言转换之后,自然会造成机译汉语中代词比例的提高,这在一定程度上会给读者造成困惑,不清楚个别代词的具体指称。

5.3 助词与连词

助词和连词同属于虚词,在汉语中多用于实现篇章的语法功能。其中,助词又被分为结构助词"的、地、得"和动态助词"着、了、过"。通过实验我们发现,助词在机译汉语中的"泛滥"尤为严重,在原创汉语中,平均每万词出现 666.76 个助词,而在机译汉语中平均每万词出现 1 031.04 个助词,使用频率几乎高了三分之一(见表 4)。一般而言,在现代汉语书面语中,结构助词"的"一般用在定语后面,"地"用在状语后面,"得"用在补语前面(刘雪梅,2006)。在本研究中,助词"的"不仅在所有助词的使用中占比最高(原创汉语 75.62%,机译汉语 80.08%),同时也最能够突显原创汉语和机译汉语中助词使用的差异:原创汉语中每万词平均出现 498.02 个"的",机译汉语每万词平均 820.23 个(卡方值 = −379.52,$p < 0.001$)。

表 6 助词"的"前后的高频词搭配

原创汉语				机译汉语			
词项+"的"	频率	"的"+词项	频率	词项+"的"	频率	"的"+词项	频率
美国的	31	的一	30	他们的	90	的人	63
中国的	29	的是	21	他的	54	的是	52
发布的	17	的发展	19	多的	40	的一	37
国家的	17	的国家	19	新的	33	的国家	37
新的	15	的重要	16	大的	32	的情况	25
上的	15	的历史	15	自己的	31	的政府	25

(续表)

原创汉语				机译汉语			
词项+"的"	频率	"的"+词项	频率	词项+"的"	频率	"的"+词项	频率
增长的	15	的美国	15	中的	29	的新	23
大的	14	的一个	14	上的	28	的事情	21
年的	14	的中国	12	人的	25	的一个	20
发展的	13	的主要	11	它的	24	的地方	20

　　为理解机译汉语中助词"的"大量出现的原因,我们对原创汉语和机译汉语中与"的"前后搭配的 10 个高频词语进行统计,统计结果如表 6 所示。整体可以看出机译汉语当中与"的"字前后搭配的词组频率要明显高过原创汉语中的数量,且都反映出一定新闻体文本的特点。在词项+"的"的词组搭配中,原创汉语呈现出较多的名词+"的"(如"美国的、中国的"等)、动词+"的"(如"发布的、增长的")的定语修饰语搭配,而在机译汉语中,人称代词+"的"(如"他们的、他的")的出现频率非常高。结合英语原文,我们发现,机译文本中出现较多的"代词+的"的结构,主要由于源语迁移现象,英语中人称代词的出现频率较高,自然会造成"代词+的"这种偏正结构的数量增加。有趣的是,在机译汉语中最高频的"的人"词组并没有在原创汉语高频表中出现。造成这种现象的主要原因是机翻引擎遇到修饰人物的语句时处理较为死板,如 smoker 会翻译成吸烟的人,而不会灵活翻译成吸烟者。

　　连词使用频率过高同样也是机译汉语的语言特征之一,经过对比,我们发现平均每万词机译汉语中出现的连词数量要比原创汉语多 138 个左右(见表 4)。经过统计我们发现,机译汉语中的连词使用数量明显高于原创汉语,在使用过百次的连词中,原创汉语仅有 1 个,而机译汉语中有 6 个。在两类文本中,出现频率最高的连词均为"和",说明不管在汉语还是英语文本中,并列关系的使用最为频繁。然而,机译汉语中表示语义转折的连词数量尤为突出,"但、而、然而"作为表转折的连词,在机译汉语中共出现了 470 余次,而在原创汉语中不足 200 次。

　　机译汉语中连词的"明晰化"现象,主要由于原创汉语中语义转换较为自然,会运用连词之外的手段进行语义的衔接和连贯,分句之间少用或不用关联词语;而英语注重形合,分句之间更多依赖连接词,因而连词的使用自然也比汉语多(许文胜、张柏然,2006)。纵使机器引擎算法经过数代更迭,也难以掌握这种英汉语本质上的区别,产出的机译汉语"欧化"特征明显,"和和不停、而而不止"

的现象也就不难理解了。

5.4 平均句长

平均句长作为衡量句子长度、判断信息密度的语言特征,以往多项研究中均有涉及(王克非、秦洪武,2009;胡显耀,2010;朱一凡、李鑫,2019)。本研究中,我们将句号、问号、叹号、分号、冒号作为判断句子的标志,分别计算原创汉语和机译汉语的平均句长,结果发现平均句长属于实验中高贡献度的显著特征,统计结果如箱型图 2 所示:其中原创汉语的平均句长为 24.62 词,总体标准差为 3.78;而机译汉语的平均句长为 17.47,总体标准差为 2.21,独立样本 t 检验结果显示两组数据呈现显著性($t = 12.61, p < 0.001$)。可见原创汉语的平均句长要远高于机译汉语,平均一句话要多出 7.15 个词,且机译汉语各样本之间的数据整齐性较好。

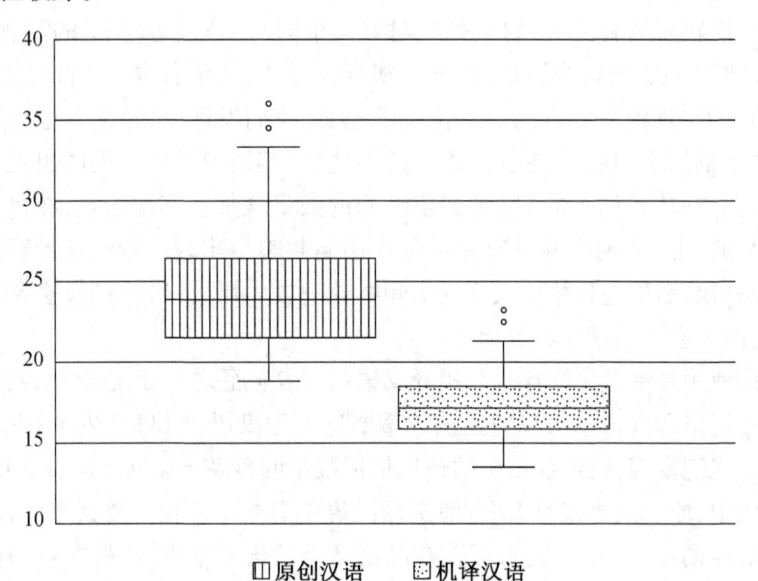

图 2 平均句长箱型图

例 2:
　　以新疆的优势产业棉花和多晶硅为例。新疆的长绒棉质好价实,是很多国际大牌的优选。据美国工人权利协会估计,美国品牌和零售商每年进口超过 15 亿件使用新疆面料的服装,金额超过 200 亿美元。同时,新疆贡献了全球近一半的多晶硅产能,美国 85% 的太阳能电池板生产依赖中国。如果将这两种产品拒之门外,美国在全球很难找到合适的替代品,而付出的代价是不断飙升的通胀以及日益严重的供应链危机。(原创汉语:180字)

持枪的强盗更有可能杀人。如果枪支很方便,家庭争吵更有可能以死亡告终。持枪自杀企图通常会成功。英格兰和威尔士的警察在2021年仅开枪打死了两人;美国警察杀死了1 055人。造成这种巨大差异的主要原因不是英国警察更温和或更不种族主义。正是美国警察面临着热情洋溢的公众。他们杀死的大多数人都是武装的;其余许多人被错误地认为是这样。大量枪支也是美国谋杀率比典型富裕国家高出四五倍的主要原因。(机译汉语:184字)

本研究中,机译汉语的平均句长要明显比原创汉语短,观察例2我们可以看出,相似长度的句段下,原创汉语新闻例子包含5个句子,而机译汉语新闻中共有10个句子,很明显机译汉语中短句颇多,基本上每一个意群都使用句号或分号断开。参照英文原文后发现,英文原文的句意划分即是如此。这一发现和既往研究有所不同,我们试图在下节讨论部分探索机译汉语平均句长更短的成因。

6 讨论与结论

6.1 "机器翻译腔"现象与成因

在机器翻译腔是否存在的问题上,本研究证实机器翻译腔现象在英—中新闻体裁译文中属实存在,且通过部分语言特征可对其进行验证。例如,英—法机器译文和英—西机器译文中普遍存在词汇密度下降的现象(Loock, 2020; De Clercq et al., 2021),而相较原创汉语新闻,英—中机器译文同样存在实词比例下降、虚词比例上升的现象。本文进一步借助实例划分不同词性,深入探索原创汉语与机译汉语在名词、代词、助词、连词这几个显著特征上的不同呈现方式。机器译本虽然产自机器,但其本质仍属于语码转换后的目标语翻译文本,因此机译汉语均显示出"虚词明晰化""代词明晰化"等汉语(人工)翻译文本显示出的趋势(黄立波, 2008; 王克非、秦洪武, 2009; 胡显耀, 2010; Xiao, 2010; 朱一凡、李鑫, 2019)。

与既往研究不同的是,本研究发现相较于原创汉语,机译汉语平均句长更短。以往涉及原创汉语和机译汉语对比的研究,往往得到的结论是机译汉语的平均句长相较于原创汉语会有显著的增加(王克非、秦洪武, 2009；朱一凡、李鑫, 2019)，这是由于英文原文本身分句较多、句子较长,语码转换之后的机译汉语句子长度也较长,即"源语迁移"现象。这并不说明孰对孰错,而是文本体裁细分之后的考察结果。造成机译汉语新闻语料平均句长过短的原因主要有以下两点:(1) 本研究采用的语料为新闻文本,而英语新闻体裁文本特点为句子结构不复杂、多以松散句形式出现,短促有力,信息量充足(程颖等, 2011),以往研究多使用文学文本,体裁上的变化也就带来了不同的结果;(2) 机器翻译引擎对句法的处理有待提升,生硬转换英文原文中的逐个意群,并不能根据语义调整标点符号的使用。应该说,当下语言服务行业面临着纷繁复杂的市场环境,机器翻译使用领域也变得更加专业化、垂直化、多元化,从不同领域的文本出发探究机器翻译具体应用场景下的语言特征,能获得更多不同的见解。

机器翻译系统研发和应用涉及各方各面,因此机器翻译腔现象出现的原因也比较复杂。首先,机器译文的语言特征会受到源文本风格和体裁的影响。机器译文追求的是效率和质量,其语言特征的倾向也并非重点,如不经过译后编辑,机器译文的语言特征很大程度上就是源文本风格和体裁的直接反映。其次,机翻引擎的预训练数据库也塑造了机器译文的语言特征。虽然如今的机器翻译引擎已经普遍步入神经网络时代,但核心仍是大量预训练数据集,即人工翻译的语料积累。数据集本身就具有翻译文本的语言风格,也就不难理解从数据集训练而来的机器译文会不同程度"继承"翻译文本的语言特征。最后,机翻引擎算法未能有效处理"机器翻译腔"。诚然,相比以往,现如今 Transformer 模型和注意力机制在自然语言处理和机器翻译方面得到长足的突破(冯志伟、丁晓梅, 2021),但算法偏差造成的机器翻译腔现象在统计机器翻译系统和神经机器翻译系统中都有出现(Vanmassenhove et al., 2021),就连人类能够轻易解决的代词回指和消解,机器都很难做到。因此,借助算法改善"机器翻译腔"也成为棘手的问题。

6.2 "机器翻译腔"的应对与启示

机器翻译腔现象证明不论是机器翻译还是人工智能都不够成熟,目前都还处于初级发展阶段(冯志伟, 2018),因此需要以人工干预的译后编辑方式对其进行处理。译后编辑指的是基于一定的目的对机器翻译的原始产出进行加工与修改的过程(冯全功、崔启亮, 2016),分为轻度(light)和重度(full)译后编辑(TAUS, 2010),前者重在信息的内在理解和消化,允许一定的译文错误,后者重在信息外在分发与传递,对译文有着严苛的要求,甚至能够"媲美高质量人工翻译"(李梅,2021)。因此,在重度译后编辑的流程中,译员应当尽可能减少机器翻译腔现象,多关注实词和虚词的比例问题,并根据译入语的文体规范来调整句子长度。让译文更贴近人工译文,甚至接近原创汉语水平,使读者能够更加通顺流畅地阅读。正确认识和识别机器翻译腔将有助于提高译后编辑效率、提升译后编辑质量,本研究将对译后编辑实践有所帮助。

有效识别机器翻译腔现象还将反哺机器翻译引擎开发。或许我们无法直接参与机器翻译引擎的研发,但通过机器翻译腔研究,能够让相关研发人员认识到这一现象,并从数据或算法上进行更新,以期提升机器翻译质量的结果。同时,本研究也将对机器翻译的实践教学提供指导,让学生正确认识和对待机器翻译腔,将机器翻译为我所用,而非受制于其中,并且教导学生要保持警惕,避免陷入机器翻译的固定模式而最终沦为技术的附庸。

最后,本研究运用机器学习和语料库的方法也对相关风格研究提供一定借鉴,"机器可以很容易地识别翻译文本"(Volansky et al., 2015),某些人工细读无法轻易察觉的差别,我们可以运用计算机强大的算力和数据挖掘技术进行考察,无疑给翻译研究增添了科学性和客观性,这在语言智能和数字人文的大背景下,同"大数据时代'系统性''整体性'和'相关性'的理念"相辅相成,从实践研究中探索语料库翻译学实现全面、深度、可持续的跨学科融合发展路径。

6.3 "机器翻译腔"研究结论

本文通过建立原创汉语新闻文本和英—中机译新闻语料库,运用聚类实验和特征筛选的量化分析方法,确定了实词比例、名词比例、平均句长等15个可以将原创汉语新闻文本和机译汉语新闻文本区分开来的显著语言特征。结合文本进行特征阐释,在实词虚词上,机译汉语虚词中的使用要明显多于原创汉语,而实词比例相对较小;在各词类特征中,机译汉语中的名词比例要小于原创汉语,但代词、助词、连词的出现频率显著较高;各词类下更为具体的语言特征中,相比原创汉语,机译汉语中出现较高频率的人称代词、指示代词、助词"的"和转折连词等;最后,机译汉语的平均句长要明显短于原创汉语。"机器翻译腔"形成的原因主要有源语影响、训练数据和算法偏差三个方面。该研究期望能够对译后编辑实践、机翻系统开发、机器翻译教学和后续相关研究提供一定的启示。

参考文献

[1] 程颖,邱玉华,黄光芬.文本类型理论关照下的新闻翻译[J].上海翻译,2011(3):40-42.

[2] 戴光荣,刘思圻.神经网络机器翻译:进展与挑战[J].外语教学,2023(1):82-89.

[3] 冯全功,崔启亮.译后编辑研究:焦点透析与发展趋势[J].上海翻译,2016(6):67-74.

[4] 冯志伟,丁晓梅.计算语言学中的语言模型[J].外语电化教学,2021(6):17-24.

[5] 冯志伟.机器翻译与人工智能的平行发展[J].外国语,2018(6):35-48.

[6] 郭望皓,胡富茂.神经机器翻译译文评测及译后编辑研究[J].北京第二外国语学院学报,2021(5):66-82.

[7] 韩红建,蒋跃.基于语料库的人机文学译本语言特征对比研究:以《傲慢与偏见》三个译本为例[J].外语教学,2016(5):102-106.

[8] 贺湘情,刘颖.基于文本聚类的语言韵律和节奏风格特征挖掘[J].中文信息学报,2014(6):194-200.

[9] 胡开宝.语料库翻译学概论[M].上海:上海交通大学出版社,2011.

[10] 胡显耀.基于语料库的汉语翻译语体特征多维分析[J].外语教学与研究,2010(6):451-458.

[11] 黄立波.英汉翻译中人称代词主语的显化:基于语料库的考察[J].外语教学与研究,2008(6):454-459.

[12] 黄伟,刘海涛.汉语语体的计量特征在文本聚类中的应用[J].计算机工程与应用,2009(29):25-27.

[13] 霍跃红.典籍英译译者文体分析与文本的译者识别[D].大连:大连理工大学,2010.

[14] 蒋跃,董贺.计量特征在人机译文语言风格对比中的应用[J].语言教育,2015(3):69-74.

[15] 蒋跃,范璐,王余蓝.基于依存树库的翻译语言句法特征研究[J].外语教学,2021(3):41-46.

[16] 蒋跃,张英贤,韩纪建.英语被动句人机翻译语言计量特征对比:以《傲慢与偏见》译本为例[J].外语电化教学,2016(3):46-51.

[17] 蒋跃.人工译本与机器在线译本的语言计量特征对比:以5届韩素音翻译竞赛英译汉人工译本和在线译本为例[J].外语教学,2014(5):98-102.

[18] 孔德璐.机器学习视域下《三国演义》三译本翻译风格对比研究[J].大连大学学报,2023,44(4):38-47.

[19] 李梅.机器翻译译后编辑过程中原文对译员影响研究[J].外语教学,2021(4):93-99.

[20] 李亚超,熊德意,张民.神经机器翻译综述[J].计算机学报,2018(12):2734-2755.

[21] 刘礼进.英汉人称代词回指和预指比较研究[J].外国语,1997(6):41-45.

[22] 刘丽珍,宋瀚涛.文本分类中的特征选取[J].计算机工程,2004(4):14-15.

[23] 刘淼,邵青.基于多译本平行语料库的翻译语言特征研究:对契诃夫小说三译本的对比

分析[J].解放军外国语学院学报,2015(5):126-133.

[24] 刘雪梅.结构助词"的""地""得"用法分析[J].现代语文,2006(12):98-99.

[25] 刘颖.统计语言学[M].北京:清华大学出版社,2014.

[26] 毛勇,周晓波,夏铮等.特征选择算法研究综述[J].模式识别与人工智能,2007(2):211-218.

[27] 庞双子,王克非.翻译文本语体"显化"特征的历时考察[J].中国翻译,2018(5):13-20.

[28] 秦洪武.英译汉翻译语言的结构容量:基于多译本语料库的研究[J].外国语,2010(4):73-80.

[29] 王克非,胡显耀.基于语料库的翻译汉语词汇特征研究[J].中国翻译,2008(6):16-21.

[30] 王克非,秦洪武.英译汉语言特征探讨:基于对应语料库的宏观分析[J].外语学刊,2009(1):102-105.

[31] 王克非.语料库翻译学探索[M].上海:上海交通大学出版社,2012.

[32] 许家金.基于可比语料库的英语译文词义泛化研究[J].中国翻译,2016(2):16-21.

[33] 许文胜,张柏然.基于英汉名著语料库的因果关系连词对比研究[J].外语教学与研究,2006(4):292-296.

[34] 詹菊红,蒋跃.机器学习算法在翻译风格研究中的应用[J].外语教学,2017,38(5):80-85.

[35] 詹菊红,蒋跃.语言计量特征在译者身份判定中的应用:以《傲慢与偏见》的两个译本为例[J].外语学刊,2016(3):95-101.

[36] 赵宏,邵志洪.英汉第三人称代词语篇照应功能对比研究[J].外语教学与研究,2002(3):174-179.

[37] 朱一凡,李鑫.对翻译汉语语言特征的量化分析:基于翻译与原创汉语新闻语料库的对比研究[J].中国外语,2019(2):81-90.

[38] BAKER M, FRANCIS G, TOGNINI-BONELLI E. Corpus linguistics and translation studies implications and applications [M]//Text and technology: in honour of John Sinclair. Amsterdam: John Benjamins Publishing Company, 1993: 233-251.

[39] BAKER, M. Corpora in translation studies: an overview and some suggestions for future research[J]. Target, 1995, 7(2): 223-243.

[40] DAEMS J, DE CLERCQ O, MACKEN L. Translationese and post-editese: how comparable is comparable quality? [J]. Linguistica antverpiensia, 2017(16): 89-103.

[41] DE CLERCQ O, DE SUTTER G, LOOCK R, et al. Uncovering machine translationese using corpus analysis techniques to distinguish between original and machine-translated French[J]. Translation quarterly, 2021(1): 21-45.

[42] FRAWLEY W. Prolegomenon to a theory of translation[M]//Translation: literary, linguistic

and philosophical perspectives. London: Associated University Press, 1984: 159 – 175.

[43] GELLERSTAM M. Translationese in Swedish novels translated from English[J]. Translation studies in Scandinavia, 1986(1): 88 – 95.

[44] HARTIGAN J A, WONG M A. Algorithm AS 136: a k-means clustering algorithm[J]. Journal of the royal statistical society, 1979, 28(1): 100 – 108.

[45] HOUSE J. Beyond intervention: universals in translation[J]. Trans-Kom, 2008(1): 6 – 19.

[46] ILISEI I, INKPEN D. Translationese traits in Romanian newspapers: a machine learning approach[J]. International journal of computational linguistics and applications, 2011(2): 319 – 332.

[47] JOOSTE W, HAQUE R, WAY A. Neural machine translation[J]. Machine translation, 2021(2): 289 – 299.

[48] LOOCK R. No more rage against the machine: how the corpus-based identification of machine-translationese can lead to student empowerment[J]. Journal of specialised translation, 2020(34): 150 – 170.

[49] LYNCH G, VOGEL C. The translator's visibility: detecting translatorial fingerprints in contemporaneous parallel translations[J]. Computer speech & language, 2018(52): 79 – 104.

[50] MAURANEN A, KUJAMÄKI P. Translation universals: do they exist?[M]. Amsterdam: John Benjamins Publishing, 2004.

[51] RABADÁN R, LABRADOR B, RAMÓN N. Corpus-based contrastive analysis and translation universals: a tool for translation quality assessment English-Spanish[J]. Babel, 2009(4): 303 – 328.

[52] TAUS(Translation Automation User Society). Postediting in practice. A TAUS report[R]. De Rijp, the Netherlands: TAUS BV, 2010.

[53] VANMASSENHOVE E, SHTERIONOV D, GWILLIAM M. Machine translationese: effects of algorithmic bias on linguistic complexity in machine translation[C]. Proceedings of the 16th Conference of the European Chapter of the Association for Computational Linguistics. Online. Association for Computational Linguistics, 2021: 2203 – 2213.

[54] VANMASSENHOVE E, SHTERIONOV D, WAY A. Lost in translation: loss and decay of linguistic richness in machine translation[C]. Proceedings of Machine Translation Summit XVII: Research Track. Dublin: European Association for Machine Translation, 2019: 222 – 232.

[55] VOLANSKY V, ORDAN N, WINTNER S. On the features of translationese[J]. Digital scholarship in the humanities, 2015, 30(1): 98 – 118.

[56] XIAO R. How different is translated Chinese from native Chinese? A corpus-based study of translation universals[J]. International journal of corpus linguistics, 2010, 15(1): 5 – 35.

汉韩母亲称谓型程式感叹语比较研究

南京大学 马昕珺[*]

摘　要：本文探究了汉韩母亲称谓型程式感叹语在构式和情感类型上的差异，以及社会因素对其使用倾向的影响。研究发现：第一，韩语中亲属称谓型程式感叹语的使用频率整体更高，但是称谓覆盖类型更少，仅存在母亲称谓型感叹语，这与语言类型和血缘关系有关。第二，汉语中此类感叹语倾向于表达惊恐的情感，而韩语倾向于表达惊喜的情感，汉韩均多表达消极意义情感，从面子理论层面可以得到阐释。第三，女性话者使用程式感叹语的频率更高，这与以往性别语言研究中女性更经常使用礼貌和吃惊的语调相一致。然而，本文发现，与中国话者的使用倾向不同，韩国40—60岁的话者比其他年龄段更常使用母亲称谓型程式感叹语。本研究希望能够对理解中韩语言认知、家庭等级观念、社会文化背景等方面的异同提供一些启发。

关键词：感叹语；程式语；母亲称谓；情感构式

1 引言

　　感叹是说话人脱离直接具体性，进入到普遍的精神状态的过程，是诉诸人类共通的情感表达方式的言语行为（刘鹏，2010），如汉韩语中均有"妈呀""어머"一类母亲称谓语表感叹的现象，而西方则没有该用法，感叹语多与天国、上帝有关，如"God！"（张本慎，1997）。最初的情感表达是一种随机产生的即兴语言形

---

[*] 作者简介：马昕珺，南京大学硕士研究生，研究方向为韩国语语法学、语言接触，电子邮箱：502022090072@smail.nju.edu.cn。

式,经过高频率和长时间的使用逐渐被人们广泛接受和固化,形成各种情感构式。此处的称谓已不再具有指称意义,而是作为感叹语,表达事态等出乎话者的预料,即成为程式语①(Formulaic Sequences),是抽象了的群体共同记忆(Pawley & Syder,1983)。因而揭示程式感叹语的语言类型学特征和认知心理学基础,有助于探究不同文化背景下程式感叹语的形成机制。

"어머"一词在韩国国立国语研究院标准韩国语大辞典中的释义为:"因意想不到的事情而吓一跳或感到可怕时发出的声音,多为女性使用。"而"妈呀"在现代汉语各类词典中缺少相关词条,通常认为是表示惊讶或害怕的感叹语,可以做句子的外位成分,也可以独立成句(王寅,2011)。目前关于现代汉语中母亲称谓型程式感叹语的研究有:王寅(2011)探讨了"我的妈呀"和"我的天哪"这两种感叹语,认为说话人表达情感的差异和感叹对象的不同在这两种感叹语的选择倾向上起着制约作用,并从心理角度对这些选择倾向进行了分析解释。此外,高淑蕾(2021)从语法和语义上对现代汉语及方言源自自由呼告语的程式感叹语进行了分类。韩国学者也对感叹语进行了各种分类,虽多次提及"어머" "아이구-머니"类型的感叹语,并且统计数据也显示其出现频率之高,但尚没有对其进行单独深入的探讨。因而,涉及汉韩母亲称谓型程式感叹语的对比研究也几乎没有。

汉韩母亲称谓型程式感叹语在构式和情感类型上有怎样的差异?社会因素对母亲称谓型程式感叹语使用倾向有怎样的影响?本文运用 Google Colab 和 Pandas 工具,提取北京大学汉语语言学研究中心现代汉语口语语料库(以下简称 CCL 口语语料库)②和向韩国国立国语研究院申请的"日常对话语料库"③中的数据文本进行分析。

---

① 程式语指的是语言使用中的固定或半固定结构,是词汇记忆和提取的基本单位(庞杨,2023)。目前对程式语较为全面和权威的定义来自英国应用语言学家 Wray(2002),他指出:"程式语是由单词或其他意义成分组成的连续或非连续序列,该序列是或可能是预制的,从记忆中整体存储或提取,不能通过语言系统生成或分析。"

② 现代汉语语料库包括当代语料库和现代语料库,本文选取覆盖口语、电视电影、小品、网络语料等 6 个与口语相关的类别,共计 91 546 412 字符的内容。

③ "日常对话语料库"由韩国国立国语研究院于 2021 年建立,涵盖 15 个自由对话主题和 8 个讨论主题,共计 2 599 名话者,1 000 小时的录音转写文本。语料包含话者的年龄、职业、性别、地区、关系等信息,有助于分析影响程式感叹语使用的社会因素。

2 汉韩母亲称谓型程式感叹语的使用情况

本文运用 Google Colab 和 Pandas 工具提取语料库中的数据文本。在统计汉语语料时,参考先前研究中涉及的"妈""娘""爹""乖乖"等亲属称谓型感叹语中心词,在 CCL 口语语料库中进行穷尽性检索。韩语语料处理同样参考先前研究(전영옥,2012;김문기,2017;도원영,2017)中学者统计的韩国语感叹语类别,将指代母亲的词汇"어머니""엄마"缩略后的感叹词"어머"和"-머니"等定为中心词,通过音节的重复或音位的变化得到上述感叹语的变化式,在"日常对话语料库"中进行检索。亲属称谓语存在地区性方言差异,这里主要以汉语普通话和韩语标准语为比较对象进行研究。由于本文的研究对象为完全称谓感叹语,其中的亲属词不指称任何实际对象的程式语,也就是要注意亲属称谓名词和亲属称谓型感叹语的区别,因此需要对初步筛选出的语料进行核对和剔除,得到 CCL 现代汉语语料库和韩语日常对话语料库中亲属称谓型感叹语出现的有效原始频数分别为 159 次、167 次。由于两个语料库总字数不同,因此本研究主要统计二者每亿字符的标准化频数:标准化频数 = 亲属称谓型程式感叹语数/总字数 $\times 1 \times 10^8$。

表 1 汉韩亲属称谓型程式感叹语的使用频数(单位:次)

序号	语言					
	汉语			韩语		
	感叹语	原始频率	标准频率	感叹语	原始频率	标准频率
1	妈呀	48	52.43	어머	147	733.29
2	我的妈呀	43	46.97	어머나	14	69.84
3	哎呀妈呀	15	16.39	어머머	3	14.97
4	爹呀妈呀	5	5.46	엄머	1	4.99
5	妈啊	4	4.37	오메	1	4.99
6	我的妈啊	5	5.46	옴머	1	4.99
7	我的娘啊	5	5.46			
8	哎呦妈呀	4	4.37			
9	妈呦	3	3.28			
10	哎呀我的妈呀	3	3.28			

(续表)

序号	语言					
	汉语			韩语		
	感叹语	原始频率	标准频率	感叹语	原始频率	标准频率
11	嗳哟妈呀	1	1.09			
12	爹啊	1	1.09			
13	娘啊	2	2.18			
14	我的乖乖	2	2.18			
15	我娘啊	2	2.18			
16	哎呀我的娘啊	1	1.09			
17	哎呀我滴娘啊	1	1.09			
18	哎呀我滴亲娘啊	1	1.09			
19	哎呦我的妈呀	1	1.09			
20	俺的妈呀	1	1.09			
21	娘呀	1	1.09			
22	亲妈呀	1	1.09			
23	亲娘啊	1	1.09			
24	我的个妈呀	1	1.09			
25	我的妈妈耶	1	1.09			
26	我的娘呀	1	1.09			
27	我的娘哟	1	1.09			
28	我的亲娘啊	1	1.09			
29	呀我滴亲娘啊	1	1.09			
30	我个娘呀	1	1.09			
总计		159	173.68		167	833.06

2.1 构式差异

观察表1可知,韩语中亲属称谓型程式感叹语的使用频率远高于汉语,但使用类型较单一。汉语中出现的亲属称谓型程式感叹语包括以下几种类型:一、母亲称谓型感叹语,其基础式由母亲称谓词(加语气词"啊""耶"等)构成,包括

"妈呀""妈啊""妈耶""娘啊""娘嘞"等。强调式由在前面加上"我的(个)+(亲)"构成,见例(1)01。二、父亲称谓型感叹语,其基础式由父亲称谓词(加语气词)构成,包括"爹啊"等,见例(1)02。三、父母称谓型感叹语,即由父亲称谓词和母亲称谓词共同构成的感叹语,见例(1)03。四、孩子称谓型感叹语,其基础式由"乖乖"(加语气词)构成,包括"乖乖(哟/哦)",强调式由在前面加上"我的(个)"构成,见例(1)04(高淑蕾,2021)。而韩国语中的亲属称谓型程式感叹语仅出现了含有母亲称谓"어머니"的感叹语"어머",它的强调型"어머나"和"어머머"以及音位变化型"엄머""오메""옴머",音位的变异主要是受到了方言的影响,见例(1)05。

例(1)

01　赖和尚的母亲赖朱氏就走不动了,一屁股坐到地上:"**我的娘啊**,杀了我吧,我走不动了!"

02　即使从这时起他干起英雄的作为,可临死还是一副窝囊相:"**爹啊**,疼死我了!"

03　一阵雨点似的手榴弹从天空中降下来,院子里成了火海,紧接着**爹呀妈呀**的一阵乱叫,院里便躺满了死尸,剩下的都往屋里边钻。

04　洛殿怪叫一声:"嗳呀! **我的乖乖**,差点要了我的老命!"

05　**어머나** 혹시나 무슨 일이 나중에 생겼을 때(译:妈呀,万一以后发生什么事)

Murdock(1949)通过对世界范围内的多种文化的比较,归纳出 6 种亲属称谓制度,得到了各国学者的认可,其中从中东到中国的区域被归类为苏丹式,这一区域的父系社会具有复杂的政治体制、高度的阶级分化和职业分工,因此亲属称谓具有高度的描述性,对不同的亲属赋以不同的称谓。汉韩亲属称谓语都区分性别和年龄的长幼,但相比之下韩语区分得更细,重视程度更高一些(赵钟淑,2008)。也就是说,韩国语亲属称谓本具有更高的描述性,但在程式感叹语中的表达类型更少。

对此,本文认为原因主要有两方面:一方面在于韩国社会中血缘关系的明显优位。在中国封建宗法制的文化背景中,等级森严的封建社会建立在家长制的基础上,社会的基础是家庭,家庭之上是家族,而各家族的共同家长是统治者,并且农业经济限制了人口流动。古代朝鲜的自然社会以血缘家族为基本生产、生活单位,血缘家族内部只有自然秩序而无人为组织,因而朝鲜的宗法家族及其家族群体主要建立在纯血缘的基础之上,血缘关系优于其他社会的、地理的条件,因而与母亲的纽带感和亲密的心理机制就占据了更为重要的地位。

另一方面,汉语中单音节语素和成词语素较多,构式中语素的替换和增减较容易发生,而韩国语中,从母亲称谓词到父亲称谓词的变化,词根需要整体发生改变,因此程式感叹语的模因性①没那么强,不易派生和递归为其他类型。

综上,汉语中程式感叹语的亲属称谓覆盖类型更广,也就是说,亲属称呼语具有向程式感叹语变化的普遍规律,并且强调型主要通过前面加入"我的(个)",后面改变语气词的方式产生不同变形。而韩国语中仅有母亲称谓转换成了程式感叹语,在其他对韩国语感叹词的先前研究中也未发现父亲、父母、孩子等称谓的程式感叹语,强调型主要通过音节的重复和音位的改变实现,不过韩语中的使用频率更高。这与语言类型和血缘关系有关。

2.2 情感差异

亲属称谓型程式感叹语中,"惊讶"是最常见的情感因素,在"惊讶"的基础上还可能表示恐惧、担心、悲哀、喜悦、赞叹、感动等其他情感。本节将探究汉韩母亲称谓型程式感叹语在情感类型上的异同。首先需要对情感类型进行规定,中西方都对情感有多种定义和分类。索尔所(2019)指出情感可以用语言形式划分为快乐、悲伤、愤怒、恐惧、厌恶、惊讶、兴趣、害羞、自罪感和蔑视等十种形态或概念。中国古代的经史子集将情感分为四类到八类不等。在这些分类中,相同的部分是:好(喜、乐)、怒、哀(悲、忧)、恐(惧、患)四种,因此,本文拟将程式感叹语的情感类型分为喜悦、愤怒、悲伤、恐惧四类。喜悦类情感指以喜悦为原型,符合或高于主体主观期望值的情感,见例(2)01。愤怒类情感是说话人的愿望或者意愿得不到满足,而引起的一种紧张不愉快的情感,见例(2)02。悲伤由"悲"和"伤"组成,从语源上讲,"悲"本义指伤心,哀痛,引申指同情、怜悯、思念等;"伤"由受伤的意思引申为精神上的悲哀、痛苦,见例(2)03。恐惧是由于受到外界的刺激,而引发的一种惊慌失措,或惴惴不安之感,见例(2)04(刘源佳,2022)。结合上述情感类型的归类和语料上下文语境,计算程式感叹语不同情感类型的使用比例,结果如表2所示:

---

① Pawley 和 Syder(1983)的观点强调了程式语储存和加工的认知特征,一定程度上反映了程式语的模因性本质(郝霞,2021)。语言模因是携带模因宿主意图、借助语言结构、以重复或类推的方式反复不断传播的信息表征(何自然、陈新仁,2014)。

例(2)

01 어머너무 색다르게 맛있는 거야 이거 진짜로 그래서(译：妈呀，这真的太好吃了)

02 意大利籍工人打开自己的饭盒也叫了起来："**妈呀**，又是肉丸，几十年都是肉丸！明天再是肉丸，我也不要活了。"

03 他伸手抓住那手脖，往外轻轻一掰，吴三流子"**妈呀**"一声怪叫，疼得弓着腰，咧着嘴，喊道："断了！俺手脖断了！"

04 그래서어머무섭지 않을까 했는데(译：所以呢？妈呀，我还以为你会害怕呢)

由表2可知，整体来看，汉韩语中的程式感叹语均多表达消极意义情感。Leech 从语用学和人际修辞的角度提出了言语交际活动中的礼貌原则(Politeness Principle)，Penelope Brown 和 Stephen Levinson 提出面子理论(Face-saving Theory)，认为如果人们在交际中要互相合作，那么说话时就要在保留面子方面进行合作。因此，说话者在进行积极评判与消极评判时采用不同的语言表现形式，表达对他人好感、赞扬、肯定的时候，往往不需要隐讳；而表达差评、责怪、驳斥意见的时候，一般会带来人际紧张，这时意义的表达需要模糊处理，并且东方尤其讲究含蓄和委婉(刘源佳，2022)。

表2 母亲称谓型程式感叹语不同情感的表达占比(单位：%)

情感类型	语言类型	
	汉语	韩语
惊讶+喜悦	21.5%	47.5%
惊讶+愤怒	21.0%	20.3%
惊讶+悲伤	19.5%	22.0%
惊讶+恐惧	37.9%	10.2%

母亲称谓型程式感叹语在汉语和韩语中具有不同的表意功能，现代汉语中此类感叹语倾向于表达惊讶+恐惧的感情。认知语言学认为，恐惧是一种人类共有的原始情感，早期可回溯到狩猎或遭遇大型猛兽时的一种发自灵魂的恐慌。在一般人心里，妈妈往往是跟自己最亲近的人，这样的心理机制在某种程度上影响了说话人，使用这类程式语是一种下意识求助心理的表现。另外，说话人在表示恐惧和愤怒情感时多使用基本型，而在表达喜悦情感时多在前后添加语气词

体现一种夸张的求助(王寅,2011)。然而与汉语中亲属称谓型程式感叹语的情感类型倾向不同,韩国语中的亲属称谓型程式感叹语主要表达惊讶+喜悦的感情。

3 社会因素对母亲称谓型程式感叹语使用的影响

英国语言学家韩礼德认为,语言符号系统是社会符号系统的一部分。人的性别、年龄、职业、城乡等因素的差异对语言的影响和作用被逐步揭示出来。考虑到不同年龄层和性别的人群在亲属称谓型程式感叹语的使用倾向上可能存在差异,本节将统计韩语日常对话语料库中的年龄和性别变量,并与此前汉语感叹词使用的社会因素研究结果进行对比,考察社会因素的影响,统计结果如表3。

表3 不同年龄段男/女性使用母亲称谓型程式感叹语的频数(单位:次)

年龄	性别		
	女性	男性	总计
10—20 岁	9	1	10
20—30 岁	20	3	23
30—40 岁	9	2	11
40—50 岁	35	0	35
50—60 岁	60	3	63
60—70 岁	25	0	25
总计	158	9	167

3.1 性别因素

由表3可知,女性话者使用程式感叹语的频率明显高于男性。这与以往的性别语言结果——女性更经常使用表示礼貌和吃惊的语调相一致。具体而言,在回答问题时女性倾向于用升调,这使她们的答案听起来仍不确定;而男性往往倾向于用降调,给人的感觉是他们的答案是确定无疑的。另外,女性言语比男性的更符合礼貌准则的要求,她们本身对礼貌的要求比较高,对礼貌的维护也就比男子更加自觉(赵蓉晖,2003)。因此,在语言交际过程中,女性用词表现的文化特征是喜欢感情词、善用委婉语,女性交谈方式的文化特征表现为委婉含蓄、谦让顺从、温文尔雅、谨小慎微(杨春,2010)。产生这种差异的原因主要是男性和女性的社会观念角色,这种社会观念使男性更倾向于使用理性和中性的语言,而女性的语言更为情感化(姜宏,2019),女性如果自我认知为弱势角色,求助的心理就会多于男性。

3.2 年龄因素

从年龄分布看,40—60岁韩语话者使用母亲称谓型程式感叹语的频率较高,并且注意到程式感叹语的使用具有个人惯常性,即出现个别话者反复使用程式感叹语,而其他话者几乎不使用的现象。这与王寅(2011)对现代汉语的调查结果不同,他发现年轻人多选择"妈呀"等程式感叹,并指出这是求助心理多的表现。以模因论的视角来看,这可能是因为程式感叹语模因在韩国中年中的竞争性更强,能够相对顺利地经过语境出发和主体性因素的作用,再加上复制传播过程中受到社会因素的影响,完成社会语境化的过程。

4 结语

本文选取北京大学汉语语言学研究中心现代汉语口语语料库和韩国国立国语研究院日常对话语料库为研究对象,探究了汉韩母亲称谓型程式感叹语在构式和情感类型上的差异,以及社会因素对母亲称谓型程式感叹语使用倾向的影响。研究发现:

一、汉韩母亲称谓型程式感叹语在构式层面存在差异。首先,韩语中亲属称谓型程式感叹语的使用频率整体远高于汉语,然而汉语中程式感叹语的亲属称谓覆盖类型更广,具有普遍规律性,韩国语中仅有母亲称谓转换成了程式感叹语,未发现父亲、父母、孩子等称谓的程式感叹语。其次,汉语中程式感叹语主要通过增添语素和改变语气词的方式产生变形,而韩国语中主要通过音节的重复和音位的改变实现。关于构式差异的产生,一方面是由于语言类型的差异,汉语构式中单音节语素的替换和增减较为容易发生,而韩国语相对不易派生和递归。另一方面是韩国社会中血缘关系的明显优位,使与母亲的纽带感和亲密的心理机制占据了更为重要的地位。

二、汉韩母亲称谓型程式感叹语在情感层面存在差异。现代汉语中此类感叹语倾向于表达惊恐的情感,而韩国语中主要表达惊喜的情感。但整体来看,汉韩语中的程式感叹语均多表达消极意义情感,这可以从礼貌原则和面子理论上得到解释,即消极的情感与此类模糊程式语的关系更为密切。

三、不同性别和年龄层对母亲称谓型程式感叹语的使用倾向不同。女性话者使用程式感叹语的频率明显多于男性,女性更经常表示礼貌和吃惊,喜欢感情词、善用委婉语,产生这种差异的原因在于男性和女性的社会观念角色和由此产生的求助心理不同。从年龄分布看,与汉语感叹词的年龄层使用倾向不同,40—60岁韩语话者使用母亲称谓型程式感叹语的频率较高,并且注意到程式感叹语的使用具有个人惯常性,从模因论的视角来看,该模因在韩国中年中竞争性似乎更强。

程式感叹语具有整取整存的模因特征,同时亲属称谓蕴含着丰富的遗传、婚姻、社会和文化的信息,本研究希望能够对理解中韩在家庭模式、等级观念、价值观、心理认知等方面的共性和差异提供一些启发。

参考文献

[1] 高淑蕾,张爱玲.现代汉语中程式感叹语的语法和语义类型[J].汉字文化,2021,(4):1-3.

[2] 郝霞.英语程式语可学性的语言模因论解读[J].北京第二外国语学院学报,2021,43(2):76-86.

[3] 何自然,陈新仁.语言模因理论与应用[M].广州:暨南大学出版社,2014.

[4] 姜宏,刘彦晶.基于计量方法的感叹句使用特征及文学篇章功能研究[J].外语学刊,2019,(5):24-30.

[5] 刘鹏.汉语感叹句研究百余年述评[J].宁夏大学学报(人文社会科学版),2010,32(3):67-70.

[6] 刘源佳.现代汉语情感构式研究[D].武汉:华中师范大学,2022.

[7] 索尔所,麦克林,麦克林.认知心理学[M].邵志芳,译.上海:上海人民出版社,2019.

[8] 庞杨,陈家璐.互识、互释、互适:多元文化互动中的程式语意义动态构建研究[J].西安外国语大学学报,2023,31(1):71-76.

[9] 王寅,储泽祥."我的妈呀/我的天哪"的选择倾向及制约因素[J].汉语学报,2011,(1):7-15,95.

[10] 杨春.性别语言研究[M].北京:光明日报出版社,2010.

[11] 张本慎.汉英感叹词的跨文化透视[J].外语教学,1997,18(4):48-55.

[12] 赵蓉晖.语言与性别:口语的社会语言学研究[M].上海:上海外语教育出版社,2003.

[13] 赵钟淑.中韩现代亲属称谓语研究[D].济南:山东大学,2008.

[14] MURDOCK G P. Social structure[M]. New York: Macmillan, 1949.

[15] PAWLEY A, SYDER F H. Two puzzles for linguistic theory: nativelike selection and nativelike fluency[M]//RICHARDS J C, SCHMIDT R W. Language and communication. London; New York: Routledge, 1983.

[16] WRAY A. Formulaic language and the lexicon[M]. Cambridge: Cambridge University

Press, 2002.
[17] 김문기. 뜻풀이로 본『표준국어대사전』의 감탄사 유형 연구[J]. 우리말연구, 2017, (50): 5-30.
[18] 도원영. 20세기 전기 구어 말뭉치에 나타난 감탄사에 대한 어휘론적 고찰[J]. Journal of Korean culture, 2017, 36: 49-74.
[19] 두청. 한국어 감탄사의 형태·통사적 특성 연구[D]. 강원도: 강원대학교, 2016.
[20] 신지언. 중국어 호칭어 분석[J]. 인문과학연구, 2008, (20): 169-195.
[21] 전영옥. 구어와 문어에서의 감탄사 비교 연구[J]. 담화·인지언어학회 학술대회·발표논문집, 2008: 101-116.
[22] 전영옥. 한국어 감탄사의 유형 분류 연구[J]. 한말연구, 2012, (31): 229-260.
[23] 최준,송현주,남길임. 한국어의 정형화된 표현 연구[J]. 담화와인지, 2010, 17(2): 163-190.

自我贬损还是自我增强?
——汉语自嘲言语行为的性别差异研究

南开大学　潘纪龙[*]

摘　要:自嘲是一种由来已久且独具特色的言语行为,但鲜有从差异化角度进行语言学考察的研究。针对自嘲言语行为的性别差异,我们采用问卷调查方法与量化分析手段进行探究,发现女性与男性在自嘲的使用频率与态度倾向方面呈现出显著差异。首先,男性对自嘲言语行为的使用频率更高,评价更倾向于积极或正面。相反,女性对待自嘲的态度更加谨慎与委婉,会更多考虑对话者的性别、交际方式等因素。其次,在具体情景中,男性的自嘲策略更为直接,对话人性别不构成男性使用自嘲时的主要考虑因素。同时,男性更偏好在线上环境使用自嘲策略,并不避讳将生理性问题作为自嘲话题,但回避行为类问题。然而,女性更多在与同性交谈时采用自嘲策略,较少在线上自嘲。话题选择方面,女性在自嘲时对生理性问题采取回避态度,但对行为性问题有较强偏好。最终,我们认为男性对自嘲作用的认知偏向属于"自我增强",女性对自嘲言语行为的认知更倾向于"自我贬损"。

关键词:自嘲;性别差异;言语;话题

---

* 作者简介:潘纪龙,南开大学硕士研究生,研究方向为社会语言学,电子邮箱:nku_jilong@163.com。

/144/

1 引言

自嘲(Self-mockery),即自我嘲笑或自我解嘲(罗竹风,1986)。汉语中的"自嘲"传统由来已久,西汉东方朔的《答客难》被认为是最早以自嘲方式写的诙谐杂赋。后来,宋朝陆游曾作诗《自嘲解嘲》来表达对现实的失望和对未来的期许,鲁迅也写过七言律诗《自嘲》来突出寓庄于谐的特色。如今,语言学界一般认为,自嘲是说话人在特定情境下,通过自我嘲笑来缓解气氛,达到交际目标的言语策略(李春分、涂靖,2011;孙国兰、刘萍,2008)。作为一种表达幽默、调节情绪的独特言语行为,自嘲具有不可替代的沟通功能与交际价值。

时至今日,基于计算机的虚拟语言生活对现实语言生活的影响越发强大,自嘲业已成为中国当代语言生活的明显特征(李宇明,2012)。在网络社会繁荣与"丧文化"兴起等因素的共同作用下,人们对自嘲的使用出现了普遍化与大众化的明显趋势(蒋建国,2021;庞雨晨,2018)。由此,自嘲言语行为引起了国内外语言学界的高度关注,相关研究已进入迅速发展的上升期。

为方便论述,已有研究的预设多将自嘲看作一种同质化的研究策略,鲜有从言语使用与言语态度等差异化层面进行探讨。本研究的目的是在已有分析的基础上,以汉语母语者的自嘲言语行为为研究对象,试图探讨汉语自嘲言语行为是否存在着性别差异,在具体的社交场景中,汉语自嘲言语行为是如何呈现的,以期能为深入理解"自嘲"概念提供一个额外的视角。

2 相关研究回顾

2.1 主要观点

从研究方式来进行划分,关于自嘲行为的现有研究成果分为理论探索与实证研究两方面。以下,我们将对所涉及的主要观点进行详细讨论。

理论探索层面,国外学者通常将自嘲看作会话幽默(Conversational humour)的一种类型(Holmes et al.,2012;Priego-Valverde,2007),并将其与面子交际(Face-work)理论(Goffman,1955)相联系。此类学者认为自嘲经常用于对话者处理互动间瞬间尴尬的情况(Suzuki,2002)和为了面子而淡化赞誉(Haugh,2010)的情况。Ungar(1984)指出自嘲既是自我展示的另一种形式,也是一种减少地位不平等的人之间社交距离的方式。Andeweg等(2011)将自嘲视为一种非正式意图下对自己社会、行为、生理方面缺陷的调侃。进一步地，Haugh（2010，2011）曾提出一个更深刻的问题，即自嘲在不同文化、互动环境和社会阶层中的作用。例如，在不太强调个人地位的英澳文化社会中，自嘲幽默可能是并不熟悉的互动者之间发展关系的重要手段。

在国内，关于自嘲行为的研究起步较晚。理论研究方面，李春分、涂靖（2011）从自嘲与幽默的联系出发，认为自嘲产生的机制为"乖讹论"，即在特定的语境下，通过激发不和谐的因素来形成自嘲者与受众的心理契合。李春分（2012）认为话语的模糊性、说话人的非真诚性和命题的相对真实性，共同造就了自嘲语用功能的多样性。蒋建国（2021）针对网络自嘲现象，指出自嘲需要特定的情境才能达到幽默的交际效果，滥用自嘲会导致自我形象的污损。

实证研究方面，夏茜（2011）通过研究闲谈的男女差异，发现极少数男性愿意将"能力不足"作为自嘲的话题，而女性似乎比男性对外貌缺陷问题表现出更多的敏感性。刘涛等（2016）针对自嘲式营销，通过统计检验方法测量了自嘲信息分享意愿与关系强度、情景开放性之间的关系，指出关系强度对自嘲信息分享意愿有正向促进作用，而情境开放性变量则起调节作用。此外，Matwick 和 Matwick（2017）通过对美国美食频道共计 50 小时的会话进行文本分析，认为自嘲起到了保护演讲者免受批评的作用，也维护了"何为合适"的霸权价值观。Tsukawaki 等（2019）通过调查日本儿童的幽默类型与心理健康及幸福感之间的关系，发现善于自嘲者拥有最高幸福感水平。出于对 Haugh（2010，2011）的回应，Moody（2019）分析了在日本工作的美国人的录音数据，指出在跨文化工作场所中进行的自嘲行为往往是说话人为了寻求身份认同和在工作场所的合法存在地位。

2.2 现状反思

先前的文献多从定义、动机、交际效果等角度分析自嘲的影响和作用，视角较为多元。然而，我们也不难发现，目前针对自嘲言语行为的研究至少存在三方面问题，还需要学者进行充分探讨：

一是大多数学者将自嘲当作一种通用型或同质化的固定言语策略，鲜有从性别、年龄、受教育程度等差异化因素的视角来探究个人言语中对自嘲策略的价值判断与应用情况。

二是对于实证研究的关注度不够，尤其对定量分析方法的使用较少。这直接导致已有定性研究的雷同程度较高，缺乏科学客观的数据材料来丰富研究的视野或拓展理论的深度。

三是研究汉语母语者对自嘲言语行为的使用态度及价值判断的文献仍然较为少见。一般而言,国外有学者认为自嘲属于自我贬损(Self-deprecating),也有学者认为自嘲的作用是自我增强(Self-enhancing),并据此将人际沟通的表达风格区分为自嘲型和自强型(Martin et al., 2003),论述角度较为全面。然而,汉语使用者对自嘲作用的认识理解和态度倾向与上述结论是否存在共性或特殊性等问题还未得到深入研究。

一般认为,语言是社会的产物,各个言语社团在不同情境下的语言使用存在多样性。在影响语言变异的各种社会因素中,性别差异是一个格外引人注目的变项(祝畹瑾,2013),长期受到语言学家的高度重视,具有较高的研究价值。倘若能从性别差异的角度出发,也许能为我们理解自嘲言语行为的作用与影响提供一个新的窗口。

因此,针对先前研究的不足,本研究关注以下三个问题:一、对于汉语母语者而言,自嘲的作用是否存在性别差异？二、倘若存在差异,差异的具体表现形式如何？三、不同性别对自嘲言语行为的认知更倾向自我贬损(Self-deprecating),抑或自我增强(Self-enhancing)？对汉语语境下自嘲的调查可能会得出不同的结论,从而拓宽我们对自嘲和其他幽默类型的语用学理解,为自嘲言语行为的相关研究提供一些有益参考。

3 研究方法

3.1 调查设计

本次调查自嘲言语行为的性别差异,应属于社会语言学的研究范畴。徐大明、王玲(2010)曾指出社会语言学的调查方式包括问卷调查方法、非介入式测量、参与观察、配对语装技术等。由于问卷调查能在短时间内获得关于受访者个人背景信息、语言使用状况、语言态度等全面与大量的信息数据,便于进行定量分析,与我们的研究目标更为贴合,本调查主要采取问卷调查法进行研究。

本调查以"自嘲言语行为调查"为题,通过线上及线下相结合的方式分两次发放问卷。问卷题目涉及受访者基本信息、自嘲言语行为的使用频率、态度评估等方面。

在设计问卷时,本调查共设置 12 个情景,均为日常生活中熟悉的经典场景。例如,涉及收入支出、外貌长相、集体活动等问题的讨论,尽可能符合人们生活的实际情况。问卷主要通过详述某一情景,提出相应问题,要求受试阅读且根据情景前提及自嘲信息,采用李克特7级量表(1=完全不同意,7=完全同意)来对此类自嘲言语行为的使用频率、态度评估进行评分,并对相同问题取均值进行分析衡量。此外,我们设置了一道与研究主题无关的陷阱题,以确保调查结果的客观性与有效性。

通过前期发放少量问卷进行预调查,我们根据反馈情况对问卷设计的部分情景的表述进行修正与润色,再进行正式发放,最大程度保证问卷设计科学合理。

3.2 统计方法

我们本次拟探讨汉语自嘲言语行为是否存在性别差异的影响,主要使用统计软件IBM SPSS Statistics22对所得数据进行分析。本次调查设置的自变量为性别因素,因变量为受试对自嘲言语行为的使用频率与接受程度,以评分方式呈现。

统计分析的视角主要有横向与纵向两种选择。一方面,通过比较在不同情景下的整体性差异,我们可以得出性别差异对自嘲言语行为的整体性影响表现。由于情景中涉及话题选择、对话者性别、交际方式等因素,我们需要将此类情境性因素作为控制因素进行综合分析。因此,我们本次研究的性别因素有两层次(男性与女性)。同时,话题、受话人性别与交际方式这三个因素构成的情景因素应当被当作另一个自变量。由此,本次调查的情景因素包括七层次(话题为生理性问题、行为性问题或社会性问题、发话者与对话者为同性或异性、交际方式为线上或线下),适用2×12双因素方差分析法。

另一方面,通过分析在相同情景条件下的差异,可得知男女受试对自嘲言语行为的具体使用差异。此时,我们主要采用独立样本t检验的方法来了解在某特定情景下,男女自嘲言语行为的使用频率和对其评价是否存在显著差异。

通过调查男女受试对自嘲言语行为的整体性差异和在某一场景下的具体化差异,我们将会对不同性别因素的影响性质与程度形成更加全面与完善的理解。

3.3 受访者基本信息

在分析调查结果之前,我们有必要对本次调查的受访者的基本情况进行说明。通过对受访者的性别情况进行记录,最终得到本次调查样本的男女比例约为1.16:1,较为接近1:1的理想比例,这为我们后续开展数据分析工作提供了便利。

同时,本次问卷收集了受访者的年龄信息。由初步统计发现,本次受访者的年龄分布范围较广,约90%的受试主体集中于"16—40岁"年龄段,跨度较大。这说明本次调查涉及的年龄群体较为多样,研究结果受某一特定年龄群体的影响较小。

4 调查结果及讨论分析

最终,本次调查共计收回问卷262份,其中有效问卷202份。有效问卷达到一定数量要求,样本具有统计意义。

4.1 调查结果

本部分的调查结果主要分为两方面:一是男女自嘲言语行为的整体性差异;二是男女在12种不同情境中的具体化差异。

4.1.1 男女自嘲言语行为的整体性差异

男女自嘲言语行为的整体性差异主要从所有情景中的整体得分情况进行分析。一般认为,评分越高说明某一性别在所调查的任意情景下更多使用且更加认同自嘲言语行为。由此,我们通过双因素方差分析计算平均值,得到了柱状图,如图1所示:

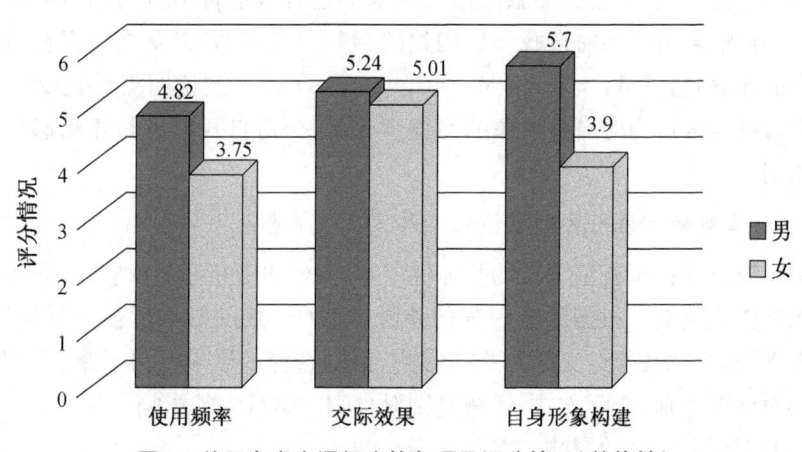

图1 关于自嘲言语行为的各项目评分情况(整体性)

(1) 自嘲言语行为的使用频率

在本次调查中,相应题目的分数越高,代表某一性别群体的自嘲频率越高。上述图 1 左侧的一对柱状图反映了所有情景下的对比结果。从整体上看,男性对自嘲行为的使用频率比女性更高($M_男 = 4.82 > M_女 = 3.75$),且在 0.05 显著性水平上存在显著差异($p < 0.05$)。

统计结果表明,男女自嘲言语行为的使用频率在不同场景中都存在着统计学意义上的显著性差异,男性的使用频率明显高于女性。

(2) 自嘲言语行为的使用态度

在本项目中,分数越高,说明某一性别群体对自嘲言语行为的评价越倾向于正面或积极。具体而言,使用态度可以分对自嘲言语行为交际效果的评估和自身形象构建效果的评估两部分来展开分析。

1) 交际效果的评估

在对自嘲言语行为的交际效果评估方面,我们设置了相应量表题,并要求受试基于有趣程度对包含自嘲言语行为的对话进行评分。通过分析,我们发现男女之间不存在统计意义上的显著差异($p \geq 0.05$)。由于两群体对交际效果的评估分数都较高($M_男 = 5.24; M_女 = 5.01$),这可能说明男性和女性均认为自嘲言语行为对交际效果会起积极作用。

2) 自我形象构建的评估

针对自嘲言语行为对自我形象构建评估的作用分析,我们设置了相应量表题,并要求受试基于对自我形象的污损度来对包含自嘲言语行为的对话进行评分。关于自嘲言语行为对自我形象构建的影响评估方面,男女之间存在着统计意义上的显著差异($M_男 = 5.7 > M_女 = 3.9; p < 0.05$)。这说明男性比女性更可能觉得自嘲言语行为对自身形象的污损度较低,会对自我形象的建构起积极或正面作用。

4.1.2 男女自嘲言语行为的具体化差异

除调查男女在所有情景下的整体性差异,我们也分析了男女在 12 种不同情景中的具体化区别。根据影响因素的差异,12 种情景的影响可被概括为三类:对话者性别差异的影响、交际方式的影响、话题选择的影响。接下来,我们将分别考察对话者性别、交际方式、话题类别对自嘲言语行为的影响。

(1) 对话者性别的影响

首先,我们分析了对话者性别对自嘲言语行为的影响情况。根据调查内容及统计结果,我们绘制了表格如表 1 所示:

自我贬损还是自我增强?

表1 对话者性别对自嘲言语行为的影响情况①

受访者性别	同性 UF	同性 CE	同性 SC	异性 UF	异性 CE	异性 SC
男性	5.19	5.33	5.21	5.91	4.89	5.72
女性	4.99	5.42	5.03	5.01	4.93	3.48
是否存在显著差异	无	无	无	有	无	有

统计结果显示,对话者的性别对自嘲言语行为的使用频率的影响主要集中在对待异性谈话者上。女性对待异性谈话者之时,自嘲言语行为的使用频率及其对自身形象构建的正面态度倾向均明显低于或弱于男性(p 值均小于 0.05)。

(2) 交际方式的影响

本部分主要关注男女在不同交际方式(线上或线下)中,对自嘲言语行为的使用频率及态度倾向的差异。最终,绘制表格如表2所示:

表2 交际方式对自嘲言语行为的影响情况

受访者性别	线上方式 UF	线上方式 CE	线上方式 SC	线下方式 UF	线下方式 CE	线下方式 SC
男性	5.37	4.91	5.12	5.17	5.24	5.78
女性	4.13	4.93	4.48	5.01	5.12	5.64
是否存在显著差异	有	无	有	无	无	无

我们不难发现,在线下的交际场合,男女性对自嘲言语行为的使用频率和对交际效果和自身形象构建的评估均不存在显著差异(p 值均大于 0.05)。

在线上,男女自嘲言语行为的使用频率及其对自身形象的构建明显存在差异(p 值均小于 0.05),且男性的使用频率较高。这可能说明在线上交际过程中,女性比男性更加注重对于自身形象的构建且更有意减少自己的使用自嘲言语行为的频率,而这些特点不见于线下交际过程中。

(3) 话题选择的影响

如前文所述,对于话题选择的分类标准,我们主要参考了 Andeweg 等人(2011)的相关表述,共分为生理性问题、行为性问题、社会性问题三类,并以此绘制了表格如表3所示:

---

① 表中的 UF 代表"使用频率",CE 代表"交际效果",SC 代表"自身形象构建",后表同。

表3　话题选择对自嘲言语行为的影响情况

受访者性别	生理性问题			行为性问题			社会性问题		
	UF	CE	SC	UF	CE	SC	UF	CE	SC
男性	5.14	4.93	4.84	4.27	3.02	3.13	4.81	4.78	4.73
女性	3.93	3.17	4.76	5.57	4.73	4.81	4.92	4.94	4.58
是否存在显著差异	有	有	无	有	有	有	无	无	无

由表可知,男女对自嘲言语行为的话题选择存在较复杂的关系。首先,对于生理性问题,不同性别的使用频率和交际效果存在显著差异（p 值均小于 0.05）。这说明男性对生理性话题的自嘲言语行为有着更高的使用频率与自认为更好的交际效果。

其次,关于行为性问题,男女之间对此的使用频率及态度倾向存在明显差异（p 值均小于 0.05）。女生对于行为性问题的使用频率显著高于男性,且认为此类问题更有利于活跃交际效果,达成自身形象构建目的。

此外,针对社会性问题,男女在各项目中的情况较为相似,并没有发现显著差异（p 值均大于 0.05）。

4.2　讨论

本次调查的结果将分为整体性差异与具体化差异两部分进行论述。具体而言,我们的发现可以概括为以下五方面：

第一,在整体上,男女性都认为自嘲有利于改善交际效果,但男性群体拥有更高的自嘲言语行为使用频率,在关于自嘲行为对自我形象构建效果的评价上也明显高于女性。

第二,当对话者为同性时,男女对自嘲言语行为的使用频率及效果评估均无显著差异。

第三,在和异性进行谈话时,女性使用自嘲言语行为的频率与对自身形象建构的评价均低于同等条件下的男性。这可能说明女性对对话者的性别更为敏感,在与异性交谈时更为谨慎,也更加注重减少非正式言语的输出。

第四,在线上环境,男性使用自嘲的频率及对自身形象构建的评价均显著高于女性。线上的虚拟空间可能是男性更偏爱的自嘲言语的输出场所。

第五,男性在自嘲时更多选择生理性问题的话题,且认为此类话题有更好的交际效果。然而,女性却对于行为性问题有着明显更高的使用频率,认为其对交际效果、自身形象构建产生了更为积极的效果。

由此,我们可以得出初步结论:整体而言,男性群体对自嘲言语行为的使用频率与接受程度明显高于女性群体,但具体到某一情景中,性别差异的情况则较为复杂,即性别对自嘲言语行为的影响往往依赖对话者性别、交际方式、话题选择等背景性特征。

我们目前能够确定的是,男性的自嘲策略更为直接,对话人性别不构成男性使用自嘲时主要的考虑因素。男性更偏好在线上环境使用自嘲策略,并不避讳将生理性问题作为自嘲话题,但回避行为类问题。这可能是因为男性不想给他人传递一种自身能力不足的讯号。然而,女性的自嘲言语行为则显得更加委婉,她们更多在与同性交谈时采用自嘲策略,较少在线上自嘲。女性在自嘲时对生理性问题采取回避态度,却对行为性问题有较强偏好。这可能是因为女性在交际过程中更多关注容貌、外形等生理性特征,而对行为类话题的自嘲言语行为的宽容度较高。

进而言之,自嘲言语行为的性别差异可能是不同的社会期望(Social expectation)及相应而生的亚文化认同(Subcultural identification)所致。在汉语语境下,社会对男女的期望各有不同,例如《礼记》曾云"男有分,女有归"。男性常被期许以问题解决者或领导者的角色出现,需要承担更多外部责任,因此对自己行动失误或能力不足的容忍度较低。换言之,能力要求成为男性自我评价及社会审视男性的重要准绳。与之不同的是,女性通常被塑造成精于内务工作及外表修饰的形象,较男性而言受到了更多的审美要求。中国历史上,"妇容"长期被认为是女性的基本功与必修课[1],类似现象正是对女性审美要求的集中体现。

由于社会期望的差异化要求,男性与女性内部各自建构起了迥异的亚文化背景,进而形成了不同的言语行为风格。具体而言,女性在交际中重视彼此关系的亲密和牢固,而男性群体内部却未能如此,反而形成了更加注重表现自我与突出个人的亚文化氛围。如此,颇具强调自我色彩的"自嘲"便成了男性偏爱的交际手段。不同的亚文化圈培育着符合其特征的成员,由此成长起来的男性与女性又在各自的群体中分享不同的价值观,巩固与强化各自的"性别原型"(Trudgill, 1983)。我们不难发现,基于不同的亚文化特征,两性在彼此之间划出了泾渭分明的界限,同时又在不断完成着建构群体内部身份认同的循环。

---

[1] 例如,东汉班昭《女诫》将其归为"妇行"之一进行专门论述。

5 结语

自嘲作为一种特殊的言语行为,历来是汉语交际中的重要手段。然而,先前研究限于既定的研究内容与分析方法,对于性别差异的实证研究着墨颇少。

基于此,我们通过对不同性别的受访者进行问卷调查,收集了汉语母语者关于自嘲行为的使用频率、态度倾向等数据信息,最终发现,汉语自嘲言语行为的性别差异比较明显,在总体上更受男性的偏爱。男性在交际过程中使用自嘲言语行为的频率较高,态度评估更为正面。虽然男性会回避行为类问题作为自嘲话题,但这其实更能证明男性希望通过自嘲来提升自己在交际对方心中的地位,而不是显得无能或无用。结合上述分析,我们认为男性对自嘲作用的评价更偏向于自我增强(Self-enhancing)。

此外,我们发现女性在使用自嘲策略时显得更加谨慎与细致,除了较低的使用频率,女性会更多考虑对话者的性别、交际方式等因素。关于自嘲言语行为对自身形象的构建效果,女性更容易表现出较低评价。这可能说明,女性对自嘲行为的认知更倾向于自我贬损(Self-deprecating)。

需要说明的是,影响言语使用与语言态度的因素是多样的。本文只是重点关注了在交际对象性别、交际方式、话题选择等情景因素中呈现出的性别差异,所得结论还有待进一步完善。针对自嘲言语行为的性别差异研究,未来会将多因素纳入考量,综合考虑各种因素的交互作用将是有价值的研究方向。

参考文献

[1] 蒋建国. 网络自嘲:自我贬抑、防御机制与价值迷离[J]. 学习与实践,2021(2):108-113.
[2] 李春分,涂靖. 论自嘲的产生机制和表达方式[J]. 重庆交通大学学报(社会科学版),2011,11(5):138-141.
[3] 李春分. 自嘲的语用研究[D]. 长沙:长沙理工大学,2012.
[4] 李宇明. 中国语言生活的时代特征[J]. 中国语文,2012(4):367-375,384.
[5] 刘涛,陈洁,韦俊龙. 关系强度、情境开放性与自嘲信息分享意愿[J]. 管理学报,2016,13(1):131-137.
[6] 罗竹风. 汉语大词典[M]. 上海:上海辞书出版社,1986.
[7] 庞雨晨. 亚文化视角下90后"丧文化"的风格及其意义[D]. 杭州:浙江大学,2018.
[8] 孙国兰,刘萍. 论英语言语交际中"自嘲"策略的动机[J]. 东莞理工学院学报,2008,15(6):75-79.
[9] 夏茜. 男女闲谈中性别差异语言现象考察[J]. 牡丹江大学学报,2011,20(8):44-45.

[10] 徐大明,王玲. 城市语言调查[J]. 浙江大学学报(人文社会科学版),2010,40(6):134-140.

[11] 杨珊珊. 三个平面视角下的自嘲分析[J]. 红河学院学报,2022,20(6):87-90.

[12] 祝畹瑾. 新编社会语言学概论[M]. 北京:北京大学出版社,2013.

[13] ANDEWEG B, et al. "Poke fun at yourself": the problem of self-deprecating humor[C]//Proceedings of SEFI Annual Conference: Global Engineering Recognition, Sustainability and Mobility. Lisbon: SEFI, 2011: 759-764.

[14] BURGNER D, HEWSTONE M. Young children's causal attributions for success and failure: "Self-enhancing" boys and "self-derogating" girls[J]. British journal of developmental psychology, 1993,11(2): 125-129.

[15] GOFFMAN E. On face-work: an analysis of ritual elements in social interaction[J]. Psychiatry, 1955,18(3): 213-231.

[16] HAUGH M. Jocular mockery, (dis)affiliation, and face[J]. Journal of pragmatics, 2010, 42(8): 2106-2119.

[17] HAUGH M. Humour, face and im/politeness in getting acquainted[M]//DAVIES B L, HAUGH M, MERRISON A J. Situated politeness. London: Continuum, 2011: 165-184.

[18] HOLMES J, MARRA M, VINE B. Politeness and impoliteness in ethnic varieties of New Zealand English[J]. Journal of pragmatics, 2012,44(9): 1063-1076.

[19] MARTIN R, PUHLIK-DORIS P, LARSEN G, et al. Individual differences in uses of humor and their relation to psychological well-being: development of the humor styles questionnaire[J]. Journal of research in personality, 2003, 37(1): 48-75.

[20] MATWICK K, MATWICK K. Self-deprecatory humor on TV cooking shows[J]. Language & communication, 2017,56(3): 33-41.

[21] MOODY S J. Contextualizing macro-level identities and constructing inclusiveness through teasing and self-mockery: a view from the intercultural workplace in Japan[J]. Journal of pragmatics, 2019, 52(3): 145-159.

[22] PRIEGO-VALVERDE B. Self-disparaging humor in conversations: a brief survey of a complex phenomenon usually considered as obvious[M]//POPA D, ATTARDO S. New approaches to the linguistics of humor. Galaţi: Editura Academica, 2007: 15-34.

[23] SUZUKI S. Self-mockery in Japanese[J]. Linguistics, 2002, 40(1): 163-189.

[24] TRUDGILL P. Sociolinguistics: an introduction to language and society[M]. London: Penguin, 1983.

[25] TSUKAWAKI R, KOJIMA N, IMURA T, et al. Relationship between types of humour and stress response and well-being among children in Japan[J]. Asian journal of social psychology, 2019, 22(3): 281-289.

[26] UNGAR S. Self-mockery: an alternative form of self-presentation[J]. Symbolic interaction, 1984,7(1): 121-133.

语用身份视角下的网络会话冲突管理

南京大学 苏 畅[*]

摘 要:冲突性话语在网络交际中频繁出现,有必要探讨网络语境下的会话冲突管理。本文以新浪微博上的冲突性话语为语料,从语用身份论的视角分析交际者使用身份策略的具体过程及交际效果。研究发现,交际双方的主要身份、交往身份和个人身份在会话中被策略性地选择和建构以管理冲突和人际关系。本文结合前人的理论成果对网络会话冲突进行了实证分析,对网络语用研究具有启示意义。

关键词:语用身份;冲突性话语;冲突管理;网络语用学

1 引言

人际交往中,交际一方反对其他交际者的言行举止,或交际各方对某人某事持不同意见时发生冲突的语言表达形式称为冲突性话语(杨骁勇,2013;赵英玲,2004),也简称为会话冲突(李成团、冉永平,2011)。如今网络交际成为日常生活的重要组成部分,在网络虚拟空间中用户能突破时间、空间等限制进行交际,用户的多元性和交际形式复杂性提升了发生冲突的风险(谢俊贵,2016)。网络交际虽然与现实交际有一定差异,交际者在网络语境下仍会使用现实交际中的部分策略以实现交际目标,如身份建构(陈新仁,2013)。

目前国内少有研究关注网络会话冲突,选择语用身份视角进行阐释的则更少。研究网络语境下偏离传统交际原则的会话冲突管理,有利于加深对网络交际的认识,维护网络交际规范和秩序,也促进反思和完善语用研究现有成果。语

---

[*] 作者简介:苏畅,南京大学硕士研究生,研究方向为语言学,电子邮箱:suchang303@163.com。

用身份具有资源性、主观性和目的性(陈新仁,2013,2018),选择语用身份视角研究会话冲突管理,有利于总结交际者管理冲突的措施及相应交际效果。鉴于此,本研究从语用身份的视角研究网络会话冲突管理,探讨交际者如何策略性地选择和建构身份及其效果,尝试拓宽身份建构研究的广度和网络冲突性话语研究的深度。

2 文献综述

2.1 网络会话冲突

赵英玲(2004)和冉永平(2010a)都指出,交际各方在言语交际中,因对同一事件持有不同意见、观点等,双方在语言形式和策略上引起对立或争执的状态,此时主体间出现争论、争吵、反驳、异议等对抗性言语事件和言语行为,这类话语和言语行为统称为"冲突性话语"(conflict talk),简称为会话冲突①(李成团、冉永平,2011)。冲突交际中,听话人或第三者可能通过话语实践缓和或加剧冲突,目的在于构建自我期望的身份或面子以管理人际关系,该动态过程称为"冲突管理"(conflict management)(李成团、冉永平,2011)。

不同学者总结了会话冲突的特征,其中,对撞性是冲突性话语的区别性特征(冉永平,2010b)。由于交际各方带有不同的立场、观点等,交际一方反对另一方的言行举止,或就对方的不同意见表示反对、异议、试图通过争辩说服对方等,冲突性话语具有排斥性、负面性和干扰性(张小瑞,2016)。冉永平(2010b)强调,双向性或多向性是言语交际的普遍特征,对撞性才是区别一般话语交际和冲突性话语的根本特征。言语交际中说话人表述、拒绝、反对、指责等言语行为可能引发听话人表示否认、反对、反驳等回应,此时说话人引发和听话人回应的话语之间具有明显对撞性,都视为冲突性话语。

国内现有的冲突话语研究主要从冲突话语的语言表现形式、生成原因及冲突管理等方面展开,大部分研究仍以现实交流为对象,少有研究关注到网络空间的会话。网络交际语境下的语用研究主要从不礼貌、语言冒犯、语言暴力等角度展开(陈倩,2019;耿雯雯,2020;张玮、谢朝群,2015),涉及双方或多方言语交际动态过程的讨论较少。李捷、朝曦(2022)基于网络社交平台的冲突性话语语

---

① 不同学者对会话冲突、冲突性话语、冲突话语等术语的使用存在差异,本文沿用李成团、冉永平(2011)的研究,认为会话冲突系冲突性话语的简称,后文为与其他研究的术语保持一致,两个术语都将使用,但均指代同一语言现象。

料,提出了网络冲突性话语的多重性等语用特征,但并未研究网络会话冲突管理中交际者的具体实践过程。

2.2 语用身份视角

身份(identity)一直以来备受人文社科研究的关注,自社会建构主义思潮以来,身份与话语由原来的静态反映关系向动态建构关系转变(陈新仁,2014)。身份并非传统观点中一成不变的、先设的、自然的产物,而是社会实践中的一个过程(De Fina et al., 2006: 2-3),社会交际带来多种身份,交际者根据当前交际目标用语言或非语言手段选择、建构、体现身份(陈新仁,2014)。

日常交际中,说话人的身份既包括进入交际前具有的较为稳定的个人特征,又存在交际中动态建构的身份(Tracy & Robles, 2013: 21),同时,身份还通过他者的行为与评价建构(Bogoch, 1999)。本文关注交际中通过话语选择与建构的身份如何影响交际,基于上述观点,为区别于交际者在进入交际前具备的社会身份,将交际者在交际中使用的"动态在线身份"(袁周敏、陈新仁,2013:519)称为"语用身份"(pragmatic identity)(陈新仁,2013:27)。说话人在话语交际的不同阶段使用不同的在线身份,在会话进程中某一特定阶段,用语言符号对在线身份的动态建构,称为"语用身份建构"(袁周敏,2011:13)。

语用身份具有资源性、主观性和目的性,某一语用身份的选择和建构受交际目标的驱动,即交际者策略性地使用语用身份以实现交际目的(陈新仁,2013,2018)。徐学平、李依(2022)以高校与学生家庭之间的冲突性对话为研究对象,从语用身份的角度探讨冲突管理的策略和限制因素。同为言语交际,网络语境下交际者也可以选择和建构身份来实现交际目标。董翠茹(2023)考察网络冲突中的身份操作,主要关注了语用身份的动态选择性和施为资源性,但并未分析交际者如何选择和建构身份以管理冲突。

目前网络冲突性话语研究还存在较大空白,少有研究从语用身份的视角探讨网络会话冲突管理,忽略了网络交际者用言语建构的身份在管理冲突中的作用。基于此,本文选择微博讨论中的冲突性话语为语料,分析交际者运用身份策略管理冲突的具体操作及交际效果,为解读网络语境下的语用身份建构和会话冲突管理提供支持。

3 研究设计

3.1 研究问题

本文尝试回答以下问题：
1. 网络会话中，交际者如何选择和建构身份来管理冲突？
2. 网络会话中，交际者通过选择和建构身份取得了怎样的冲突管理效果？

3.2 语料收集

本研究选择国内开放性社交平台新浪微博（以下简称"微博"）作为语料来源，以微博评论区的冲突性话语作为研究对象，关注交际双方或多方自然呈现的语用身份，探讨交际者如何策略性地利用语用身份进行冲突管理。微博基于公开平台架构，是目前国内最大的社交媒体平台之一，支持转发和评论功能。微博支持话题功能和热搜功能，大大加速信息传播，因其用户复杂，持有不同意见的网民发生言语冲突的现象层出不穷。

本研究选择"#中秋国庆休8天上7天#"话题，从该话题下的讨论中选取冲突性话语。该话题在2023年5月9日登上微博热搜榜，考虑到网络交际存在延时性，本研究选择该话题登上热搜榜后一个月内的语料，尽可能保证冲突话语的话轮完整。截至2023年6月10日，该话题阅读次数超过7亿，讨论次数约5万，其中"每日经济新闻""北京日报"等200多家微博认证媒体用户参与讨论，证明了该热点与民生福利密切相关，具有较高的社会价值。前期调查发现，话题下网友发表的意见存在较大差异，容易发生言语冲突，能为本研究提供冲突性话语语料。

3.3 分析框架

3.3.1 交际者语用身份的分类

Tracy & Roble(2013:21-22)将日常言语交际中的交际者身份分成三类，为主要身份(master identity)、交往身份(interactional identity)和个人身份(personal identity)。主要身份指较为稳定、不易变化的自我身份特征，一般能被所有交际者感知，如性别、国籍、宗教信仰等；该类身份具有对立性(contrastive)，如男性特征与女性特征相互对立存在。交往身份指存在于某一特定交际语境、相对于特定交际者呈现的角色，如李老师在课堂中是某班级的教师，在研讨会上是某一课题组成员,在小区中是某人的邻居。个人身份指一个人的个性、品质、与他人的相处关系、对待人事物的态度取向等自我特征。

这一分类比较全面地揭示了交际者在进入交际前较为固定的身份、交际中选择和建构的身份,以及与他者行为和评介相关的身份,与语用身份定义基本吻合。因此,本研究将采用该分类方法回答第一个研究问题。

3.3.2 会话冲突的识别与分析

有研究从言语行为或言语特征的角度定义和分析会话冲突。冲突性话语一般由多于一个的言语行为构成,交际主体间通过异议、争论、反对、反驳等对抗性言语行为处理分歧。另有研究者关注会话冲突管理。冉永平(2010b)关注听话人如何回应说话人,分为加剧对立的冲突性话语以解构人际关系(－人际关系)的负面语用效应(－语用效应),及缓和、回避对立冲突性话语以改善人际关系(＋人际关系)的正面语用效应(＋语用效应),提出了会话冲突管理模型,如图1所示(冉永平,2010b:151)。该模型较为完整地展现了说话人引发冲突、听话人加剧或缓和冲突的过程,冲突管理对应产生何种语用效应,进而影响人际关系管理。

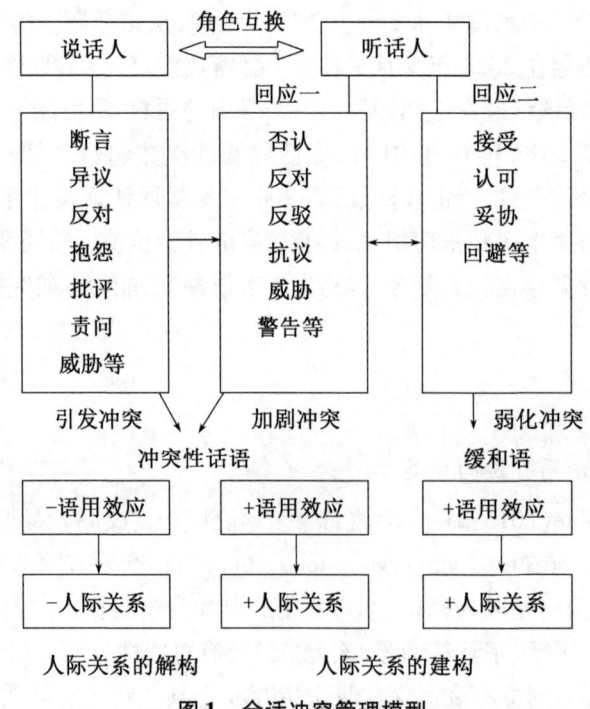

图1 会话冲突管理模型

李成团、冉永平(2011)对实现缓和性冲突管理和加剧性冲突管理的言语事件及言语行为进行分类,如表1所示,其中根据说话人冲突性话语影响听话人的正面或负面面子,将冲突加剧分为正面性冲突加剧和负面性冲突加剧。

表 1

会话冲突管理类型	冲突管理的实现方式
缓和性冲突管理	第三者缓和性言语干预 说话人缓和性言语插入
正面性冲突加剧	表示说话人的正确性和对方的错误性 表现双方群体归属差异 构建会话冲突中期待的自我身份属性
负面性冲突加剧	胁迫对方的能力与需要 削弱对方的权力地位 维护说话人的正面面子和积极身份 改变对方行为或认识 构建自己期望的身份属性并贬低对方的身份

本文聚焦网络冲突性话语交际中的身份操作及冲突管理,即交际者如何使用身份策略以达到何种冲突管理效果。冉永平(2010b)及李成团、冉永平(2011)将话语实践与冲突管理联系起来,为识别冲突语步提供了明确依据,鉴于此,本文将其运用于回答第二个研究问题。

3.3.3 会话冲突管理中交际者身份策略的交际效果

本文从语用身份视角探讨网络会话中的冲突管理,即交际者如何策略性地使用何种动态在线身份,达到其冲突管理的目标。语用身份策略如何帮助管理冲突的具体分析可见下例。

例(1) (语境:2020年8月,黑龙江哈尔滨一位老人乘公交车时无法使用手机扫描健康码被司机拒载,引起网民讨论)

不×××英:我就是黑龙江人。政府对不便于使用智能手机的人员进入公共场所和乘坐公共交通,是允许出示身份证或社保卡一类的证明来代替健康码的。

L7×××20:你是不是黑龙江人我不知道,但你肯定不是哈尔滨人。

(引自董翠茹(2023))

例(1)中事件发生在黑龙江省,不×××英以"黑龙江人"来凸显其个人身份,用于增加其话语的可信度,达到说服他人的目的,说话人的断言引发冲突。听话人 L7×××20 识别了该身份,表示怀疑并否定了"哈尔滨人"身份,间接反驳了说话人观点,加剧冲突。交际双方在主要身份上发生分歧,冲突性话语产生了负面语用效应(−语用效应)并解构人际关系(−人际关系)。

4 研究结果与讨论

4.1 网络会话冲突管理中语用身份的建构

4.1.1 建构主要身份

主要身份指较为稳定、不易变化的自我身份特征,除了性别、地域文化背景、年龄等,学历、财富等特征亦能建构一个人的主要身份。因其指向较为稳定的个人特征,由他人评介建构个人身份的操作容易影响个人面子,从而管理冲突。

例(2) a:关键现在双休都没落实啊……
b 回复 a:你可以换一个双休的单位。
c 回复 b:那你怎么不上清华。如果你是清华的当我没说
b 回复 c:你这话还是送给那些天天抱怨的人吧。
c 回复 b:我问地你答天我就问你怎么不上清华是因为不想吗?
b 回复 c:找个双休的工作,很难吗?大家都拒绝单休的工作,他招不到人,自然会改,这个不是市场决定的吗?

例(2)中,说话人 c 否定找双休工作的建议时,从学历的角度建构了听话人 a 的主要身份,但同时使用了假设句"如果你是清华的当我没说"来避免身份攻击失败的情况。由于听话人 a 回避了主要身份的假设,说话人 a 的身份攻击成立,在下一话轮中 a 继续追问"你怎么不上清华",驱使对方承认不上清华是实力有限,从而攻击对方找双休工作的观点。在蓄意挑起或加剧冲突时,建构他人的主要身份容易引起听话人不满、羞愧、愤怒等激烈的负面情绪,达到交际目的。

4.1.2 建构交往身份

交往身份是基于某一特定交际语境、相对于特定交际者的角色,如参与辩论赛的学生此时具有辩手的交往身份。冲突性话语中,交际者选择和建构特定交往身份以实现交际效果(徐学平、李侬,2022)。

例(3)　a:骂调休的本质上是想多放几天假,小长假要有,正常休息也要有。

　　b回复a:您是老板？想多放假有什么错？

　　a回复b:想多放假当然没错,但是你就直接说想多放假啊,不要搞错重点

例(3)中,为了回应说话人a讽刺调休群体的观点,听话人b假设了说话人a老板的交往身份,实际上是为了建构与老板对应的普通打工人的交往身份,表示放假是一般打工人的共同愿望。听话人b选择交往身份容易体现其群体所属,拉近与打工人群体的距离来说服对方接受观点,受话人a认可想多放假的合理性,b达到交际目的。

4.1.3　建构个人身份

个人身份不仅与一个人的个性、品质、对待人事物的态度等特质有关,还反映了其他交际方基于其主要身份和交往身份产生的期待,同时,其他交际方的主要身份和交往身份也会对某人个人身份的表现产生影响(Tracy & Robles,2013:23)。例如,为人公正的品质通常与律师为主要身份的人有关,反映了社会对该主要身份的期待。

例(4)　a:骂调休的本质上是想多放几天假,小长假要有,正常休息也要有。

　　b回复a:既要又要有什么问题吗？不服憋着

　　a回复b:我哪里不服了,我又为什么要憋着。你连把我评论区翻完的耐心都没有,冲上来就让我闭嘴,你是谁？你算什么？为什么一个个在网上这么大派头？怎么不敢和你们领导对冲,要求正常休年假,想怎么休怎么休

　　b回复a:我就是正常休年假啊,不用跟领导吵架就有年假。天啦谁连年假都没得休不会是你吧？

例(4)中,说话人a通过话语内容建构了反对调休群体"既要又要"态度的个人身份,贬低了该群体的身份属性(李成团、冉永平,2011),引发冲突,听话人b接受该个人身份并反问"有什么问题吗",交际双方的立场趋异。听话人b还剥夺对方的话语自由,让受话人a"不服憋着",负面性加剧冲突。与个人身份相关的个性和为人处事的态度等特征多样性强,恰恰与冲突性话语产生的原因相

符,因此交际者可以选择和建构该身份来管理冲突。

4.2 网络会话冲突管理中身份策略的交际效果

语用身份具有资源性、主观性和目的性(陈新仁,2013,2018),网络会话冲突管理中,交际者有意识地选择和建构语用身份以达到目标交际效果。本文按照冉永平(2010b)的会话冲突管理模型识别说话人和听话人的话语方式,将冲突性话语分为引发冲突、加剧冲突和弱化冲突,以阐明交际者选择和建构语用身份实现的冲突管理效果。

4.2.1 引发冲突

交际双方出现认识、立场、情感等方面的差异或对立时,说话人断言、异议、反问等言语行为可能引发听话人对立性回应,引发冲突,此时双方的对撞性话语都是冲突性话语(冉永平,2010b)。

例(5)　a:现在骂调休都成主流了吗?凑个小长假让离家远的回趟家不好吗,我实在想不明白。小时候盼着五一十一寒暑假,那时候也调休啊,没听哪个人这么大怨气。听家人说,我再小的时候,周末单休。冷知识:双休是1995年5月1日开始的。#中秋国庆休8天上7天#

　　b回复a:冷知识:五一之前是7天。

　　a回复b:冷知识:之前五一法定3天,调休7天,而且之前端午清明中秋不是法定节假日。

例(5)中,网友a通过反问和异议表明对"骂调休"的不赞成,与该群体形成对立。说话人用负面评价语"大怨气"以及元语用评价语"冷知识",建构了交际双方的语用身份,即说话人自身拥有知识的主要身份和听话人不具备知识的主要身份、情绪消极的个人身份,直接威胁了听话人的面子。此处听话人同样以"冷知识"表示否定,可见,网友a的话语引发了冲突。交际双方不仅在攻击对方的身份属性,而且重在展现或重构自身积极的身份属性(张玮、谢朝群,2015),达到管理冲突和人际关系的目的。

4.2.2 加剧冲突

说话人的冲突性话语引起冲突后,听话人主要可能作出两种回应:一是否认、反对、威胁、警告等,即冲突性回应;二是接受、认可、妥协或回避对方的冲突性话语。前者会加剧冲突,冲突引发语正式引入冲突语步(杨骁勇,2013)。

例(3)中,网友a抱怨双休政策并未得到落实,b建议想要双休的人可以换单位,将问题关键转移到个人身上,双方立场趋异,但a退出了交际活动,因此ab两人之间未出现冲突性话语。网友c回复b,以反问句讽刺b,"怎么不上清华"间接反驳b"换单位"建议的可行性(李成团、冉永平,2011),b拒绝c的反问后,c再次发问并附带"是因为不想吗?"的负面评价,两者的对话具有很强的对撞性。在这轮对话中,b首先作为说话人引发冲突,听话人c提及"不上清华""如果你是清华的",为对方选择了学历的主要身份,将个人能力作为讨论的焦点,这可能对受话人的面子、身份、地位、能力等构成威胁,破坏人际关系。虽然b没有回应c建构的身份,但b反问听话人,仍然坚持想双休就找满足要求的工作而不要抱怨,双方针锋相对的话轮里冲突加剧。

4.2.3 弱化冲突

弱化冲突指说话人采用不同方式减弱对面子或身份的攻击,缓和冲突,主要包括说话人使用夸奖性言辞、表面性同意、部分退让等言语行为,或第三者缓和性言语干预。

例(6) a:其实……问题在于年假太少了……11天法定假日,不算多也不算少,和我国经济水平持平,毕竟法国也这么多……太少了,而且很多人休不了……

b回复a:但是法国有搭桥休假比如周四是法定假日,那么会搭着周五起休,直接休周四周五周六周日四天,流下羡慕的眼泪。

a回复b:桥假是算年假的……自动扣掉年假的剩余天数……

b回复a:原来如此!不过法国年假也挺多的吧

a回复b:是的。前长期正式员工有二十几天,parttime应该是没有的。不过parttime应该也不那么想休假毕竟收入按工时算的。年假的落实才是真正的区别

例(6)中,网友a提出法国法定假日一样少的观点,网友b反驳,两者在怎么算年假长短上发生冲突,但a纠正b的说法后,b使用正面评价语"原来如此"接受了a的论点,弱化冲突。网友a在纠正对方法国年假的说法时为自己建构了交往身份"前长期正式员工",该强势身份增加了话语的言据性,同时也利于维护自身积极的身份属性,体现了说话人管理冲突和人际关系的策略。

例(7) a:我以前小的时候就是七天不调休,有一次遇到周末了还八天

b回复a:你小时候的记忆错了,从来都是调休,而且含双休日在里面。八天是因为国庆中秋重叠了

a回复b:没有,我非常肯定而且我说的是五一不是国庆

b回复a:学生时代调休,还有一个特色。周六日调休上班的,还要对应要上周几的课程。

c回复a:是你记错啦,《全国年节及纪念日放假办法》都有公开的,07年修改后原来一年总假期10天变11天其他都是调休调出来的

a回复b:我到高中才有这种,之前一直都不调,可能我们那边就是这样吧

例(7)中,说话人a小时候不调休的观点受到听话人b直接否定,引发冲突,说话人a坚持自己的强势立场,表示说话人的正确性和对方的错误性,正面性加剧冲突(李成团、冉永平,2011)。第三方c加入会话,引用清晰可查的条文规定缓和冲突,说话人a对"小时候"进行了更具体的补充,并表示"可能我们那边就是这样",通过部分退让弱化冲突,同时利用地域信息建构主要身份以维护自身面子。

5 结语

本文基于语用身份论,以微博话题下的讨论为语料,探讨了网络会话冲突管理中语用身份操作的过程和动因。研究发现,交际者选择和建构自身和他人的主要身份、交往身份和个人身份来引发冲突、加剧冲突或弱化冲突,并通过攻击对方的身份、展现或重构自身身份以管理人际关系。

会话冲突虽违背了人际和谐取向,但在冲突管理中,交际各方抒发己见,促进相互了解,有利于寻找解决冲突的办法,构建和谐人际关系。网络作为当下重要的交际语境,会话冲突是复杂的网民群体进行交际的常态,虽然冲突对话可以作为交流的方式之一,但网络信息传播快,网民匿名性高、复杂度大,会话冲突可能在极短时间内演变成大规模网络冲突。加深对网络冲突管理的了解有利于及时管控网络冲突,维护良好的网络交际环境。

参考文献

[1] 陈倩,冉永平.网络语境下冒犯的语用研究:现状与趋势[J].语言学研究,2018,(1):6-17.

[2] 陈倩.网络冒犯的语言实现方式及人际语用理据探析[J].外语教学,2019,40(2):32-37.

[3] 陈新仁.语用身份:动态选择与话语建构[J].外语研究,2013,(4):27-32,112.

[4] 陈新仁.语用学视角下的身份研究:关键问题与主要路径[J].现代外语,2014,37(5):702-710,731.

[5] 陈新仁.语用身份论:如何用身份做事[M].北京:北京师范大学出版社,2018.

[6] 陈新仁等.语用学视角下的身份与交际研究[M].北京:高等教育出版社,2013.

[7] 董翠茹.网络语境下冲突性话语的语用身份建构:以知乎为例[J].太原城市职业技术学院学报,2023,(4):188-191.

[8] 耿雯雯.网络暴力语言的人际语用学研究[D].福州:福建师范大学,2020.

[9] 李成团,冉永平.会话冲突中的语用管理探析[J].中国外语,2011,8(2):43-49.

[10] 李捷,朝曦.网络多重冲突性话语的语用特征及触发机制[J].浙江外国语学院学报,2022,(3):2-9.

[11] 刘梦玲.新浪微博骂战结束方式的网络语用研究[D].泉州:华侨大学,2018.

[12] 吕明臣.网络交际中自然语言的属性[J].吉林大学社会科学学报,2004,(2):48-53.

[13] 冉永平.冲突性话语的语用学研究概述[J].外语教学,2010a,31(1):1-6.

[14] 冉永平.冲突性话语趋异取向的语用分析[J].现代外语,2010b,33(2):150-157,219.

[15] 谢俊贵.网络社会风险规律及其因应策略[J].社会科学研究,2016,6:102-110.

[16] 徐学平,李依.冲突话语管理中语用身份的话语建构与磋商[J].现代外语,2022,45(5):585-596.

[17] 杨骁勇.人际冲突性话语的语用分析与缓和策略[J].外语教学,2013,34(2):39-43.

[18] 袁周敏.顺应论视角下医药咨询顾问语用身份建构的实证研究[D].南京:南京大学,2011.

[19] 袁周敏,陈新仁.语言顺应论视角下的语用身份建构研究:以医疗咨询会话为例[J].外语教学与研究,2013,45(4):518-530,640.

[20] 张玮,谢朝群.网络语境下不礼貌语用与身份建构分析:以微博研究为例[J].当代外语研究,2015,(5):23-28,34,76.

[21] 张小瑞.语用学下冲突性话语效应分析[J].语文建设,2016,(35):97-98.

[22] 赵英玲.冲突话语分析[J].外语学刊,2004,(5):37-42,112.

[23] BOGOCH B. Courtroom discourse and the gendered construction of professional identity[J]. Law & social inquiry, 1999, 24(2): 329-375.

[24] DE FINA A, SCHIFFRIN D, BAMBERG M. Discourse and identity[M]. Cambridge: Cambridge University Press, 2006.

[25] TRACY K, ROBLES J. Everyday talk: building and reflecting identities[M]. New York: The Guilford Press, 2013.

叹词"哇"的语用功能及多模态协同实现

湖南师范大学　滕　玥[*]

摘　要: 叹词"哇"的已有研究主要集中在对静态文本的考察上,然而,随着视频时代的到来和技术革命的推动,研究的焦点逐渐转向了互动会话中的动态多模态符号。本研究以电影片段中包含叹词"哇"的多模态对话为研究语料,构建了一个多模态话语协同分析框架,旨在深入探讨叹词"哇"在语用层面上的功能和这些功能在多模态环境中的协同表达。研究结果揭示了在不同语用功能下,叹词"哇"在多模态对话中表现出不同的协同形式。具体而言,情感传递功能呈现为听觉模态强化视觉模态,并且在时间上呈现出一致性;焦点指向功能的协同形式为视听结合,且表现为先听后视的时间顺序;而评价回应功能则表现为文本模态的零协同,且其协同性强烈依赖模态间的语境关系。这些不同语用功能下的模态协同实现,直接影响了会话双方对"哇"传递意义的理解与交流,以期能够为叹词的语用功能研究提供视角。

关键词: 叹词;哇;语用功能;模态协同

1　引言

"哇"在《现代汉语词典》(第七版)中有两种解释,一作助词,为"啊"受前一字收音 u 或 ao 的影响而发生的变音(例如"快走哇"),二则作拟声词,模仿大哭声、呕吐声(例如"孩子吓得哇哇叫"),但未提及叹词这一词类。从定义上来看,

---

[*] 作者简介:滕玥,湖南师范大学硕士研究生,研究方向为认知语言学,电子邮箱: tengyue@ hunnu. edu. cn。

"叹词永远是自由形式"(赵元任,2005:369),指的是"不参与句子组织的词,其句法位置松散,既可独立出现在句子之前,也可插入句中,如'啊,原来是这样'"(吕叔湘,1999:20)。在此类例句,例如"哇!太美丽了",此时的"哇"既不是依附于前一字的语气词,也不是意义依靠前后解说语句的拟声词,而是具有独立性的、"随所感而为声"的叹词(王明仁,1992:93)。

  国内外对叹词的研究深入且系统,汉语学界可以追溯到1898年的《马氏文通》,1992年国际上已有语用学期刊(*Journal of Pragmatics*)设立感叹词研究专栏。叹词研究的成果与产出,伴随学界对叹词相关问题的争鸣,总体围绕四个方面进行:界定、归属、功能和新转向。一是叹词界定之辩。齐沪扬(2002)认为从语气意义来看,叹词和语气词都可以表示赞叹,支持胡明扬、房玉清等学者的叹词归入语气词说。张静(1987)从两者拟声的语言本质出发,支持丁声树、吕叔湘和朱德熙等学者的叹词归入象声词说。Jespersen(1924)认为叹词与名词、动词、象声词等不同,更加注重情感的突然爆发和句法上的独立,在此基础上,Zandvoort(1957)和Ameka(1992)进一步对叹词内部划分。当今学界已"将叹词、语气词和象声词分别看为不同的词类"(黄弋桓,2018:136)。二是叹词归属之分歧。高名凯(1960)、胡裕树(1979)等学者认为叹词应当为虚词,而黄伯荣、廖序东(1991)等学者则把叹词归为实词,随后,一批学者逐渐弱化叹词的虚实归类,提出呼声(叹词)活用说,并逐步转向了独立性、代句词等新说法(王力,1985;郭锐,2002;刘丹青,2011)或为话语小品词(Wierzbicka,1976;Schourup,1985)、话语标记(Schiffrin,1987)等。三是叹词功能的研究。姚锡远(1996)从宏观上概括了叹词的三大语用功能:情感功能即对情感信息的传递、评价功能即言语者对客观事物的主观评价、修辞功能即丰富语言的感染力。其他学者则结合语料或对比研究来分析叹词的某一功能:其手势用法和象征用法(陆镜光,2005)、波兰语no的语用功能(Kryk,1992)。四是叹词研究近年来的新转向。王寅(2021)基于体认语言学,即"人们对现实世界的互动体验(体)和认知加工(认)"的角度,通过英汉对比来对叹词的构词、语言范畴、句法等维度进行了其特征的重新解读。Winter等(2017)则基于叹词的相似性,将其意义表达与不同感知通道(sensory channel)如味觉、嗅觉、听觉等联系起来考察。

  综上所述,以往对叹词的研究都注重宏观整体上的概述,对个例的分析则是在少数典型,如"啊"(郑岚心,2008)或"no"(Kryk,1992),而较少对日常生活中使用频繁但词类模糊的其他叹词进行分析,如"哇",因而在语用功能的研究上,也忽略了不同叹词在不同情景下的具体功能。同时,近十年叹词研究的新转向,即多模态及认知视角上的探索,使以往以文本为主要语料来源的叹词研究受到多模态语料的冲击。

因此,本研究截取电影《人再囧途之泰囧》《天下无贼》、电视剧《十全十美》等 30 部影视片段中的"哇"进行转写,共 30 余例,总时长为 15 个小时左右。并与 1 位非本研究参与者进行双人交叉筛选,在不同时间以随机的顺序,观看完成 30 部影视,并以同一话题为截取最小片段的标准,将 30 部影视剧集中包含叹词"哇"的语音片段进行穷尽性检索,最后依靠音频分析软件 praat V6.2.19 得出语音数据。其中影视片段均以二次部分录屏或截图形式用于个人研究,未公开传播原始影音,同时,语料转写体例以 GAT – 2 转写系统为基础,并结合语料需要进行了删减,详见附录。在多模态协同分析框架下,本文探究两个问题:叹词"哇"有何语用功能? 实现其语用功能的模态协同是什么?本文聚焦叹词中个例"哇"的语用功能,并分析在不同的语用功能下,为实现会话双方对"哇"的意义传递与理解,其模态间的协同情况是怎样的,以期能够为叹词的语用功能研究提供视角。

2　多模态协同分析框架

多模态协同是多模态话语分析框架中的核心部分,模态间的协同关系影响着话语的意义。根据朱永生(2007)提出的两条识别多模态话语标准的第二条,涉及的符号系统在两种或两种以上的,即可视为多模态话语。文本、视觉、听觉三类感知通道作为生命体在日常信息交换中的常用路径,其通道的协同建构了日常多模态交际。在张德禄(2009)的多模态话语分析框架及多模态话语理论(Halliday, 1985; Matthiessen, 2007; Matthiessen, 2009)的基础上,本文关注文本、视觉、听觉模态,提出由宏观语境、中观分工和微观协同的多模态话语协同分析框架,如图 1 所示。

首先,宏观语境层面(外侧线形边框所示)是基于韩礼德系统功能语言学对文化语境和情景语境的解释,两者共同影响会话双方对意义的传递和理解。多模态话语分析继承了系统功能语言学的纯理功能假说(Halliday, 1985),因而,实现在语境触发下的语言元功能成为模态协同的根本原因(Matthiessen, 2009:15)。文化语境即社会意识形态,而"意识形态中特定话语成为模态协同的'前景化'动因,即特定话语关联的身份和社会知识"(韩艳方,2022:36 – 37)。同时,情景语境即由语场、语旨、语式三个社会变量形成的语域,直接影响具体会话下的意义流动。其次,中观层面(线 – 点边框所示)的理论基础来自 Matthiessen(2007)的符号系统分工说和 RST 修辞结构理论。分工是在宏观语境下进行的,

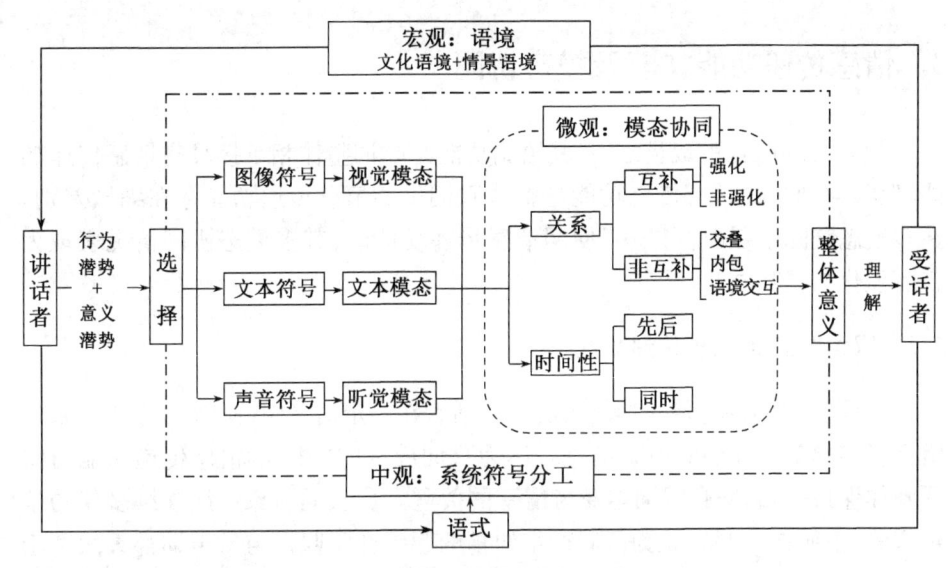

图 1 多模态话语协同分析框架

当一段对话形成具有整体性和连贯性的语篇,其内部的各个组成部分都将服务于同一目的,"语篇是由修辞关系构成的复合体"(Matthiessen,2007:33)。因此,情景语境中语式的修辞模式(rhetorical mode)直接影响社会—符号分工(division of socio-semiotic labor),在语境下将内容(content)分配给不同的符号系统。随即符号系统进行分工,通过不同的媒介或通道将表达责任(responsibility for expression)分配给不同的模态(Matthiessen,2007:32-37)。最后,在Matthiessen(2007)分工说中,微观的模态协同(方点边框所示)是通过表达层上的媒介/通道经过选择,促使不同模态间进行协同,形成交际进程中的多模态表现形式。张德禄(2009)进一步在微观层面上,对模态整合整体意义时的关系进行了讨论:以二分法的形式将模态间的关系分为互补和非互补,其中互补关系包括强化和非强化,非互补关系中包括交叠、内包和语境交互。在多模态话语交际中,其模态间的关系还会受到三维时空的影响,空间归属于宏观层面的情景语境,而时间则体现为不同模态间的先后或一致顺序,即表现为模态同时或模态先后。在互补关系中,模态间的强化与非强化都具有时间维度的表征,而非互补关系中的交叠与内包限定了多种模态在时间上的一致性,但语境交互则指的是情景积极或消极的参与模态交际过程(张德禄,2009:27),其过程并未聚焦在模态之间,而是语境与模态整体的交互,因而模态间的时间性在该关系中不予讨论。

/171/

3　情感传递功能"哇"及模态协同

"哇"作为叹词的成员之一，其语用功能与叹词整体相承接具有情感传递功能，但叹词"哇"的情感传递功能与整体叹词下的情感传递功能存在细微差别。在多模态交际过程中，当"哇"使用情感传递功能时，其多模态协同情况表现为视听强化与视听同时。

3.1　叹词"哇"的情感传递功能

叹词"哇"的情感传递功能指的是讲话者在一定语境中，使用叹词"哇"来向听话者传递某种强烈的情感信息。作为叹词成员的"哇"的情感传递功能与叹词整体保持一致，来自叹词本身与情感的关联。从叹词与象声词连续多年的争辩来看，王明仁（1992）认为两者产生纠葛的起因在于叹词与象声词都天然基于人的声音，都是能够表达声音的词类。但区分两者的关键也在于声音，象声词是对客观物理声音的模仿，没有包含讲话者的情感，如"哈哈大笑"中的"哈"便是对人笑声的模仿，去掉"哈哈"只保留"大笑"，其意义也没有改变，而叹词则是随着主观心理情感的流露而自然发出的声音，包含了讲话者在发声瞬间的内在情感。同时，姚锡远（1996）在对叹词整体功能的界定中，指出叹词最根本的语用功能在于情感信息的传递，如因惊异而不由自主地发出感叹。在多模态话语交际中，叹词"哇"对情感信息的传递与视觉、听觉模态形成一致，整体传递与惊讶义直接相关，或以惊讶义为基础，附带如惊愕、惊喜、惊吓等其他情感表达形式，实现以多模态为基础，叹词"哇"传递的情感信息的具体化。

3.2　情感传递功能"哇"的模态协同

在体现叹词"哇"的情感传递功能的多模态语料中，其宏观语境下的意识形态都呈现出明显的中国特色，会话双方均为中国人，以汉语为交际语言，触发同一文本模态"哇"的具体情景多为出现会话双方预期之外的信息，具有一定统一性。内容层通过系统间的符号分工，其在微观模态上的协同情况呈现出与情感传递功能相匹配的形式：关系上表现为视觉与听觉模态间的强化，时间上表现为视觉与听觉模态同时进行。

3.2.1　视听强化

在参数的比较中，本研究首先将视觉模态分为面部、上肢、下肢，并在具体参数中分为有（＋）和无（－），在有（＋）的基础上，分为共同具有（＋＋）和个别具

叹词"哇"的语用功能及多模态协同实现

有(+-)。以眉毛的标记为例,若其记为(++),即表示在视觉模态中眉毛有明显的运动变化,并且是情感传递功能下的语料的共性,而非仅在个别语料中出现通过对语料的整理。在听觉模态中,本文根据 praat 软件提供的数据,将听觉模态拆分为两个主要参数:音长和音高。将独立的语料做字的层面的切分,然后统计在单一语料中正常情景下,讲话者的单字的音长和与讲话者说出"哇"字时的数据进行比较,同时根据情感传递功能下仅"哇"字的全部基频图,观察其峰值数量,并得出听觉模态下的普遍规律。通过对 5 段典型语料的具体分析及一般语料的整体分析,情感传递功能的多模态表达形式的各项参数如表1、图2所示。

表1 情感传递功能的多模态形式表达表:视觉模态

序号	面部			上肢			下肢	
	眉毛	眼睛	嘴巴	手部	手臂	上躯干	腿部	脚部
1	+	+	+	+	+	+	+	-
2	+	+	+	+	+	+	+	-
10	+	+	+	+	+	+	+	-
13	+	+	+	+	+	+	+	+
15	+	+	+	-	-	+	+	+
总体	(++)	(++)	(++)	(+-)	(++)	(++)	(+-)	(+-)

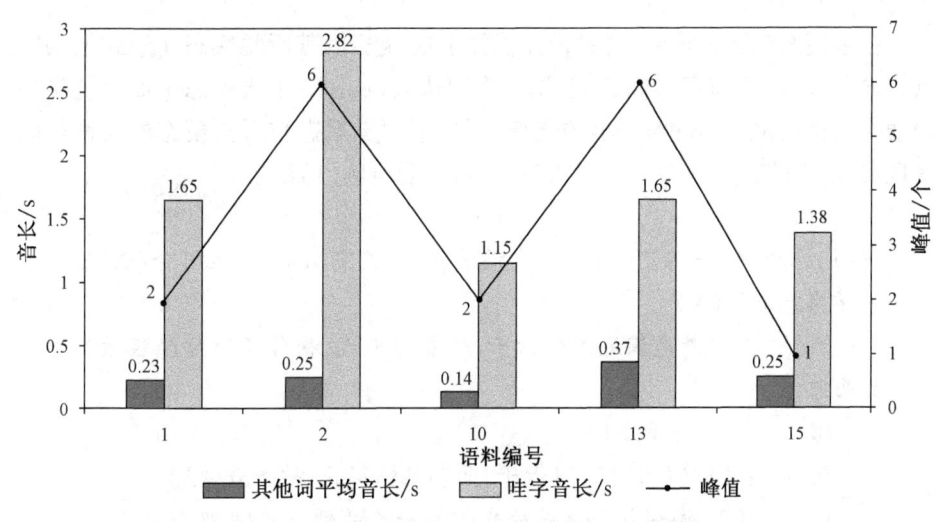

图2 情感传递功能的多模态形式图:听觉模态

以视频为主的多模态语料同时调动了视觉、文本、听觉符号系统,并通过不同模态承载不同的表现形式,共同向受话者传递讲话者的情绪信息,呈现出以惊讶义为主的视觉和与情绪相关的听觉特征。情感传递功能"哇"在视觉模态下的一般特征即为面部、上肢、下肢三个维度参数均为正值(+),且面部下的眉毛、眼睛、嘴巴三个参数达到了所有语料共同具有的特征(++)。讲话者在说出"哇"时,均将眼睛睁大、嘴巴张开、眉毛上挑、上躯干受到情绪影响上抬,而手、手臂、腿、脚的部位则也有变化,如做出拍手、跺脚、弹跳等行为,呈现出与惊讶状相匹配的面部及身势特征。从听觉模态来看,情感传递功能下"哇"的单字音长均长于说话者在正常情境下说出其他字的音长1秒以上,且呈现出多峰值,基频曲线曲折的特征。根据基频参数,基频图的曲线呈波浪形,随讲话者情感波动上下起伏,且多数典型语料具有多个音高峰值,呈现出承载强烈情感信息的听觉模态。"一般而言,单一形式表达惊讶程度中,身态特征最可靠,因为面对惊讶事件,面部表情、肢体动作是最本能的反应;其次为语音特征,最后为句法特征。"(万光荣,2019:115)在多模态会话中,意图通过"哇"来传递惊讶或"惊讶义+附属义"的情绪信息的讲话者,以高频次的肢体动作、呈现惊讶状的夸张面部表情等视觉模态来传递视觉符号承载的内容,使其反应在表达层上,以使受话者理解其整体含义,此时的听觉模态与视觉模态在微观协同上形成强化关系,即为"一种模态是主要的交际形式,而另一种或者多种形式是对它的强化"(张德禄,2009:24)。

3.2.2 视听同时

　　在多模态交际过程中,情感传递功能下的"哇"因其听觉模态在形式上的特点:"哇"单字发音持续时间长,音调上下起伏大,从而为视觉模态中面部及身势的动作变化提供了物理时间上的支撑,形成了视觉模态与听觉模态同时进行的呈现形式,而非孰先孰后的时间次序,如典型语料例(1)所示。

　　例(1)　电影《一吻定情》中的宏观语境:中国某高中;学生阿金(A)追求学生袁湘琴(Y)

　　　01 A:((端着盛满海鲜的盘子,转着圈出现,稍作停留后轻轻放在Y面前

　　　02 　　的小桌上))

　　　03→Y:哇!((目光追随盘子,面部呈惊讶状,举手鼓掌))

　　　04 Y:阿金,谢谢你!总是给我们做好吃的便当。((双手相握,抬头看着J))

叹词"哇"的语用功能及多模态协同实现

05 A:没有啦。((双手放于背后,头部左转,面对同伴并微笑))

在例(1)中,会话发生的空间位置是在学校的天台上,受话者为讲话者及其朋友们带来了在学校里少见的山珍海味。讲话者立马发出了"哇"的惊叹,从视觉模态上看,伴随"哇"的感叹,讲话者嘴巴为发出"哇"声而张大呈圆"O"形,如图3所示,随后原本处于下垂的手举至胸前位置,并做鼓掌动作,表示惊叹,如图4所示。在听觉模态上,该处"哇"共延续2.83秒,音长持续时间长,贯穿整个讲话者发话以及面部、身势变化的过程,长音长为音调上下波动提供物理条件,基频曲线呈波浪状,形成有规律的升降—升降调,峰值共计6个,如图5所示,体现出讲话者明显的情绪起伏。在讲话者发出"哇"的2.83秒内,其张嘴、鼓掌等动作变化同时进行,并贯穿动作发起与结束。

图3 Y在03行的面部表情   图4 Y在03行的身势动作

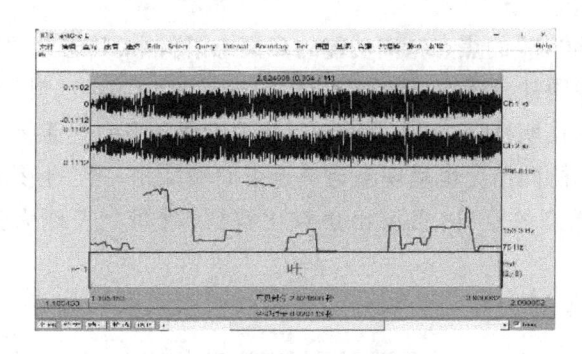

图5 Y"哇"的听觉数据

/175/

4 焦点指向功能"哇"及模态协同

焦点指向功能作为叹词部分成员具有的语用功能,叹词"哇"呈现出与焦点指向性叹词相似的特征,在多模态交际进程中,其视听焦点化和先听后视的多模态协同情况进一步凸显了"哇"的焦点指向功能。

4.1 叹词"哇"的焦点指向功能

叹词"哇"的焦点指向功能指的是讲话者使用叹词"哇"来对新信息进行指向,此时"哇"不再聚焦讲话者的情感波动,而是强调将受话者的注意力吸引至某一新信息上。郑岚心(2008)论证了叹词"啊"的提示功能,即吸引他人注意力的功能,赵敏(2021)进一步研究叹词"啊"的预期性表达,并提出其话语功能包括提示新信息和突显信息焦点,如"有哇……啊啊?她没上课?"该句中不参与句子组织的"啊啊"是一种对新信息的提示或凸显,听话者的注意力伴随说话者的"啊啊"瞬间吸引到后句的"她没来上课"这一新信息上。叹词"哇"与此类"啊"的使用有相似性,首先两者都为独立的、不依附且不参与句子组织的成分,同时两者都具有与惊讶义相关的预期性情感,以此为基础延伸出对新信息的凸显与提示。此外,通过对叹词"哇"的多模态语料考察,与文本模态"哇"相协同的其他模态在聚焦新信息的基础上,还呈现出了对该信息指向的具体动作,体现了表达层对新信息的聚焦与吸引受话者注意力的责任的承担。

4.2 焦点指向功能的模态协同

在体现叹词"哇"的焦点指向功能的多模态语料中,其宏观语境下的意识形态依旧是基于中国社会环境,会话双方均为中国人,但触发"哇"的具体情景在基于会话双方的预期性上,更加强调新信息的出现和吸引会话参与者的注意力,其微观模态上的协同情况也呈现出与焦点指向功能相一致的形式:关系上表现为视觉与听觉模态的互补,且突出焦点化特征,时间上表现为先听觉后视觉模态。

4.2.1 视听焦点化

在中观层面上,讲话者意图吸引受话者注意力,凸显新信息的意义潜势受具体情景语境的影响,为语境下语篇的一致性和整体性,将这一责任有意识地分配给文本符号"哇",图像符号的手部动作及声音符号的音长及音高,并在微观模态中呈现不同的规律和特征,如表2、图6所示。

表 2　焦点指向功能的多模态形式表达表:视觉模态

序号	面部			上肢			下肢	
	眉毛	眼睛	嘴巴	手部	手臂	上躯干	腿部	脚部
3	+	+	+	+	+	-	-	-
4	+	+	+	+	+	-	-	-
5	+	+	+	+	+	+	-	-
7	+	+	+	+	+	-	-	-
9	+	+	+	+	-	+	-	-
总体	(++)	(++)	(++)	(++)	(+-)	(+-)	(-)	(-)

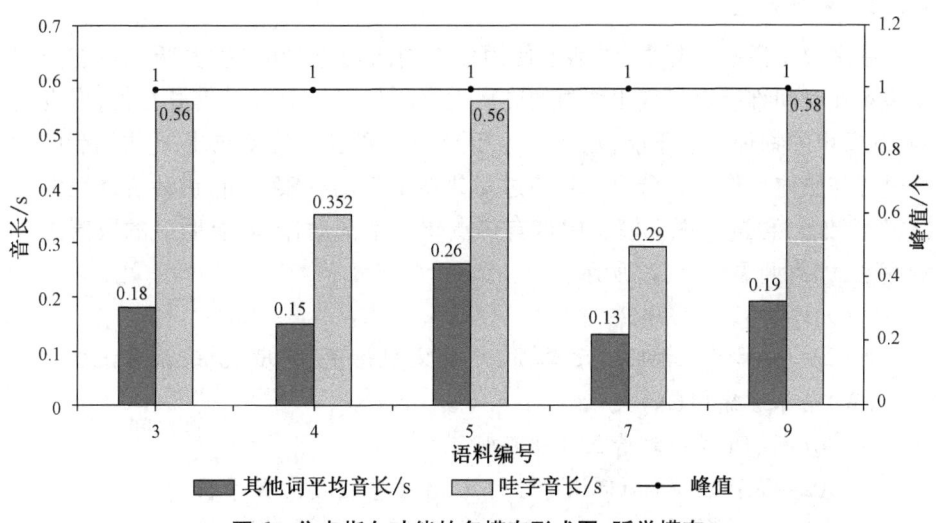

图 6　焦点指向功能的多模态形式图:听觉模态

从视觉模态来看,在焦点指向功能的典型语料形式表达中,其上肢手部维度为(++),表示所有多模态语料中,通过"哇"来实现焦点指向功能的讲话者均有手部动作的变化,且呈现出明显的一致性:讲话者均有抬手伸出某根手指,做指向新信息处的动作的规律,并以此区别于正常会话动作。面部维度下三个参数为(++),表示所有语料均有面部动作,且呈现出与情感传递相一致的惊讶状面部表情,体现出焦点指向下"哇"与情感传递功能的一定交叠,但基于两大功能在上肢及下肢维度的差异,焦点指向功能"哇"实则是在惊讶情绪的基础上,进一步聚焦受话者的注意力,实现对新信息的指向。听觉模态则表现出音长短(平均音长均小于 0.4 秒)、音调峰值单一(峰值均为 1 个)、基频起伏波动较

/177/

小(基频图曲线简单)的特征,短促而有力,爆发性强,形式明显有别于正常对话,突出了吸引会话双方注意力的功能,实现了听觉模态的焦点化。因此,焦点指向功能下的"哇"视觉和听觉模态都呈现出焦点化表征规律,即视觉模态中指向性手部动作和听觉模态中的短促有力、爆发性强的发声特征,两种模态共同承担了内容层分配给声音和图像符号系统的焦点化责任,因而在微观协同中,听觉和视觉模态呈现为互相结合的非强化关系,即"两种交际模态缺一不可,互为补充的关系,特别是听觉和视觉的结合"(张德禄,2009:26)。当意图吸引受话者的注意力,并指向新信息时,讲话者将交流的主要通道设为视觉模态和听觉模态,以手指的指向和"哇"的音频特征来实现焦点指向功能,以使受话者理解其整体含义。

4.2.2 先听后视

在多模态话语交际中,讲话者使用焦点指向功能"哇"时,其听觉模态与视觉模态在时间维度上呈现出明显的先后次序。焦点指向"哇"音长短促,爆发性强,其发声的物理过程不能包含整个讲话者的面部及身势动作,因此讲话者的发声过程与肢体动作明显分离。且通过对典型语料的观察分析,讲话者常在发出"哇"后数秒,再进行视觉模态中带有焦点化的手部动作,具有明显的段落感和顺序性,如典型语料例(2)所示。

例(2) 电影《人再囧途之泰囧》中的宏观语境:跨境航班;旅客王宝(W)与旅客徐朗(X)交谈
  01 W:((转头盯着 X 手机数秒))
  02→W:哇!((面部保持惊讶状,左手手指指向 X 手机))
  03 X:((看手机的视线快速转移通过转头动作到 W 面部))
  04 W:((上肢整体向 X 靠近))你手机屏幕好大!
  05 X:((转头看向自己的手机屏幕))
  04 X:((左手被 W 右手中的仙人球刺中))啊!

在例(2)中,交际双方都为中国人,空间位置是在一辆开往泰国的火车上,受话者 X 在浏览手机信息,见图 7,来自偏远农村的讲话人 W 对 X 巨大的手机屏幕表示好奇,在观察数秒后发出了"哇"的感叹,并在手指指向 X 的手机屏幕后,继续说出"你手机屏幕好大"。受话者 X 的注意力从手机中所浏览的信息瞬间转移到 W 的面部,见图 8,随后 X 用食指指向 W 的手机屏幕,受话者注意力随其手部动作回到自己手机上,见图 9。整个过程在 praat 软件中可做出明显的先后顺序切分,见图 10,音长仅 0.51 秒的"哇"先于受话者的手部动作,整体呈现出先听觉模态后视觉模态的协同表征。

图 7　X 在 02 行时的视线　　　　图 8　X 在 03 行时的视线

图 9　W 在 02 行时的手势　　　　图 10　W"哇"的听觉数据

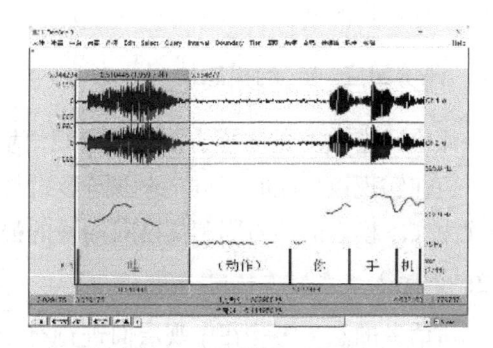

5 评价回应功能"哇"及模态协同

评价功能作为叹词整体成员共有的语用功能,在与具体某一叹词成员相结合时,体现出该叹词对评价功能的延伸。在多模态会话交际中,叹词"哇"表达讲话者的主观态度,并依赖具体语境,与其他模态呈现出非互补的关系。

5.1 "哇"的评价回应功能

叹词"哇"在交际过程中体现的评价回应功能,是指讲话者利用叹词"哇"来表达自己对交际中呈现的内容或信息的评价、反馈或个人的态度,以此对情景语境中某一话题做出回应,使受话者也能理解"哇"包含的整体意义。从学界对叹词整体的语用功能来看,与评价相关的语用功能是以讲话者对交际内容的主观情感为基础发展而来的,姚锡远(1996)在对叹词整体的语用功能进行分析时,根据叹词与言语者主观感情的紧密关系,指出其本身便反映了言语者对事物的

/179/

主观评价,且评价的类型褒贬不一,如"呸!"这一叹词就表现了说话者强烈的否定情绪和贬斥态度。从叹词内部的具体成员来看,作为叹词整体的评价功能在与具体的某一成员结合后,呈现出对该功能的具化。"表态功能是叹词'啊'最常见的语用功能。"(郑岚心,2008:46)讲话者在使用叹词"啊"时,主要意图是向受话者表达自己对交际中的某一信息持有的态度,如"啊,好吧!"这一例句中的叹词"啊"就展现了讲话者对某一事件的肯定或允诺。在情侣双方互赠礼物这一具体情景中,"他的女友也可以用一个感叹词'哇'或'wow'表达她对这个礼物的态度"(李丛禾,2007:121)。因此,叹词"哇"的本质便具有对某一信息的评价回应功能,表达讲话者的主观态度倾向,如消极态度不满、反讽或积极态度支持、肯定、喜爱等。

5.2 评价回应"哇"的模态协同

评价回应"哇"的多模态语料的宏观语境均为现代中国,且会话双方为中国人。但在实现该功能时,"哇"的协同形式与另外两个功能呈现明显分歧,具体表现为文本模态的零协同和模态对语境的强依赖性。

5.2.1 文本模态的零协同

讲话者的意义潜势在中观层面进行符号分工时,其对信息做出评价和回应的意图主要由文本符号"哇"来承担,图像符号和声音符号在评价回应功能下被讲话者有意识地压制,因而视觉模态和听觉模态在形式表达上的物理数据与正常交际状态相仿,见表3、图11,没有呈现出与该功能匹配的特性,因此评价回应功能"哇"的模态协同形式为仅由文本模态"哇"来实现的零协同,与其他模态呈现出非互补关系。

表3 评价回应功能的多模态形式表达表:视觉模态

序号	面部			上肢			下肢	
	眉毛	眼睛	嘴巴	手部	手臂	上躯干	腿部	脚部
6	+	+	+	-	-	-	-	-
8	-	-	+	-	-	+	+	-
11	-	-	-	+	+	+	-	-
12	+	-	-	-	-	-	-	-
14	-	-	+	+	-	-	-	-

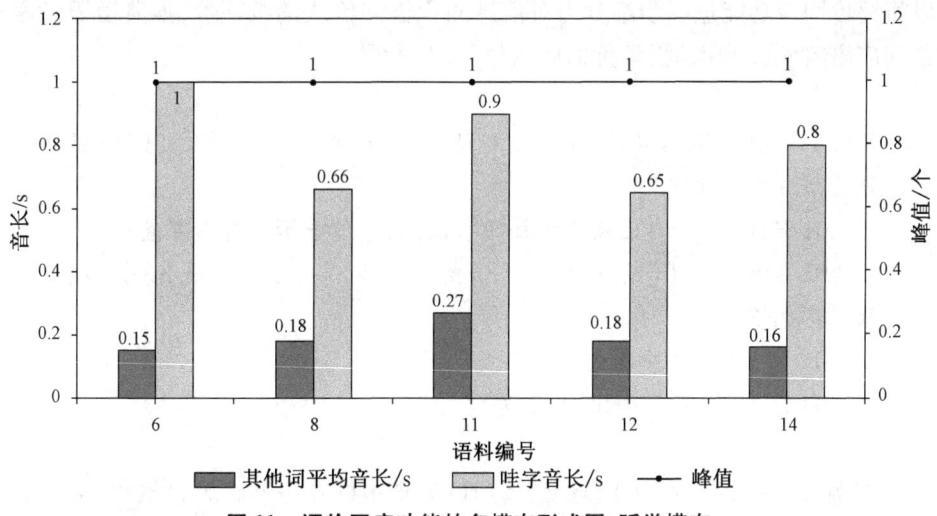

图 11 评价回应功能的多模态形式图：听觉模态

从视觉模态来看，讲话者在使用评价回应"哇"时，其面部、上肢及下肢三个维度未达到所有语料均有的某一动作规律。除下肢的脚部为所有语料都没有的动作维度，在 5 个典型多模态语料中，其他面部表情及身势动作的无表达项（-）的个数都大于有表达项（+）。同时在对具体的有表达项（+）语料进行分析时，讲话者和受话者双方的面部表情与正常交际表情相仿，并没有与惊讶状或其他强烈情绪相似的面部表征，身势动作则多是对上一动作的维持，而非改变原有动作，做出带有其他意义的新身势动作。从听觉模态来看，评价回应"哇"的单字音长与其他字平均音长的差值处于短于 1 秒，长于 0.4 秒的范围内，且在音高维度上均为单峰值、曲线平稳。评价回应"哇"的听觉模态参数与情感传递和焦点指向功能相比，无明显反应该功能的特征，整体趋向平淡，与正常会话交际类似。因此，讲话者在使用"哇"来表示个人对某信息的主观评价和回应时，文本符号将讲话者的全部意义潜势分配给文本模态，视觉和听觉模态并未承担明显的评价回应责任，进而形成了仅有文本模态的零协同。

5.2.2 依赖性的语境交互

评价回应功能下"哇"在与其他模态的协同情况中，表现为仅有文本模态的零协同，其他模态对其意义体现没有做出明显贡献，但此时情景语境"可以直接参与交际过程"（张德禄，2009：27），并且影响评价回应的具体类型：积极或消极。换而言之，评价回应"哇"的模态协同表达整体为非互补关系中的语境交互，且语境与文本模态的交互性质又为依赖性强而非独立性强，从而情景语境可以将评价回应功能进一步细分为对信息的积极评价或消极评价,如典型积极评价回应语料例(3)和消极评价回应语料例(4)所示。

例(3) 电影《天台爱情》中的宏观语境:天台好友聚餐;阿郎(L)祝福黑轮(H)成功升职
  01 H:((对向自己表达祝福的人微笑,并伸手示意自己害羞))
  02→L:哇!((稍作停顿))那我们以后不就可以跟着你吃香喝辣?再也不
  03   用去中医馆打工了?
  04 H:((向L伸手比ok手势))

在例(3)中,讲话者(L)和受话者(H)等众多好友一起在天台聚餐,某一好友给在场人传递了受话者(H)被老板私聊,不仅没有被开除,反而成功升职的消息。讲话者(L)立马转向受话者,发出"哇"的感叹,可以确定讲话者运用"哇"是表示其积极、支持的态度和对自己职业未来的正向评价。受话者(H)在文本模态和情景语境的共同作用下,确定了评价回应意义的唯一性,因此向讲话者以视觉模态的形式传递积极回应,完成了整个多模态交际。但在例(4)中则是受情景语境直接影响的消极评价回应语料。

例(4) 电影《撒娇女人最好命》中的宏观语境:逛街偶遇情敌和前男友;蓓蓓(B)感叹张慧(Z)的外表
  01 Z:((眼神不自然地看向别处,面色尴尬))
  02→B:哇!((面露微笑,并微微上下蹲起))你真的跟我想象的一模一样
  03   呢!
  04 Z:是呀?((尴尬的微笑))
  05 B:嗯!((欣喜地点头))

在例(4)中,讲话者B在见到受话者Z时,发出"哇"的感叹,响度小,但短促有力,同时身体微微下蹲并迅速站直,肩膀向上提起,嘴巴张大并频频点头,直视受话者。从讲话者B的视觉和听觉模态来看,均与积极态度下的动作和声音表征相似,但结合该语料的情景语境:两人处于紧张的情敌关系,受话者Z无法肯定讲话者B"哇"是对自己肯定的评价,也无法确定讲话者B在文本模态"哇"的

下文"你真的跟我想象的一模一样呢"中"想象"的具体内容,仅能听出文本模态中的消极讽刺和挖苦,因此反馈给讲话者 B 略带尴尬的微笑。

6 结语

　　基于对叹词整体语用功能和词类特征以及叹词成员"哇"的个性考量的回溯,叹词"哇"的语用功能主要体现为情感传递、焦点指向和评价回应功能。在模态话语协同分析的框架下,三种语用功能所承载的内容层各有不同,因而中观分工下的微观协同也呈现出与语用功能相一致的表达形式。情感传递功能下的"哇"模态协同情况表现为时间保持一致性的视觉模态强化听觉模态,面部表情、声音起伏等维度为受话者理解讲话者的具体情绪提供了模态通道。焦点指向功能"哇"的模态协同在时间上呈现出先听后视的差异,但视觉和听觉模态两者关系为互补关系中的非强化,受话者结合焦点化的两种模态实现整体意义的理解。评价回应功能下"哇"模态间未形成协同,成为以文本模态为基础的零协同形式,更加依靠非互补关系中的语境交互,受话者通过文本模态与情景语境的互动来完成对整体意义的理解。本研究基于 30 部影视中截取的多模态语料,对叹词"哇"的语用功能进行了分析,得出了不同功能下"哇"的模态协同表达形式及具体模态表征规律,但在现场即席口语会话下,其协同形式是否与本文结论相同,有待进一步探索。

附录:语料转写体例

人物姓氏首字母大写	指代人物
粗体	研究对象
→	转写中相关行的标示
下划线	重音
((双括号))	非语言现象描写

参考文献

[1] 高名凯. 语法理论[M]. 北京:商务印书馆,1960.
[2] 郭锐. 现代汉语词类研究[M]. 北京:商务印书馆,2002.
[3] 韩艳方. 多模态话语中模态协同的多维分析:系统功能视角[J]. 外语学刊,2022(1):35-40.
[4] 胡裕树. 现代汉语[M]. 上海:上海教育出版社,1979.

[5] 黄伯荣,廖序东.现代汉语[M].北京:高教出版社,1991.
[6] 黄弋桓.汉语叹词研究综述[J].重庆理工大学学报(社会科学),2018,32(7):135-139.
[7] 李丛禾.感叹词的认知理据和语用功能探究[J].外语学刊,2007(3):118-122.
[8] 刘丹青.叹词的本质:代句词[J].世界汉语教学,2011,25(2):147-158.
[9] 陆镜光.汉语方言中的指示叹词[J].语言科学,2005(6):88-95.
[10] 吕叔湘.现代汉语八百词(增订本)[M].北京:商务印书馆,1999.
[11] 齐沪扬.语气词与语气系统[M].合肥:安徽教育出版社,2002.
[12] 万光荣.惊讶程度的多模态研究[J].湖南师范大学社会科学学报,2019,48(2):110-116.
[13] 王力.中国现代语法[M].北京:商务印书馆,1985.
[14] 王明仁.关于拟声词问题[J].北京师范学院学报(社会科学版),1992(5):93-97,85.
[15] 姚锡远.现代汉语叹词研究[J].河南大学学报(社会科学版),1996(4):60-63.
[16] 张德禄.多模态话语分析综合理论框架探索[J].中国外语,2009,6(1):24-30.
[17] 张静.汉语语法问题[M].北京:中国社会科学出版社,1987.
[18] 赵敏.叹词"啊"的预期性感叹表达[J].宁夏大学学报(人文社会科学版),2021,43(2):24-28.
[19] 赵元任.汉语口语语法[M].吕叔湘,译.北京:商务印书馆,2005.
[20] 郑岚心.论叹词"啊"的语用功能[J].现代语文(语言研究版),2008(12):46-47.
[21] AMEKA F. Interjections: the universal yet neglected part of speech[J]. Journal of pragmatics, 1992,18(2/3):101-118.
[22] HALLIDAY M A K. An introduction to functional grammar[M]. London, UK: Edward Arnold, 1985.
[23] JESPERSEN O. The philosophy of grammar[M]. London, UK: George Allen & Unwin, 1924.
[24] KRYK B. The pragmatics of interjections: the case of Polish no[J]. Journal of pragmatics, 1992,18(2/3):193-207.
[25] MATTHIESSEN C M I M. The multimodal page: a systemic functional exploration[M]// ROYCE T D, BOWCHER W L. New directions in the analysis of multi-modal discourse. Mahwah: Lawrence Erlbaum & Associates, 2007: 1-62.
[26] MATTHIESSEN C M I M. Multisemiosis and context-based register typology: registerial variation in the complementarity of semiotic systems[G]//VENTOLA E, GUIJARRO A. The world told and the world shown: multisemiotic issues. London: Palgrave Macmillan, 2009: 11-38.
[27] SCHIFFRIN D. Discourse markers[M]. Cambridge: Cambridge University Press, 1987.
[28] SCHOURUP L C. Common discourse particles in English conversation[M]. New York/ London: Garland Publishing, 1985.

[29] WINTER B, PERLMAN M, PERRY L K, et al. Which words are most iconic? [J]. Interaction studies, 2017, 18(3): 430-451.
[30] WIERZBICKA A. Particles and linguistic relativity [J]. International review of slavic linguistics, 1976, 1(2/3): 327-367.
[31] ZANDVOORT R W. A handbook of English grammar[M]. London: Longman, 1957.

宁波方言框式状语"再/重新……过"的句法分析

北京师范大学　吴童杰[*]

摘　要: 宁波方言框式状语"再/重新……过"表示"重新、再(一次)"的意思,包含前置副词"再/重新"和不能单独使用的后置状语"过",具有语义冗余、构件可替换性和句法上的局部关系,这些关系可以作为框式状语的判定标准。深入考察这个结构的句法属性可以发现,"再/重新……过"只能修饰有终可重复动词,而且有音节数限制,一般不修饰动词重叠式和词形式的离合词,并且可以和能愿/义务助动词"要"共现,即使不出现"要",多少也能解读出这个意思。对宁波方言框式状语的句法分析不仅可以推动方言语法研究的发展,也有助于发现一些跨语言和跨方言的差异问题。

关键词: 框式状语;再/重新……过;有终可重复动词;宁波方言

1　引言

　　汉语语序问题很早就引起学者的注意。从类型学的视角看,定语、状语这样的修饰性成分在句法中的位置应该有普遍共性或蕴含共性。包括汉语在内的多数语言在定语语序问题上确实符合 Greenberg(1963)的观察,但汉语状语的语序非常特殊,汉语几乎所有状语都前置于动词,而目前发现的多数 SVO 语言都采用"动词 – 状语"语序(潘国英,2010),这让汉语的动状关系几乎成了一个特例。学界很早便关注到这个现象,如陆丙甫(2004)早年提出"距离—标记对应律",

---

[*] 作者简介:吴童杰,北京师范大学硕士研究生,研究方向为汉语语法,电子邮箱:wtj2310871785@163.com。

对状语语序问题予以解释,有一定说服力。但总的来说,对汉语状语语序的讨论并不是很多。如何从汉语状语语序背后抽离出更普遍的规律,是重要的研究话题。

  与此同时,汉语方言的一些特殊状语位置逐渐引起学界关注。一些汉语方言,尤其是东南吴语,还保留后置状语和框式状语(荆亚玲、汪化云,2021)。前人对方言中特殊位置状语的研究多聚焦成分定性和语序问题,如刘丹青(2003)、张振兴(2003)等,或研究某地特殊状语的性质和历时来源,如张景霓(2002)对柳州方言后置状语的类型学考察,汪化云、占小璐(2014)对江西玉山方言后置状语、前置状语和框式状语的比较描写和来源讨论等。近来也有学者探讨吴语不同方言点后置状语横向分布状况、源流和演变比较(汪化云、姜淑珍,2020)。总的来说,这些工作极大地推动了方言特殊状语的描写和比较研究。

  和普通话一样,宁波方言多数状语出现在动词前,但保留了非前置状语。根据汪化云、姜淑珍(2020)的观点,宁波方言有表示"重新"的后置状语"过",这个成分不能单独使用,必须和前置状语"重新/重"共现。

(1) a. 做嘞介貌样,重(新)做过!
  b. 做嘞介貌样,重做!
  c. *做嘞介貌样,做过!(自拟)
  想表达的意思:做成这样,重做!①

  动词出现在结构的前后件之间,调查发现,前件也可以用"再"。文献对这个结构的研究极少,而且缺乏句法意义上的讨论。本文希望详细讨论宁波方言中"再/重新……过"的句法性质,力图以更精细的方式刻画这一结构。这里说的宁波方言,指吴语太湖片甬江小片(傅国通等,1986)。据初步调查,宁波方言内部对框式状语的接受程度基本相似,不做区分。

---

 ① 本文语料来自文献和自拟,自拟句均标出。文中全部语料都经过其他六名相同母语背景的调查人检验,男$_1$(77)、女$_1$(76)、男$_2$(51)、女$_2$(50)、男$_3$(23)、女$_3$(23)。调查人语感不一的用? 提示,? 表示接受某句话的调查人多于不接受者,?? 表示不接受某句话的调查人多于接受者。

2 宁波方言的"过"

宁波方言有几个不同的动词后"过",都读[kəu^{53}]。①《宁波方言词典》(1997)收录了两个"过":动词"过$_1$"和体助词"过$_2$"。

(2) 动词"过"
   a. 用水漂洗衣服等:衣裳再过渠一度。衣服用水再洗一遍。
   b. 就菜下饭:该下饭好过天亮饭。这道菜可以当早饭的下饭菜。
   c. 亡故:外婆舊年仔过嘞。外婆去年去世了。

(3) 体助词"过",表示行为或变化曾经发生
   a. 该部电影我老早看过掉。这部电影我早就看过了。
   b. 侬有听张渠讲过格貌闲话麽?你听他说过这样的话吗?

"过$_1$"是实义动词,有三个意思。"过$_2$"和普通话体标记"过"相同,而且通常蕴含过去时态。调查发现,除主要谓语和体标记位置,宁波方言的"过"至少还可以出现在动后补语位置和后置(框式)状语位置。有一类动词后"过"表示"胜过",语义较实,是复杂谓语的主要信息或新信息承载者。

(4) a. 话他不过。(自拟)说不过他。
   b. 小人一定奔嘞过老头?(自拟)小孩一定跑得过老头吗?

按刘丹青(2000)的观点,这类"过"在语用上表达新信息,前面还可以加"不、嘞(了)"这样的补语标记,应该看成动后补语。

还有一类动后"过"语义更虚,接近助词。这类动后"过"不带"不、嘞"等补语标记,也不是新信息承载者,因此不是动后补语,而是动后状语。荆亚玲、汪化云(2021)指出,杭州方言这个动后状语"过"在有对照时间的环境中可以单独使用。

(5) 杭州方言(荆亚玲、汪化云,2021)

---

① 国际音标参考中国语言资源保护工程采录展示平台:浙江宁波鄞州区福明街道调查点。

a. 去年没选上,只得简卯来过。去年没选上,只好现在再来。
b. (今年没选上),只得明年来过。(今年没选上),只好明年再来。

两句话在宁波方言中的可接受度很低,除非动词前再加前置状语"再"或"重新"。也就是说,宁波方言表达相同意思、同样出现在动后的"过"只能出现在"再/重新……过"结构中。这类"过"不是主要动词"过",因为它不表示事件;也不是体标记"过",因为当地人语感中多少能解读出这类"过"中的"重新"义(汪化云、姜淑珍,2020),体标记没有这样的解读。同样,这类"过"也不是动后补语"过",因为它不出现在补语标记后。

(6) a. 去年没弄好,今年再弄(＊嘞)过。(自拟)去年没弄好,今年再弄。
b. 昨天没做对,今天再做(＊不)过。(自拟)昨天没做对,今天再做一下。

显然,这类动后"过"不同于前面提到的情况,应该是后置状语,由于宁波方言中这个后置状语不能单独使用,其分布应该较其他北部吴语(如杭州方言)更受限。

上面提到了四种"过",但分类标准不同,动词"过"和体标记"过"是根据词性/功能分的,补语"过"和后置(框式)状语"过"主要根据位置分类,这样的分类标准不平行,分出来的类可能有重叠。因此,可以根据不同的句法位置给"过"分类。为方便表述,下面将出现在主要谓语位置上的"过"记为"过$_1$",将出现在体标记位置上的"过"记为"过$_2$",将出现在动后补语位置上的"过"记为"过$_3$",将出现在后置(框式)状语位置上的"过"记为"过$_4$"。四个不同句法位置的"过"有一些性质差异,总结如表1所示。

表1　宁波方言的"过"

	句子成分	词性	虚化程度	能否进入"再/重新……过"结构	是否可加"不、嘞"等标记
过$_1$	主要谓语	动词	很实	✓(作为被修饰成分)	✓(否定和体标记)
过$_2$	体标记	体助词	很虚	✗	✗

（续表）

句子成分	词性	虚化程度	能否进入"再/重新……过"结构	是否可加"不、嘞"等标记
过₃	动后补语	谓词性成分	很实	×	✓（补语标记）
过₄	后置（框式）状语	谓词性成分	较实	✓（作为要件）	×

从表 1 可以看出，能够进入"再/重新……过"结构的是"过₁"和"过₄"，只不过"过₁"是作为被修饰成分出现的，是主要谓语，"过₄"是构成这个结构的要件。本文研究的对象是可以作为"再/重新……过"结构构成要件的"过₄"，而不是被修饰的"过₁"，也不是无法进入这个结构的"过₂"和"过₃"。考虑到这一点，下面只用一个统一的"过"来表示，凡构成"再/重新……过"结构的，都是"过₄"。

3 框式结构的句法语义性质

复合结构"再/重新……过"由前件"再/重新"和后件"过"构成，其中后件不能单用，但前件可以单用。前件单用的句法语义功能同结构连用时基本没有差别。

(7) a. (=1a)做嘞介貌样，重新/再做过！
 b. (=1b)做嘞介貌样，重做！
 c. 做嘞介貌样，再做！（自拟）
 想要表达的意思：做得这样，重新/再做一遍！

换句话说，这个结构的前后件语义相当接近，在句子中好像有冗余关系，甚至允许省略后件"过"而不会造成理解上的问题（邓思颖，2006）。按刘丹青(2003)的分析，这种结构是"框式"的。由于这个框式结构在句法中修饰动词，也可以将其称为框式状语。

但是，仅从语义冗余和可省略性上认识框式结构是不充分的。一般来说，框式状语的前后件必须在同一个短语中，这意味着它们在句法上就有局部关系，距离不能太远，至少不能跨越小句。从属小句测试(subordinate clause test)和关系小句测试(relative clause test)支持了这个结论。

(8) a. ＊明觉要不再/重新下雨,我来过。(自拟)
    b. 明觉要不下雨,我再/重新来过。(自拟)
    想要表达的意思:如果明天不下雨,我再来。

(9) a. ＊老老来再/重新吃饭的人来过嘞。(自拟)
    b. ？老老来吃饭的人再/重新来过嘞。(自拟)
    想要表达的意思:哪个经常来吃饭的人又来了。

"再/重新"和"过"必须出现在同一小句中,否则句子(8a)和(9a)都不合法,这体现了两者的句法局部关系。有时"再/重新"和"过"虽然出现在不同小句中,但句子依然可接受,这是移位的结果,底层结构中"再/重新"和"过"依然保持了局部关系。

(10) a. 这道题目再/重新搭我做过!(自拟,底层结构)
     b. 搭我做过,这道题目再/？？重新!(自拟,话题化)
     想要表达的意思:这道题目再给我做一遍!

(10b)不影响上面的结论,即句法上看,"再/重新"和"过"必须有局部关系,它们的距离不能太远,或者说,"再/重新"和"过"必须在底层结构中保持局部关系,这种局部关系可能在表层结构中因移位等而被破坏,但这样的句子母语者仍然是可接受的。

综上所述,从语义冗余、可省略性和句法局部关系的角度可以考察框式结构的句法语义性质。基本上可以认为,任何一个框式结构的前后件都不可避免地有某种语义冗余,省略其中的某个成分不会对结构合法性或句子可接受度产生太大的影响。同时,作为一个结构内成分,框式结构的前后件也必须保持句法上的局部关系,两者的距离不能太远,至少不能跨越小句。复合结构"再/重新……过"符合上面提到的全部句法语义属性,应该是一个框式结构。下面要讨论的是,这个框式状语修饰的成分有无限制,或者说,这个结构的分布和语义是否和其他句法成分有关。

4 框式状语"再/重新……过"修饰的动词及其分布情况

框式状语用来修饰动词，被修饰成分分布在框式状语的前后件之间。但是，并非所有动词都可以受"再/重新……过"这个框式状语修饰，这个结构的句法语义性质对进入其中的动词的事件类型（type of event）有一定要求。事件动词包含一系列过程，根据事件包含过程是否有起终点，可以将事件动词进一步分类。这样的分类最早来自事件语义学的研究，在 Vendler-Dowty-Verkuyl 对事件动词分类研究的基础上，Hoekstra(1992)根据事件动词包含过程是否有起终点，一共将其分为四种不同的类型，如表 2 所示。①

表 2　事件类型

动词类型	起点(initiator)	终点(termination)	实例
天气动词	×	×	下(雨)
简单活动动词	✓	×	跑
过程动词	×	✓	死
完成动词	✓	✓	杀

框式状语"再/重新……过"表示"重新、再(一)次"这样的意思，需要被修饰成分是可重复的，这是事件类型之外的要求，但同样会对事件类型产生影响。一个可重复的事件必须有明确的起点和终点，编码到动词上，就是相应的光杆动词形式必须包含事件起点和事件终点，这是表 2 中完成动词（accomplishment）的情况，又如"做、写、测试"等动词。简单活动动词（simple activity）有时也可以出现在"再/重新……过"结构中，可能是因为这类动词表示的事件在说话时已经结束了，事件终点实际上已经通过其他方式编码，这样的动词也可以代表具有明

---

① Hoekstra 对所谓"动词包含事件过程的起点和终点"有严格的定义，对"终点"的定义和事件的动态性是分不开的。下面对事件类型的讨论，"起点"和"终点"都是可以从生活常识和百科知识上作出简单判断的。更多有关事件类型及其在汉语中的应用，见 Hoekstra(1992)、Sybesma(1999)和其中引用的文献。

确起点和终点的事件,可以被这个框式状语修饰,又如"跑、睡、游(泳)"等动词。①

(11) 完成动词

  a. (=1a)做嘞介貌样,再/重新做过!做得这样,重新/再做一遍!

  b. 写噶难看,再/重新写过!(自拟)写得这么难看,重新/再写一下!

  c. 电视机老老伐灵,侬再/重新测试过。(自拟)电视机总是不灵,你重新/再测试一下。

(12) 简单活动动词

  a. 掏慢嘞,再/重新奔过!(自拟)太慢了,重新/再跑一遍!

---

① 匿名审稿专家指出,简单活动动词被"再/重新……过"修饰的机制还需要得到更加详细的说明。(12)各句的第一个分句都是动补结构,包括情态补语(12a、12b)和结果补语(12c)。Hoekstra(1992)指出,"简单活动动词+结果补语"组成的复杂动词词组在事件类型上相当于完成动词,编码了有明确起点和终点的事件,这种类型的动词可以被"再/重新……过"修饰。情态补语的情况稍微复杂一些,这类补语表示对动作或事件的描述,事件动作可以在说话时继续发生,也可以在说话时已经结束了,是有歧义的。如:

(i) ——这道题你做出来了吗?
——正在做。
——你做得太慢了。

(ii) ——这道题你做出来了吗?
——刚做出来。
——你做得太慢了。

两句话在这个语境中都是适切的。

但是,由于"再/重新……过"修饰的动词必须编码明确起点和终点,能进入该结构的"简单活动动词+情态补语"必须编码在说话时已经完成的事件。即使在普通话中,在尚未结束的事件动词前加表示重复的副词,句子也极不适切,比较:

(iii) ——这道题你做出来了吗?
——正在做。
——你做得太慢了,^{??}再做一遍吧。

(iv) ——这道题你做出来了吗?
——刚做出来。
——你做得太慢了,再做一遍吧。

因此,(12)的三种情况本质上就是将简单活动动词转换为完成动词,其不同只在于转换方式。除此之外,还有一些改变动词事件类型的方法,如增加数量补语(但并非所有调查人都接受这种表达):

(v) ^{??}再/重新奔过。
(vi) [?]再/重新奔三圈过。

这些用法的实质都是一样的,即通过各种方式明确编码事件的起点和终点,这样的动词(词组)才可以被"再/重新……过"修饰。感谢匿名审稿专家提出的意见。

/193/

b. 昨么仔没睡好,再/重新睡过。(自拟)昨天没睡好,(我要)重新/再睡一下。

c. 昨么仔没游梭夸,今么仔再/重新游过。(自拟)昨天没游爽快,今天重新/再去游。

将可以被框式状语"再/重新……过"修饰的两类动词合称为有终可重复动词。有终意味着动词编码的事件有明确的终点,编码方式可以是词汇方式,也可以是其他语法手段;可重复则意味着动词编码的事件可以重复发生,而不是只能进行一次,这实际上还蕴含了事件包含明确起点的要求,因为过程动词(process)编码的事件通常很难重复。

以词汇手段编码事件的有终可重复动词在被框式状语修饰时还有其他限制,主要体现在音节数方面。荆亚玲、汪化云(2021)调查杭州方言相同的框式结构时指出,只有单音节动词重叠式可以被修饰,双音节动词重叠式不能被其修饰。调查发现,宁波方言"再/重新……过"结构不仅排斥双音节动词重叠式,似乎也排斥单音节动词重叠式。

(13) a. *电视机老老伐灵,侬再/重新测试测试过。(自拟)电视机总是不灵,你重新/再测试一下。

b. ？地板太乱嘞,侬拨地板再/重新扫扫过。(自拟)地上太乱了,你重新/再扫扫地。

(13b)的调查结果表现出非常明显的年龄分化。相对高龄的调查人可以接受(13b),但年轻调查人普遍不接受这句话。如果(13b)去掉后件"过",则所有人都可以接受这样的句子,但这已经是其他结构了。另外,所有调查人都不接受(13a)。匿名审稿专家指出这一点需要得到明确解释。尚不清楚造成这一现象的准确原因,但仅靠音节数限制大概不能造成这一现象以及宁波方言和杭州方言的对比性差异。考虑到动词重叠式既可以表示动作延续时间的长短,也可以表示动作反复次数的多少(朱德熙,1982:66),而"再/重新……过"结构通常只表示"重复一次某个行为",也就是表示动作次数的反复,两者的语义功能并没有完全平行。

表3　框式状语和动词重叠式的语义

	动作延续时间的长短	动作反复次数的多少
框式状语	×	✓（通常是一次）
动词重叠式	✓	✓

从表3可以看出，框式状语缺乏动词重叠式所有的"动作延续时间长短"义，这个意义大致对应持续事件解读，而"动作反复次数多少"义对应了独立事件解读。如果是这样，那么动词重叠式就对应了两种不同的事件解读，只有独立事件解读可以被"再/重新……过"修饰。① 动词重叠式如果被框式状语修饰，就要经历语义压制，谓词性成分被解读为独立事件。

由于(13a)违反了音节数限制，即使框式状语将动词重叠式语义压制为独立事件解读，这种结构关系也不好，调查中没有人觉得(13a)合法。(13b)的音节数更少，老年调查人倾向于接受语义压制后的结果，但青年调查人普遍不接受，这与"再/重新……过"的结构变化有关。普通话中没有框式状语或后置状语，在宁波方言和普通话的广泛接触中，"再/重新……过"可能经历重新分析，导致其语义压制作用减弱。后置状语"过"经常出现在句末位置，容易发生重新分析(刘丽媛，2023)，有进一步演变为句末助词或其他功能性更强的成分的可能。② 如果框式结构被重新分析，其语义压制作用会失去，由于调查人倾向于认为动词重叠式表示持续事件解读，这会导致两者语义不适配。由于前后件的语义冗余属性，单独的前置状语"再/重新"可以起相同的修饰作用，整体在语义上不会有明显区别。这种结构的重新分析可能发生在两辈人之间，这导致老年调

---

① 我们对两种解读进行了调查，调查人报告动词重叠式更容易表示"动作延续时间长短"义，即持续事件解读。

② 宁波方言或吴语中，当VO结构的V为非光杆形式时，O会提前到V之前，详见下文的解释。如果是这样，那么"过"就极容易出现在句末位置。另外，"过"来自谓词，大部分汉语句末助词(sentence final particle, SFP)也来自谓词，存在这种重新分析的可能性。

/195/

查人和青年调查人对(13b)持不同的态度。①

一个支持这一分析的证据是,朱德熙(1982:68)指出有些动词在心理上是不能持续的,其动词重叠式只能表示动量或独立事件解读,如"上(车)、试、买"等。我们发现,这类单音节动词重叠式被框式结构修饰的结果可以被青年调查人接受。

(14) a. 噶本书我乜买着,侬再/重新买买过。这本书我没买着,你再买买。
　　 b. 噶道题目乜好做,侬再/重新试试过。这道题不好做,你再试试。

这类动词总数不多,且性质独特,很难作为上述结论的反例。我们将其作为特例提出。

通常被认为是离合词的双音节有终可重复动词很难以词的形式被"再/重新……过"修饰,但如果是离合形式,光杆动词是可以被修饰的,这种结构在宁波方言中并不少见。

(15) a. ?? 总数不对,还要再/重新投票过。(自拟)
　　 b. 总数不对,票还要再/重新投过。(自拟)
　　 想要表达的意思:票的总数不对,还要重新/再投一次票。

(16) a. ?? 上头太烦嘞,我要再/重新睡觉过。(自拟)
　　 b. 上头太烦嘞,我觉要再/重新睡过。(自拟)
　　 想要表达的意思:楼上太烦了,我要重新/再睡一觉。

这和宁波方言,或者说吴语的主要语序有着密切的关联。刘丹青(2001)指出,吴语是 SOV 语序萌芽最明显的方言。以宁波方言为例,当谓语是简单动词

---

① 如果我们的解释是合理的,那我们也有义务说明为什么邻近杭州方言的单音节动词重叠式可以被相同的框式结构修饰。一个可能的原因是,杭州方言中"过"的虚化不如宁波方言那么明显,其语义压制作用在青年人中也比较强,因此说杭州方言的人可以接受单音节动词重叠式被"再/重新……过"修饰。一个类似的现象是,荆亚玲、汪化云(2021)发现杭州方言"再/重新……过"结构中可以出现补语:
(i) 再/重新做一回过,箇次我肯定记牢。再做一次,这次我一定记住。
上文指出,这类结构在宁波方言中不是完全被接受的,有趣的是,我们同样发现老年调查人倾向于接受这种表达,青年调查人倾向于不接受这种表达。这样的经验结果和单音节动词重叠式的表现相同,两者可能有相同的深层原因。按照我们的分析,这都和两地框式结构的语义压制强弱有关,或者说相同形式是否在两辈人中出现了结构的两解。感谢匿名审稿专家提出的意见。

时,主语后一般用 VO 语序;当谓语是复杂动词时,动词后的宾语总要提前。复杂动词包含各种形式,主要动词不是光杆的,无论加上动前体标记、动后体标记,还是补语、宾语等,都属于复杂动词或复杂动词短语。对离合词来说,如果离合词内不插入其他成分(也就是词的形式),则通常用 VO 语序来表达这个词,用 OV 语序有明显的强调和焦点效果,在表达特殊语用效果的情况下才使用;如果离合词内部插入其他成分(也就是短语的形式),无论是否有特殊语用效果,都需要用 OV 语序来表达,VO 语序的可接受度不高,实际使用中出现的频率很低。

(17) a. 我投票嘞。(自拟)
　　 b. 我票投嘞。(自拟,强调义明显)
　　 c. 我票投好嘞。(自拟)
　　 d. ？我投好票嘞。(自拟)
　　 想要表达的意思:我投(完)票了。

(18) a. 侬睡觉嘞么？(自拟)
　　 b. 侬觉睡嘞么？(自拟,强调义明显)
　　 c. 侬觉睡好嘞么？(自拟)
　　 d. ？侬睡好觉嘞么？(自拟)
　　 想要表达的意思:你睡(完)觉了吗？

被"再/重新……过"修饰的动词都是复杂动词或复杂动词短语,复杂动词短语(或复杂动词)中动词和宾语(或动语素和名语素)的联系更松散。这种结构在宁波方言中只能用 OV 语序来表达,一般不用 VO 语序,也不能用"再/重新……过"修饰 VO 成分或 OV 成分。①

(19) a. (=14a)?? 总数不对,还要再/重新投票过。(自拟)
　　 b. (=14b) 总数不对,票还要再/重新投过。(自拟)
　　 c. ? 总数不对,还要再/重新投过票。(自拟)

---

① 一般来说,这个框式状语是不可以修饰 OV 成分的。但调查中有人提出,当说话人特别想要强调前件"再/重新"时,也可以将前件提前到 O 之前,形成框式状语修饰 OV 成分的情况。这种用法不太常见,而且是高度语用相关的,位置比较靠前的前件"再/重新"被编码了更多语用信息,暂时不讨论这个用法。需要提请读者注意的是,并非所有接受调查的人都认可框式状语修饰 OV 的用法,但所有人都接受框式状语修饰短语性离合词中 V 的用法。

/197/

想要表达的意思：票的总数不对，还要重新/再投一次票。

最后，"再/重新……过"通常可以和能愿/义务助动词（dynamic modal/deontic modal）"要"共现，即使没有"要"，句子中多少也可以解读出意愿或义务的意思。①

(20) a. 侬乱做做样,明天(还要)再/重新做过。（自拟）你再乱做，明天就要重新/再做一遍。
　　b. 饭冷掉嘞,(要)再/重新热过。（自拟）饭凉了,要重新/再热一下。
　　c. 碗盏弟弟敲碎嘞,(要)再/重新买过。（自拟）弟弟把碗敲碎了,要重新/再买了。

综上所述，本节讨论了框式状语"再/重新……过"修饰的动词性质和这个结构自身的分布情况。可以发现，"再/重新……过"修饰的动词必须是有终可重复动词，动词的音节数不能太多，而且一般不允许单音节和双音节动词重叠式进入这个结构。如果有终可重复动词是动宾式的离合词，则一般不以词的形式被修饰，框式状语只修饰其中的动词部分，宾语出现在被修饰的动词前，表现出OV语序。最后，框式状语通常和能愿/义务助动词"要"共现，即使没有"要"，这种语义也多少可以在句中被解读出来。

---

① 能愿和义务是两个不同的语义范畴，根据不同语义范畴对助动词/模态词分类是有必要的。按蔡维天(2010)的观点，下面两句话中的"要"分别属于能愿模态和义务模态，前者后接动词组表示主语的意愿或想要做的事情，后者后接动词组表示主语的义务或必须做的事情，这种语义关系区别了两者。
(i) 阿Q要买这本书。（能愿）
(ii) 犯人每晚九点要上床睡觉。（义务）
但是，当句子中插入其他成分（如时间副词）后，能愿和义务解读的区别有时可能随语序变化而改变。
(iii) 阿Q每天要吃狗不理包子。（能愿√,义务√/?）
(iv) 阿Q要每天吃狗不理包子。（能愿√/?,义务√）
无论这一现象如何得到解释，可以肯定的是，能愿模态词和义务模态词有位置和语义上的区别。因此，区分能愿助动词和义务助动词"要"是有必要的，尽管这种区别手段还比较粗糙。

5 结语

本文讨论了宁波方言表"重新、再(一次)"的"再/重新……过"结构,认定构成这个结构的要件是不能单说单用的后置状语"过"。"再/重新……过"结构具有语义冗余、构件可省略性和句法局部关系,这是框式结构的典型特征。由于"再/重新……过"修饰动词,可以称其为框式状语。框式状语"再/重新……过"修饰有终可重复动词,而且音节数不能过多,一般不修饰动词重叠式和以词形式存在的离合词。"再/重新……过"可以和模态词"要"共现,即使不共现,也多少能解读出相关语义。

通过描写和讨论宁波方言框式状语"再/重新……过"的结构和性质,本文一方面希望注意一些传统方言语法研究没有注意到的问题,并通过详尽的描写予以展示;另一方面,本文也希望通过宁波方言的语料,去看待一些跨方言、普通话和方言差异的问题,为理论发展做出一些贡献。无论如何,宁波方言和其他方言的句法尚有很多需要研究的问题,值得未来探索。

参考文献

[1] 蔡维天.谈汉语模态词的分布与诠释之对应关系[J].中国语文,2010(3):208-221.

[2] 邓思颖.粤语框式虚词结构的句法分析[J].汉语学报,2006(2):16-23.

[3] 傅国通,蔡勇飞,鲍士杰等.吴语的分区(稿)[J].方言,1986(1):1-7.

[4] 荆亚玲,汪化云.杭州方言中的框式状语[J].语言研究,2021(2):54-57.

[5] 陆丙甫.作为一条语言共性的"距离-标记对应律"[J].中国语文,2004(1):3-15,95.

[6] 刘丹青.粤语句法的类型学特点[J].亚太语文教育学报,2000(2):1-30.

[7] 刘丹青.吴语的句法类型特点[J].方言,2001(4):332-343.

[8] 刘丹青.语序类型学与介词研究[M].北京:商务印书馆,2003.

[9] 刘丽媛.多维重新分析下的句调语法研究:以上古反诘语气词"为"的产生为例[J].中国语文,2023(2):184-198,255.

[10] 潘国英.现代汉语状语语序研究[D].上海:华东师范大学,2010.

[11] 汤珍珠,陈忠敏,吴新贤.宁波方言词典[M].南京:江苏教育出版社,1997.

[12] 汪化云,占小璐.玉山方言中的框式状语[J].中国语言学报,2014(1):172-187.

[13] 汪化云,姜淑珍.吴语中的后置副词状语[J].中国语文,2020(2):175-187.

[14] 朱德熙.语法讲义[M].北京:商务印书馆,1982.

[15] 张景霓.柳州方言的状语后置[J].广西民族学院学报(哲学社会科学版),2002(6):88-92.

[16] 张振兴. 现代汉语方言语序问题的考察[J]. 方言, 2003(2):108-126.
[17] GREENBERG J H. Some universals of grammar with particular reference to the order of meaningful elements[M]//GREENBERG J H. Universals of language. London: MIT Press, 1963: 73-113.
[18] HOEKSTRA T. Aspect and theta theory[M]//ROCA I. Thematic structure: its role in grammar. Berlin: Foris/mouton, 1992: 145-174.
[19] SYBESMA R. The Mandarin VP[M]. Dordrecht: Kluwer, 1999.

西方评价理论与俄罗斯语言评价理论研究述评

南京大学　张睿劼[*]

摘　要：评价理论可以为语篇分析提供理论框架。西方评价理论与俄罗斯语言评价理论均具有科学性与实操性，在各自发展历程中形成了各有侧重的完备体系。通过梳理和对比两种评价理论的基本内容可以发现，两者均关注人际意义，且具有相似的研究层次，但它们的体系化程度不同，术语体系也存在明显差异。

关键词：西方评价理论；俄罗斯语言评价理论；话语态度

1　引言

语言评估是人类认知活动最重要的组成部分之一。语言反映人与事物或现象之间的互动关系，其中一种反映方式就是评价性的，即说话者以好与坏、善与恶、利与害等价值特性对客观世界进行评价。阿鲁秋诺娃将评价定义为"属于人的自然范畴"，评价是由人的身体和精神性质设定的思维和活动，反映其对他人或现象的态度，是一种人的感知艺术（Арутюнова，1988）。评价范畴在哲学、伦理学、逻辑学和语言学中被广泛研究。

现代语言学中存在一种比较公认的观点，认为评价是说话人关于某人、某物或某种现象价值特性的陈述，是基于其优点和缺点所反映的认可和反对（Ивин，1970）。说话者对评价对象的定义揭示了其积极或消极价值，评价表达说话人的主观态度。只要认知主体与客观世界接触，评价就无处不在。

---

[*] 作者简介：张睿劼，南京大学硕士研究生，研究方向为俄语语言与文化，电子邮箱：feliciarj@163.com。

20世纪90年代,系统功能语言学家马丁(Martin)与怀特(White)对系统功能语言学中的人际意义进行拓展,进而提出了评价理论,引起学界广泛关注。随着评价理论的不断传播与持续发展,其学术价值逐渐受到各国学界的肯定。评价理论旨在对人际关系进行补充,可以帮助研究者更好地展开语篇分析,因此成了西方学者在认知人际意义与态度、进行语篇评价和话语分析时首选的理论体系之一。俄罗斯学者对语言评价的研究兴趣也在不断增加,他们普遍认为,评价具有多种表达方式,在不同的语法层面发挥着重要作用。俄罗斯学者从20世纪70年代开始系统研究语言评价问题,以沃尔夫(Вольф)、阿鲁秋诺娃(Арутюнова)等为代表的俄罗斯学者广泛关注与评价有关的理论问题与实际现象。

自西方评价理论与俄罗斯语言评价理论产生以来,各国学者运用它们对话语进行系统研究,也有学者围绕理论本身的根基、发展与突破展开探讨。然而,目前为止,针对两种评价理论之间的关系尚缺乏深入探析。本文旨在梳理两者的定义和分类,概观其运用现状,并在此基础上进行对比分析,归纳两者的异同。

2 西方评价理论

2.1 产生背景和发展历程

西方评价理论泛指由西方国家学者[①]创立并推动发展的一套系统性理论,是在系统功能语言学框架下的人际功能理论基础上发展而来的。系统功能语言学(System-Functional Linguistics)由英国语言学家韩礼德(Halliday)创立。韩礼德提出,语言具备三大功能:概念功能、人际功能与语篇功能(Halliday,1985)。概念功能主要由参与者行为是否具有及物性来实现,人际功能主要由语法传递的语气来表现人与人之间的亲疏社会关系,语篇功能主要依据"小句"和语篇运用的语态系统来展现。系统功能语言学通常把研究重点放在语法的理论框架层面上,通过句子分析语气和语篇运用的语态系统,以映射一个人的社会地位与人际关系。然而,只从语法结构出发远远不够,系统功能语言学普遍忽视对说话人赋值语义(Semantics of Evaluation)的研究,即讨论说话者通过语言赋予的价值意义(王振华,2001)。为丰富对人际功能的研究,弥补人际意义分析的缺失,语言学家马丁(Martin)对系统功能语言学进行了拓展,创立了评价系统的理论

---

① 西方国家学者,通常指欧洲、北美、澳大利亚和新西兰国家的学者。

框架。

20世纪90年代,马丁作为首席顾问,与怀特(White)等人一起开展了一项名为"写得得体"(Write It Right)的研究项目,有力推动了评价理论系统框架的搭设。他们的研究从叙事体文本逐步拓宽到文学、历史、传媒、行政和科技类文本(王振华,2001),从以语法框架为基础逐渐具象化到对研究对象词汇展开分析。在语篇分析过程中,他们将评价系统视为中心,将表达不同态度和情感的评价作为研究重点,将语言本身视为主要传递手段(Martin, 2007)。他们注重语篇中人们使用的评价性词汇,反映说话者的评价、判断、观点与立场,传达对话者的态度与情感(White, 2006),最终形成了评价理论体系的完整评价资源,弥补了系统功能语法在人际功能研究方面的不足,为分析语篇中的人际意义提供了更系统、更完善的工具。

2.2 系统框架

根据评价性资源的不同,评价理论被分为三个次系统:态度系统(Attitude)、介入系统(Engagement)和级差系统(Graduation)。这三个次系统又分别被子系统化。态度系统是评价系统的核心,由情感(Affect)、判断(Judgement)和鉴赏(Appreciation)组成,研究说话人对事物的情绪反应、评判行为和欣赏态度。介入系统包括自言(Monogloss)和借言(Heterogloss)。介入系统展现说话者主观、客观或中立的态度是用何种手段与表达方式完成的。级差系统分为语势(Force)和聚焦(Focus),研究态度的介入程度,包括态度的强度和数量,锐化与柔化。介入系统和级差系统都以态度系统为中心,起到辅助作用(Martin, 2000)。三个次系统之间紧密联系、不可分割。

2.2.1 态度系统

态度是指语言使用者对某一特定对象(人、事或物)所持有的心理或行为倾向。态度系统通过对语言资源的研究阐释语言使用者表达的情感、对行为的判断和对事物的价值鉴赏。态度系统可细分为情感、判断和鉴赏三个子系统。

(1)情感

情感是语言使用者对行为、文本或现象的情绪反应,分为正面情感与负面情感两种。情感态度主要通过两种方式体现:第一,表达情感态度的词汇手段;第二,诸如手势、面部表情等非语言手段。该子系统由三个部分组成:品质(Quality)、过程(Process)和评注(Comment)。

品质情感的反映方式是品质类词汇或短语。说话人运用"高兴""伤心"等直接表示情感的词汇表达自身情感。过程情感被细分为心理过程(Mental

Process）与行为过程（Behavioral Process）。说话人主要通过小句传递内心情绪。例如，"我觉得在这座城市的生活非常愉快"就是一种心理过程情感，通过小句表述直接反映内心真实的感受和对表述对象的正面情感。而"看完这部电影，他一个人默默流泪"则是一种行为过程情感，"流泪"这个动词作为行为动作传递出感动或悲伤的情绪。评注情感的表现方式是上述两个部分的结合，通过表示品质的情态状语对行为过程进行评注。比如，"很高兴，我们班在运动会上取得了第一名的好成绩"，"高兴"作为品质类词汇是对后面"取得第一名"行为结果的评注，传递积极、正向的情感。

（2）判断

判断是对与人有关的行为作出评判。判断系统可以分为正面判断和负面判断，依照道德标准、法律规定和社会约束评价反映人的行为。判断系统包括社会评判（Social Esteem）与社会约束（Social Sanction）。

社会评判具体细化为常规（Normality）、能力（Capacity）和韧性（Tenacity）。社会评判是通过已经约定俗成并习以为常的一套社会评价标准对一个人的行为规范、自身能力和行为韧劲进行评价。社会评判与法律道德无关，只依照社会常规来判断一种行为是否符合社会常理，一个人是否展现了足够的能力，某种行为是否持久。社会评判的表现方式是肯定或否定的形容词，例如，"奇怪的"（常规）、"有创造力的"（能力）、"稳重的"（韧性）。

社会约束与法律道德相关，通过社会约束判断一个人是否可靠、品行是否端正、行为是否得当。社会约束分为可靠（Veracity）和正当（Propriety）两类。可靠是判断行为道德与否、正面与否，而正当则是判断行为是否合法。

无论是社会评判还是社会约束，语言资源都可分为显性和隐性两种呈现方式。诸如"她在英语学习中展现出极高的天赋"就属于直接、显性的判断，而"她在全国英语竞赛中获得特等奖"则是间接、隐性地对能力进行评价。

（3）鉴赏

鉴赏是对事物及现象的评估，很少对人进行评价。鉴赏系统主要从美学欣赏的角度来评估对象的价值，通常的表现形式是形容词词汇。鉴赏系统分为三个部分：反应（Reaction）、构成（Composition）和价值（Valuation）。

反应关注的是事物或者现象是否能够引起人的即时兴趣，是否能够吸引人的关注。构成则注重评价对象各个部分是否均衡和评价对象自身是否复杂。价值是语言使用者用社会标准来评价对象是否具有美学价值。鉴赏词汇资源同样具有肯定或否定含义。

2.2.2 介入系统

介入揭示态度资源的来源与表达方式。介入系统就是说话者参与话语的方式，语言使用者利用介入语言资源直接或间接地传递不同的观点。在介入系统中，直接陈述观点并对观点负责的表达态度方式是自言(Monogloss)，间接陈述或提及其他信息来源的观点被称为借言(Heterogloss)。

（1）自言

自言展现的介入资源仅有语言使用者这一种发声渠道。自言是说话者自身观点的陈述，没有其他立场的干扰，说话者对陈述的所有内容负责。自言通常陈述的就是已知事实。比如，"我刚置办了新家具"，该行为仅有一人参与、一人描述，行为发出者对自身行为的真实性负责。

（2）借言

借言与自言相对，指语言使用者表达的观点包含了多方意见，即多种声音共存。这使说话者的观点褪去主观色彩，也让其不必为不同的观点承担责任。只要引入了其他话语资源的表达就属于借言资源。借言又分为话语收缩和话语扩展两个小类。

话语收缩是对其他观点进行反驳，不容纳其他声音，从而使说话空间收缩。话语收缩的展现形式通常包括否认和宣称。

① 否认

否认是说话人通过"无""不是""没有"等表示否定意义的否定词汇来反驳与语篇观点相对立的声音。除此之外，说话人还使用让步表达或者"然而""竟然"等词反映其对相对立观点出乎意料的态度，以此表明说话人的立场。

② 宣称

宣称是明确指出某种命题式的观点，这种观点是公认正确的。说话人表明一种可靠的观点来排除其他观点和立场。例如，用"当然""必然"等肯定词汇公开赞成某种观点，"事实/证据表明"来强调观点的公认可靠性。

话语扩展是通过引述其他观点从而吸纳更多声音，扩展对话空间。话语扩展主要依靠引发和摘引体现。

① 引发

引发是指语言使用者的观点引发更多的声音，通过"可能""或许"等词表示推断，接纳不同意见，引出人们对同一对象的不同看法。

② 摘引

摘引是借助别人的表述来申明自己的立场，包括直接引语和间接引语。通常的开头方式是"人们常说""俗话说"，说话人对自己的观点留有余地，而别人更有可信度的观点也给自己的立场增强了说服力。

2.2.3 级差系统

级差涉及态度资源的强弱程度。级差系统是对整个态度系统资源的分级过程,强调态度的等级性。在态度系统中,无论情感、判断还是鉴赏都存在不同的强度大小。例如,"较低的薪资""不错的薪资""极高的薪资"就分别属于低、中、高三个评价等级。级差包括语势和聚焦这两个子系统。语势表达态度的强度或数量,在可分级的态度范畴中调节情感的强度,分为强势与弱势;而聚焦则在不可分级的范畴中表达态度的典型性或确切性,分为锐化与柔化。

(1) 语势

语势是用来判断态度资源的强度或者数量。说话人通过使用表示强度和数量的词语来对评价的对象进行强化和弱化。主要的表现形式是依靠"十分""非常""特别"等程度副词,或者"很多""很小"等对数量进行分级的词汇。

(2) 聚焦

聚焦是对无法被分级的表达进行级差分级。级别上升被称为锐化,级别下降被称为柔化。锐化使句子本身的评价价值变得更加清晰、直白,通常使用强调性的表达,而柔化则使价值变得更含混、隐晦,一般使用带有不确定性的词汇。

3 俄罗斯语言评价理论

3.1 发展概况

当代俄罗斯语言学在不同的理论形态上集中研究各类语言问题,俄罗斯对语言评价的研究大概是从20世纪70年代开始的。1985年,沃尔夫(Вольф)出版了《评价的功能语义》一书,这是俄罗斯第一部系统研究语言评价问题的专著。1988年,阿鲁秋诺娃(Арутюнова)出版了《语言意义的类型:评价、事件、事实》一书,将语言评价研究推向深入。在这两部专著的影响下,瓦西里耶夫(Васильев)等学者系统研究了评价词汇的特点、评价谓词的分类和各个评价概念之间的相互关系。近年来,俄罗斯语言学界对评价问题的研究兴趣不断增加,涉及的评价领域也越来越广。

3.2 理论体系

俄罗斯语言评价理论体系最主要的组成部分是主体、客体和主客体间关系。评价在语义的各个层面均有体现,包括语音语调、语素、词素形态学、词汇语义学、句法学等。语调(интонация)和词缀(аффиксы)主要体现主观情感评价。在词汇语义层面,体现评价意义的词性主要是形容词和副词。词汇、句子和语篇既能揭示情感评价,又能表现理性评价。应当说,当代俄罗斯的语言评价体系并未形成一个单独完整的学派,俄罗斯语言学家提供的是数种研究的分类方式,下面笔者对其中最典型的三种互为并列关系的分类方式进行阐析。

3.2.1 语言评价的分类

俄罗斯语言学家从评价意义角度出发,将语言评价分为三类:一般和特殊价值评价、情感与理性评价、具有特定评价性内涵的词汇与表达。

(1) 一般和特殊价值评价

在一般价值评价词汇中,几乎不存在客观因素,包含的是描述对象(物)的某一特定性质或者评价对象(人)的特定特征,基本上都是主观性评价。特殊价值评价中既包含主观评价,也包含客观评价,但是只局限于对评价对象的具体评价,不体现其特殊属性(Вольф,1985)。

(2) 情感与理性评价

情感评价和理性评价具有明显区别。第一,情感评价是说话者对评价对象的情感态度,而理性评价是对评价对象价值的逻辑判断。第二,情感评价的语势强烈,情感表现力和影响力也较为显著。第三,情感评价和理性评价的态度资源不同。理性评价的主要表达方式是依靠评价词、小句和价值语篇,而情感评价的体现手段不仅包括上述方面,还包括自身特有的词缀(正式表达方式)和语调(非正式表达方式)(Арутюнова,1988)。

(3) 具有特定评价性内涵的词汇与表达

某些词汇和短语表达具有特定的内涵属性,往往不局限于词汇的表层意义,而是带有民族内涵(Арутюнова,1999)。

3.2.2 常见评价词汇的分类

评价是一个广义范畴,在具体语篇中,评价体现在不同的语言层面之上,语言使用者可以通过多种手段表达评价。对词汇语义层面的研究是最为基本的,词汇手段是最常见的表达方式,也是俄罗斯研究评价范畴的学者最关注的。能展现评价意义的词汇通常包括三类:第一,形容词,表现评价对象的特质和属性(如,интересный, талантливый, высококачественный);第二,副词,体现对某事所持的情感态度(如,здорово, прекрасно, круто);第三,动词,从动作本身判断某人对某一对象的积极或消极态度(如,хохотать, закатиться, сердиться)。

而形容词作为最直观的表现评价形式又被分为两类。第一类是性质形容词，它代表的是物质的本质属性。如果说话人使用性质形容词，那么他对某一对象的描述就是从实用与否的角度切入，给予的是客观的、理性的评价。第二类是评述性形容词，带有人的主观评价。这样带有评价性的形容词主要有"好"与"坏"两个基本含义。评述性形容词在其语义中直接包含这两种含义的一种。例如，добрый（善良的）直接包含了"好"的含义，злой（邪恶的）直接包含了"坏"的含义。有时这两个基本含义需要结合上下文甚至整个语篇进行判断。

俄语中还存在一种特殊词缀，即"指小表爱后缀"（уменьшительно-ласкательныесуффиксы），常见的词缀形式为-очк-(-ечк-)、-оньк-(-еньк-)、-ушк-(-юшк-)、-ик 等(徐东辉，2004)。这种词缀在俄语口语体中尤为常见，这也是其不同于西方语言的一个显著特点。在俄语中，丰富的指小表爱后缀可以服务于多种对象，包括人（如，малышка，Леночка，Машенька）、动物（如，котик，телёнок，собачка）、无生命物（如，домик，столик，нолик），甚至抽象概念（如，идейка），这种词缀本身可以使语言使用者的情感传递得到充分实现。值得注意的是，指小表爱形式并非只能传达诸如喜爱、亲昵这类情感，同时也可以用来表示讽刺、厌恶等情绪。

以评价词汇为基础，可以依靠以 Какой、Что 等词开头的感叹句构建评价性小句，而在评价性小句组成的语篇中评价语言也得以广泛体现，但情况更为复杂，因为语篇中的评价语言通常结合了不同的语言表达手段。总的来说，小句和语篇评价都以常见的评价词汇为基础。

3.2.3 评价性语料的分类

在俄语体现评价意义的手段中，评价性语料可以根据逻辑的不同分为四类：情感评价、理性评价、中立评价、反语评价。

（1）情感评价

情感评价是个体对外界刺激产生的主观感受和感性反应，包括积极和消极的情感体验。情感评价通常极少出现在科技语体、新闻语体等正式话语中。情感评价在口语中出现的频率最高。由于口头表达中经常出现语气词、感叹词等极富情绪色彩的词汇，在具体上下文中的评价也通常都是非理性、非客观且不具备很强逻辑性的。在口语中，语言使用者通常借由程度副词加上自身的情绪语气传递情感评价，有时还会使用具有评价意义的行话。

（2）理性评价

理性评价与感性评价相对，指评价发出者的客观看法与立场，不带有个人情绪和主观意愿。理性评价在科技语体中占很大比重，这类评价注重从创新、现实、可信度、精确度和逻辑等角度考量，所以其客体也常常出现在引言、研究方法、研究材料等部分中。

（3）中立评价

中立评价是指在对某人、某物或某事进行判断时，秉持中立的立场，做到公正、不偏不倚，保持理性，不被自身情绪操控。此类评价最常见的场景是新闻语体。新闻事件本身往往具有一定的矛盾性，容易导致意见相悖的情况出现。新闻中常见的表达评价内容的手段是带有事物客观属性的性质评价形容词、成语、俗语和带有理性评价语气的中立词汇。新闻语篇使用的都是客观的评价词汇，通常会避免直接和显性评价，仅仅通过公开评价对读者产生间接影响，引导读者自行总结个人观点。

（4）反语评价

反语是一种带有强烈感情色彩的修辞手法。反语评价是指正话反说或反话正说，利用与本意相反的词语来表达原意，带有否定和讽刺意味。比起上述三种直白的评价表达，反语评价的语气更加强烈，情感更加充沛，更容易给人留下深刻印象。反语评价通常在文学作品中得到最充分的展现。文学作品风格的独特性在于文本的评价内容与语言含义往往不同，甚至相反。具体的评价内涵常需根据上下文决定。在俄罗斯文学的发展历程中产生了不少优秀的讽刺大师，他们为文学作品反语评价的发展和丰富奠定了坚实的基础。

4 西方评价理论与俄罗斯语言评价理论的比较

综上分析，我们认为，西方评价理论和俄罗斯评价语言理论都处于深入发展、不断完善的阶段，两者既有相通之处，又各具特色。

4.1 两者均关注人际意义

无论西方评价理论还是俄罗斯语言评价理论，关注的都是主体间意义。从任何一个评价的角度和分类范畴来看，两者的评价体系都是围绕语言的人际意义展开的。作为社会人的评价发出者是主体，被评价的对象是客体，研究的话语都是社会话语，评价过程则直接反映主客体关系。在两者的评价体系中，无论是表达情感还是理性判断，或者中立决策，都离不开"人"这个主体。

4.2 两者具有相似的研究层次

西方评价理论重视研究词汇在语篇意义形成过程中的作用，而俄罗斯语言评价理论也将语篇作为研究单位,展现具体的评价意义。两者都不受单个词语或者小句的限制,对评价意义的研究贯穿整个语篇。

4.3 两者的体系化程度不同

西方评价理论在发展和完善过程中逐步形成了一套完整的、严谨的研究体系,正因如此,其在我国学界也得到了较为广泛的接受与传播。西方评价理论引入国内可以追溯到王振华的一系列文章,他全面介绍了西方评价理论的基本框架。不少中国学者基于西方评价理论对不同类型的语篇展开话语分析,成果丰硕。俄罗斯语言评价理论并非一个单一的体系,而是包含多种分类方式和多重评价角度。然而,我国学界对其梳理尚不多,对其传播也相对较少。应该看到,与西方评价理论相比,俄罗斯语言评价理论自由度更高,更能展现具有民族语言特色的评价手段。

4.4 两者的术语体系不同

西方评价理论的一部分术语源自古代语言(王振华,2007),它们对大多数想要了解该研究理论的读者来说比较晦涩难懂,虽然体现了理论的体系化,但也在一定程度上妨碍了该理论的广泛传播。俄罗斯语言评价理论使用的基本上是传统语言学范围内的标准术语,在保证专业性的同时利于理解,用该理论评价事物和现象也更加直观易懂。

5 结语

"在一个特定社会中培养出来的不同的价值体系构成了完整的世界价值图景,该图景将包含普遍价值的不变部分和普遍价值的可变部分区分开来,前者是所有民族的特点,后者则是由民族文化的特点、民族社会历史的发展决定的。"(Темиргазина,1999)西方评价理论和俄罗斯语言评价理论都带有独特的研究特质,与此同时,它们在研究层次和目的上又殊途同归。有鉴于此,两者应当相互借鉴,共同发展,为各国学者进行话语分析提供更丰富的研究框架与路径。

参考文献

[1] 王振华. 评价系统及其运作:系统功能语言学的新发展[J]. 外国语,2001(6):3-20.

[2] 王振华. 评价理论:魅力与困惑[J]. 外语教学,2007(6):9-23.

[3] 徐东辉. 俄语带指小表爱后缀词语的使用及其文化内涵[J]. 俄语学习,2004(1):61-66.

[4] HALLIDAY M A K. An introduction to functional grammar [M]. London: Edward Arnold, 1985.

[5] MARTIN J R. Beyond exchange: appraisal system in English [M]// HUSTON S, THOMPSON G. Evaluation in text: authorial stance and the construction of discourse. London: Oxford University Press, 2000: 142-175.

[6] MARTION J R, WHITE P R R. The language of evaluation: appraisal in English [M]. London: Palgrave Macmillan, 2007.

[7] WHITE P R R. Evaluative semantics and ideological positioning in journalistic discourse[M]. Australia: University of Adelaide, 2006.

[8] АРУТЮНОВА Н. Д. Типыязыковыхзначений: оценки, событие, факт[M]. Москва: Наука, 1988.

[9] АРУТЮНОВА Н. Д. Языкимирчеловека[M]. Москва: Языки русской культуры, 1999.

[10] ВОЛВФ Е М. Функциональная семантика оценки[M]. Москва: Наука, 1985.

[11] ИВИН А А. Основания логики оценок[M]. Москва: Московский университет, 1970.

[12] ТЕМИРЯАЭИНА З К. Оценочные высказывания в современном русском языке[M]. Москва: Флинта, 1999.

生态文明建设下中国环境新闻话语的隐喻研究
——以《中国环境报》为例

南京师范大学　钟　鹭[*]

摘　要：环境话语的建构与传播是推动社会主义生态文明建设的强大动力，而隐喻则是媒介话语用于建构环境议题、影响环境认知的有效语言与概念化工具。本文以《中国环境报》（2017—2022年）中的50篇环境新闻报道为研究样本，运用概念隐喻理论和语料库工具，识别并提炼出活跃的隐喻载体词和概念隐喻，从中分析环境隐喻的意义生产和生态价值。分析显示，该报通过战争隐喻、建筑隐喻、旅程隐喻、机械隐喻等对中国生态环境治理进行了多维表征，隐喻搭建的意义框架在特定的历史—文化语境和交际目的驱动下也呈现出不同的形态。对隐喻与生态现实之间关系的揭示，为主流媒体更好地发挥话语的建构功能、塑造更良好的生态舆论环境提供了有益参考。

关键词：概念隐喻；环境新闻话语；生态文明；环境传播

1　引言

　　习近平生态文明思想作为中国生态文明实践的思想基础，其中"人与自然和谐共生"的核心理念更是推进新时代中国特色社会主义建设的根本遵循。2017年十九大的召开标志着中国生态文明建设上升到了历史新高度。在此形势下，国家主流媒体在传播生态文明思想、引导公众关心和构建生态文明舆论环境等方面发挥着至关重要的作用。

---

[*] 作者简介：钟鹭，南京师范大学硕士研究生，研究方向为话语分析，电子邮箱：348843802@qq.com。

生态语言学认为，人类群体通过话语来协调他们的生活、生产和世界观，由语言符号组成的用来表征世界的话语给"群内成员"提供了特定的现实模型，人们则在这种模型的指导下构建与现实世界之间的关系（Alexander & Stibbe，2014）。环境新闻话语作为生态话语的重要组成，不仅是"探讨人类与自然环境之间关系的语言形式"（Mühlhausler & Peace，2006：458），也是国家进行环境传播（environmental communication）的主要场域和"围绕环境问题所展开的信息处理、议题建构与社会互动过程"（刘涛，2016：119）。国家主流媒体通过话语筑造的认知框架能够塑造公众对生态议题的意识和认知，其同时产生的陈述力量和认同力量也能够推动形成环保共识，实现由隐形情感向实际环保行为的转化，最终促进环境问题的有效解决。

概念隐喻理论（Conceptual Metaphor Theory）认为隐喻根植于人的经验当中，人的概念系统本质上就是隐喻的（Lakoff & Johnson，1980）。隐喻的认知本质使其以"一种自然且隐性、软性但强制的力量"不仅建构着社会现实（王丽娜，2020：45），也在更宏观的层面上建构着连接社会文化系统的生态现实，从而影响着生态系统中人类及其他物种的生存和福祉。基于此，诸多学者开始基于概念隐喻理论对生态话语中的认知构建进行探讨（Woods et al.，2012；Van der Hel et al.，2018；林琳、周桂君，2019；陆佳怡、张子晗，2019）。然而，相关研究以英文文本为主，涉及汉语文本的研究并不多见，而关注中国主流新闻话语的研究则更为鲜见；此外，大多研究仅仅停留在了隐喻认知的阐释上，缺乏具体社会历史文化语境下话语产出的宏观解释视角。鉴于此，本研究选取十九大至二十大期间《中国环境报》的环境新闻报道作为语料，并建立小型语料库，探究隐喻使用背后的生态意识形态，并结合具体语境展开深刻剖析。研究主要聚焦以下研究问题：

（1）中国主流环境新闻报道中主要使用了哪些隐喻类型？

（2）不同隐喻类型如何表征和建构中国生态环境治理？

2 研究设计

2.1 样本选取

本研究选取 2017 年 10 月至 2022 年 9 月《中国环境报》的每日头版头条作为研究语料。因《中国环境报》环境新闻报道数量过大，并考虑到因报纸的内容结构可能产生的"周期性偏差"问题，故应用构造周抽样法对样本进行选取。构造周抽样法是在总体样本中从不同星期中随机抽取星期一至星期日的样本,以一个星期的范围来反映总体,这些抽取出的样本构成一个"构造周"(任学宾,1999)。国外学者 Riffe 等(1993)的研究结果证实,在一年中抽取两个构造周的样本就能可靠地反映总体样本情况。本文的研究时段是 2017 年 10 月至 2022 年 9 月,故将每年的 10 月到次年 9 月看作一个周年,每周年按时间分段,分别从上半年和下半年抽取一个构造周,即 10 篇头版头条新闻。最后获得的研究主样本为 10 个构造周样本,即 50 篇环境新闻报道,如表 1 所示。

表 1 样本周

年份	星期									
	周一	周二	周三	周四	周五	周一	周二	周三	周四	周五
2017.10—2018.09	10.16	11.28	1.10	1.25	3.23	4.23	6.05	7.04	8.16	9.28
2018.10—2019.09	10.08	11.13	12.26	1.17	2.22	4.08	5.14	6.26	8.15	9.13
2019.10—2020.09	10.14	11.19	1.08	1.16	3.13	4.13	5.26	6.17	7.23	9.04
2020.10—2021.09	10.12	1.19	2.03	3.04	3.19	4.26	5.25	6.23	7.29	9.10
2021.10—2022.09	10.25	11.16	12.22	1.27	2.25	4.11	5.17	6.15	7.21	9.09

2.2 隐喻识别

在隐喻识别阶段,本研究借鉴 Steen 等(2010)提出的 MIPVU 人工隐喻识别程序,在细读研究语料的基础上,首先识别出其中可能存在的源域,进而设定检索词,并应用语料库软件 AntConc 4.0.3 检索出与该语义域相关的所有表达式。随后,基于具体语境,对软件检索结果进行核验和过滤,最终确定具有隐喻意义的隐喻关键词(metaphorical keywords)。为尽量避免隐喻样本采集的主观性,笔者与另外一位具有语言学背景的研究者对语料进行了第一轮识别和判定,而后针对存在争议的样本进行集中讨论,最终实现了对隐喻识别结果判断的完全一致。

然后,本研究采用"基于源域的方法"(source-based approach)对隐喻样本进行初始分类,并依据 Charteris-Black(2004)提出的"源域共鸣值"(resonance of source domain)概念,对各类隐喻在语料中的产值(productivity)和分布进行统计,其数值计算公式为:Resonance = Σtype × Σtoken。其中,Σtype 为类符数,是某一源域下隐喻关键词类型之和,Σtoken 为形符数,是各关键词出现的次数之和。最终数据统计结果如表 2 所示:

表2　环境新闻话语中的隐喻类型、类符数、形符数及源域共鸣值

隐喻类型	类符数	形符数	源域共鸣值
战争隐喻	39	236	9 204
建筑隐喻	13	203	2 639
旅程隐喻	17	87	1 479
机械隐喻	11	120	1 320
颜色隐喻	5	137	685
医疗隐喻	17	34	578
经济隐喻	13	38	494
文化隐喻	18	19	342
游戏隐喻	8	40	320
人体隐喻	8	38	304

3　研究结果与讨论

3.1　战争隐喻

　　战争是长久以来为人类所共享的认知经验，是人类概念系统中最基本的图式之一，语言作为人类生存斗争的调节者和协商者同样也被这种特殊的认知经验所支配（袁影，2004）。在现代汉语体系中战争性表达俯拾皆是，究其根源，是中国历史上各种直接或间接的战争经验以及激进的社会革命和运动塑造了这种语用习惯（刘宇红、余晓梅，2007）。因此，在面对紧张的、对抗性的社会活动或社会现象时，人们往往会自动激活带有同样特征的战争域来进行理解，而两个概念域间跨域映射的建立诱发的认知反应也会进一步影响问题解决的及时性和有效性。

　　为进行细致的隐喻分析，笔者按参与者、过程、类型、装备和结果将战争隐喻关键词分为五类，如表3所示：

表3 战争隐喻的主要关键词及其占比

战争域结构	关键词	占比
参与者	精兵强将/老兵/排头兵/铁军/英雄	5.1%
过程	谋划/战略/军令状/攻克/游击术/回马枪/兵分两路/战线/作战/打枪/指挥部/打法/练兵/集结号/士气/战斗/战役/堡垒/一线/冲锋号/战斗力/宣战/主阵地/主战场	40.6%
类型	攻坚战/保卫战/翻身仗/大仗/硬仗/苦仗/主动仗/大会战/大兵团作战	51.3%
装备	绿盾/武器/作战图/利器	2.1%
结果	胜利	0.9%
总计:100%		

《中国环境报》构建的"环保战争"将战争概念的特征和结构关系投射到中国环保工作事件结构中：国家、各省市及基层的生态环境部门是环保战役中的铁军，其中环保工作者即为铁军中的兵和将；包括科技驱动、生态立县和主体功能区建设在内的环保工作思路是战略，而环境治理中的法律制度建设、定点帮扶方案制定和绿化面积扩增等则是战场上的武器、利器和盾牌；环境治理是一个复杂且长期的过程，并非一蹴而就，只有攻克了各类污染问题，保卫住人类赖以生存的自然环境，环保战役才能取得最后胜利。

该报通过战争隐喻将环境保护过程识解为战争对抗，通过认知上的共鸣唤醒了公众的相关想象（赵永华、陆君钰，2021），有效传达了污染治理的紧迫性，发挥了对受众的劝服功能，增强了公众的沉浸感，并引导人们有意识地自我约束，进而推动生成"亲环境行为"（pro-environmental behavior），即任何能够"降低生态伤害、保护自然资源以及提升环境质量的行为"（张庆鹏、康凯，2016：28）。然而，这种体现对峙且强烈的语言使用是否会引起环境问题应对的激进情绪，反而阻碍人与自然生命共同体的建设？对此问题，笔者认为，语言、认知与特定社会文化语境的互动关系限定了战争隐喻在中国环境新闻话语中的意义生产，进而抑制了其潜在的负面作用。

中国历史上一些重大的战争记忆，例如抗日战争、解放战争，目的是捍卫国家主权和领土完整、实现国家统一。与英、美等西方国家历史上参与的侵略性战争不同，在中国的文化和历史环境下，战争隐喻传达的情感效价不仅与恐惧、威胁等情感相关联，还与坚定的、强烈的、正义的民族情感息息相关。在中华民族特殊的抗战文化背景下，战争隐喻这一框架激活的最显著的认知反应是"集体主义精神和向心力"(谭文慧等,2021:41),而极端的战争倾向,例如掠夺、杀戮等在图式网络中则处于相对隐蔽的位置,甚至被掩盖。因此,战争隐喻在中国环境新闻话语的使用中不仅能够表达环境污染问题的严重性和紧迫性,还能塑造一种全民参与环境治理的积极舆论氛围,从而有力推动环境工作的高效开展,为新时代的美丽中国建设注入强大动力。

3.2 建筑隐喻

Charteris-Black(2004)认为,建筑隐喻能够强调长期社会目标的实现进程,带有强烈的积极蕴含,能够有效获取信息接收者的耐心和合作。换句话说,建筑隐喻主要是前瞻性的,其话语功能相比描述现状而言在构建未来上更为突显。中国主流媒体的主要功能之一就是传达国家层面的重要精神和意志。通过以建筑概念识解生态环境治理相关主题,以隐喻创造前景化过程(Hoorn,2001),中国主流媒体旨在描绘一幅人与自然和谐共处的理想图景,有效传达国家在环境治理上的积极实践和坚定决心,进而号召人民成为环境治理的磅礴力量。我们可以通过以下例句对此进行说明。

例(1) 要提高政治站位,认真谋划2018年生态环境保护工作总体思路和重点举措,深入研究提出有针对性的具体细化指标和管用政策措施,把党的十九大关于生态文明建设和生态环境保护的<u>蓝图</u>转化为路线图、<u>施工图</u>。

例(1)是生态环境部在2017年末的部常务会议上提出的有关2018年生态环境保护工作的规划和目标。"蓝图"原指建造房屋之前由感光纸制成的设计图,而"施工图"则是囊括外部造型、内部装置、细部构造、材料制法等更详尽信息的指示图纸,在建筑领域中两者之间是"准备"和"实施"的关系。中共十九大提出了一系列推进生态文明建设的指导意见和新时代美丽中国建设的时间规划,而2018年作为实践十九大精神的关键一年,生态环境部积极响应、紧密组织,在十九大精神的指导下调动各级制定了更为细致的治理、督察和帮扶方案,努力让中国生态智慧真正落到实处。由此,在"环保是建筑"这一隐喻中,建筑工程中的"蓝图"与"施工图"的逻辑关系在跨域映射中被用以识解环保工作中由"总体思路和重点举措"向"具体指标和管用政策"的转化,从而表征了中国在环境治理中的循序渐进与稳步落实。

例(2) 要突出精准治污、科学治污、依法治污，坚持减排扩容两手发力，既减少污染物总量，又加强生态系统保护和修复，继续消除库内污染物下泄对白洋淀带来的环境风险隐患，打造水污染治理"雄安**样板**"。

例(3) 2019年，以薛家洼为重点，全面实施23公里长江马鞍山段东线综合治理，规划布局为"一轴、五区"，打造"城市生态**客厅**"。

例(2)中，"环保是建筑"隐喻的派生隐喻将生态环境治理取得良好成效的城市喻为建筑工程中的"样板"，其多措并举的水污染治理思路为其他城市的环境工作提供参考。在例(3)中，马鞍山市段长江东线的环境质量通过渔民退捕、堤岸修复和植被复绿等方式得到了显著提升，以该河段为中心的生态园作为马鞍山市"城市生态建设"的"客厅"，发挥着展现该市整体生态环境形象的重要功能。

在建筑隐喻框架下，建筑行为的概念体系被映射到环境治理的各个方面。《中国环境报》将国家整体的环境治理工作建构为大楼建设，各个城市则通过积极有效地污染治理和监管开展自身的"生态房屋建设"，以及房屋内部重要板块的"装修"，进而推动整座生态"大楼"的"修筑"、实现早日"竣工"的远景目标。

3.3 其他隐喻

本语料库中较为活跃的隐喻还有旅程隐喻和机械隐喻等。Lakoff & Johnson (1999) 认为，旅程是一种以目标为导向的运动，与人的具身体验相关。环境新闻话语中的旅程隐喻全面反映了中国环保事业的发展历程，为公众认知生态环境现状和建构未来环境图景搭建了"桥梁"。例如：

例(4) 打好污染防治攻坚战，解决突出环境问题，绝不是喊一两句口号就能实现的，需要硬碰硬、实打实、出真招、求实效，不能心存侥幸，不能**等待观望**，不能**徘徊不前**，更不能避重就轻、得过且过、敷衍塞责甚至弄虚作假。

例(5) 希望大家共同努力，上下同心，牢记生态环保人的初心和使命，不负党和人民重托，砥砺前行、奋勇前进，按照习近平总书记强调的，咬紧牙关，**爬过这个坡**、**迈过这道坎**，以实际行动发挥自己的价值，作出自己应有的贡献。

如例(4)和例(5)所示,环境事业的推进是一段复杂且坎坷的旅程,需要全国上下齐心协力、积极行动,在共同的环保道路上勇敢迈进,而不能总是"等待""观望""徘徊",任由环境问题继续恶化。同时,环保工作的开展充满未知,环保工作者脚下的路也并非总是平坦大道,面对气候变化、水体污染等复杂环境问题时,生态环保人只有奋力地"爬坡""迈坎"才能抵达绿色发展和美丽中国的旅程终点。

例(6) 江苏因为产业密集、城镇密集、人口密集,单位国土面积污染物排放总量高于全国平均水平,生态环境"**超载**"、环境成本"**透支**"的现象仍然存在。

例(7) 习近平总书记强调,生态是统一的自然系统,是相互依存、紧密联系的**有机链条**。

机械隐喻的使用在包含环境新闻话语在内的整个环境话语体系中都较为常见。如例(6)和例(7)所示,通过将生态环境或生态系统概念化为各种机械,有关机械的百科全书知识被映射到了另一更为抽象的概念域中,用于理解生态环境资源的极限("超载")与运作机制("有机链条")等特点。Stibbe(2015)提出,环境语篇当中机械隐喻的使用容易让人产生一种错误的乐观看法,即通过技术手段解决孤立的环境问题而不必考虑作为所有问题根源的社会和文化体系。实际上,机械本身的"无生命性"和各部件的独立作用确实会"遮蔽"生态系统的有机性和动态弹性,从而对环境治理和可持续发展产生负面影响。然而,这只是对机械隐喻的一般性概括,深刻的话语分析绝不能停留于此。隐喻具有遮蔽性,两个概念的隐喻性并置激发的并不是特征对应关系,而是情感、感知和预期与语境之间的互动关系(Ritchie,2003)。换句话说,隐喻映射关系的建立是交际目的驱动,而并非基于概念域本身的特征。隐喻的遮蔽性使机械隐喻的所有特征并非都在同一时间受到同样程度的激活,话语的交际目的又使某些经验相较其他经验更为凸显。譬如在例(7)中,"链条"与其搭配词"有机"触发的是机器协作和机器体系的联想,在这个语境下得到凸显的是有关机器的整体作用和互动性的经验,以此为基础建立的认知框架能够引导人们形成科学的生态认知。

4 结语与启示

生态文明建设是新时代建设美丽中国、推动中国特色社会主义事业的一项重大内容,如何塑造良好的生态文明舆论环境,构建公众科学的生态环境认知是主流媒体的重要任务。本研究通过对《中国环境报》(2017—2022 年)中的环境新闻语篇进行隐喻分析,发现该报通过不同的隐喻使用实现了对中国生态环境治理的多维表征:战争隐喻激活了特殊历史文化背景下的集体主义民族精神,具有较强的社会文化性劝导功能,为实现"全民环保"的环境治理局面营造了良好的"拟态环境";建筑隐喻从话语与认知的角度对环境治理进行了前瞻性建构,通过结构性映射使公众得以清楚认知国家环境治理机制和未来环境发展图景;其他隐喻,例如旅程隐喻和机械隐喻,也在跨域映射中搭建起了特定的意义框架,进而使公众按照"意义的赋值和框架的边界"来识解中国生态环境治理(王丽娜,2020:45)。由上文分析可知,隐喻作为一种自然且隐性的话语力量在环境传播中具有重要作用,但值得注意的是,隐喻的互动属性和隐喻的动态性是隐喻生产机制中不可忽视的因素。

为主流媒体更好发挥隐喻的建构功能,为塑造更良好的生态舆论环境,本研究提供三点参考与启示:

第一,持续的批判。隐喻是新闻媒体进行环境传播实践的有效手段,但隐喻本身的复杂性、动态性和可操纵性也要求信息传达者在隐喻使用过程中保持警觉并做出深刻思考。如 Berman(2001)所言,"语言是一种强有力的人类工具,我们必须检查它在维系、持存现存社会结构中发挥了什么样的作用"。在隐喻建构我们对自然世界经验的同时,我们也要时刻保持质疑,以习近平生态文明思想中的哲学智慧为道德目标,对我们使用的语言进行持续性的批判,对生态有益性隐喻进行发展,对生态破坏性隐喻进行驳斥或重构,进而创造出一种进步性的生态文明环境。

第二,系统性的视角。习近平(2017:209)曾强调:"在生态环境保护上,一定要树立大局观、长远观、整体观,不能因小失大、顾此失彼、寅吃卯粮、急功近利。"无论在人与自然的关系建构上还是环境事务处理上,系统的认知视角不可或缺,二分的、割裂的自然观对生态系统的破坏性在人类历史上已经有了鲜活证明。有研究发现,倾向于将人与自然之间的关系视为复杂系统的人更容易认识到环境问题的危害性和亲环境行为带来的共同效益,而能够传达系统认知的隐喻则是激活共同效益框架的有力工具(Lezak & Thibodeau, 2016; Thibodeau et al.,2017)。从以上对机械隐喻的分析可以发现,因为隐喻的遮蔽性,环境语篇中的机械隐喻使用既有可能激活其作为"组件"隐含的分裂性和无生命性,也有可能凸显其内部协作的系统性和整体性,因此该隐喻背后的生态价值观到底是割裂的还是整体的,需要在具体的语境和交际目的中去考察,不能一概而论。

第三,创造性地运用。经济全球化和科技的迅猛发展使人类的经验以前所未有的速度在积累、组建和重构,因而植根于人类经验中的隐喻使用也不可能是停滞的和静止的。语言使用需要适应社会和文化的变革,面对新的社会文化自然系统和新的生态环境现实,无论是为了适应现状还是推动变革,"创造性地运用新的隐喻和习语去表达自然以及我们与自然世界的关系是十分必要的"(Berman,2001:267)。换言之,在环境传播中,信息生产者需要以动态的、发展的视角看待隐喻的使用,重视隐喻在具体语境中的适用性,即是否有利于建构"人与自然生命共同体"的意识,使社会文化环境成为推动隐喻产生最佳认知和情感效用的催化剂,最终实现社会、人类与自然三者之间的和谐共生。

参考文献

[1] 林琳,周桂君.基于话语分析的联合国生态观念管窥:以《世界经济社会概览》中涉及气候变化的表述为例[J].社会科学战线,2019(8):255-260.

[2] 刘涛."传播环境"还是"环境传播"?:环境传播的学术起源与意义框架[J].新闻与传播研究,2016,23(7):110-125.

[3] 刘宇红,余晓梅.现代汉语中的军事隐喻研究[J].语言教学与研究,2007(3):12-20.

[4] 陆佳怡,张子晗.对话与独白:联合国气候变化大会美欧中公开发言的隐喻互动[J].现代传播(中国传媒大学学报),2019,41(8):99-104.

[5] 任学宾.信息传播中内容分析的三种抽样方法[J].图书情报知识,1999(3):29-30.

[6] 谭文慧,朱耀云,王俊菊.概念隐喻视角下中国国家形象自塑研究:以疫情题材纪录片为例[J].外语研究,2021,38(5):38-43.

[7] 王丽娜.环境传播中的隐喻体系:兼对2018年优秀生态环境宣传获奖文本的解读[J].新闻与传播评论,2020,73(4):44-58.

[8] 习近平.习近平谈治国理政:第2卷[M].北京:外文出版社,2017.

[9] 袁影.论战争隐喻的普遍性及文化渊源[J].外语研究,2004(4):36-39.

[10] 张庆鹏,康凯.社会心理学视角下的亲环境行为探讨[J].广州大学学报(社会科学版),2016(2):28-38.

[11] 赵永华,陆君钰.新闻话语中的隐喻与国家形象的选择性建构:以《纽约时报》新冠肺炎疫情涉华报道为例[J].当代传播,2021(6):17-22.

[12] ALEXANDER R, STIBBE A. From the analysis of ecological discourse to the ecological analysis of discourse[J]. Language sciences, 2014, 41: 104-110.

[13] BERMAN T. The rape of mother nature? Women in the language of environmental discourse [M]// FILL A, MÜHLHAUSLER P. The ecolinguistics reader: language, ecology and environment. London and New York: Continuum, 2001: 258-270.

[14] CHARTERIS-BLACK J. Corpus approaches to critical metaphor analysis[M]. Basingstoke & New York: Palgrave Macmillan, 2004.

[15] HOORN J. A renaissance perspective on the empirical study of literature: an example from psychophysiology[M]// SCHRAM D H, STEEN G. The psychology and sociology of literature. Amsterdam: John Benjamins Publishing Company, 2001: 129-143.

[16] LAKOFF G, JOHNSON M. Metaphors we live by[M]. Chicago: University of Chicago Press, 1980.

[17] LAKOFF G, JOHNSON M. Philosophy in the flesh: the embodied mind and its challenge to western thought[M]. New York: Basic Book, 1999.

[18] LEZAK S B, THIBODEAU P H. Systems thinking and environmental concern[J]. Journal of environmental psychology, 2016, 46: 143-153.

[19] MÜHLHAUSLER P, PEACE A. Environmental discourse[J]. The annual review of anthropology, 2006, 35: 457-479.

[20] RIFFE D, AUST C F, LACY S R. The effectiveness of random, consecutive day andconstructed week sampling in newspaper content analysis[J]. Journalism & mass communication quarterly, 1993, 70(1): 133-139.

[21] RITCHIE D. "ARGUMENT IS WAR"-or is it a game of chess? Multiple meanings in the analysis of implicit metaphors[J]. Metaphor and symbol, 2003, 18(2): 125-146.

[22] STEEN G J, DORST A G, HERRMANN J B, et al. A method for linguistic metaphor identification: from MIP to MIPVU[M]. Amsterdam: John Benjamins, 2010.

[23] STIBBE A. Ecolinguistics: language, ecology and the stories we live by[M]. London: Routledge, 2015.

[24] THIBODEAU P H, FRANTZ C M, BERRETTA M. The earth is our home: systemic metaphors to redefine our relationship with nature[J]. Climatic change, 2017, 142(1): 287-300.

[25] VAN DER HEL S, HELLSTEN I, STEEN G. Tipping points and climate change: metaphor between science and the media[J]. Environmental communication, 2018, 12(5): 605-620.

[26] WOODS R, FERNÁNDEZ A, COEN S. The use of religious metaphors by UK newspapers to describe and denigrate climate change[J]. Public understanding of science, 2012, 21(3): 323-339.

翻译研究

叶公超汉译《墙上一点痕迹》翻译活动的社会学研究

暨南大学 王 玲[*]

摘 要:叶公超对英国现代主义作家弗吉尼亚·伍尔夫在中国的传播与接受作出了重要贡献。本文从布尔迪厄的社会学理论视角出发,运用其中场域、资本、惯习三大核心概念,把叶公超对伍尔夫的意识流小说《墙上一点痕迹》的译介置于"五四"新文化运动时期的文学翻译场域中,梳理叶公超文化资本的累积和译者惯习的形成,重点研究其与所在场域、持有的文化资本、形成的惯习等各种因素之间的张力与互动,进而剖析其翻译活动及作为翻译活动载体的《墙上一点痕迹》对中国文学的"现代性"转换发挥的重要作用,揭示出他的翻译活动在社会演进过程中的时代意义,期望能为文学译作的传播与接受提供有效借鉴和启发。

关键词:叶公超;《墙上一点痕迹》;弗吉尼亚·伍尔夫;翻译活动;社会学

1 引言

叶公超(1904—1981)是中国现代著名的文学批评家、"新月派"学者、外交家。近几年来,学界对叶公超的研究主要集中在文学批评理论方面,鲜少有研究者关注其翻译实践。考虑到"外国文学的译介是在新文化启蒙运动背景下推向高潮的"(陈众议,2011:20),亲历这一时期的叶公超对英国现代主义作家弗吉

---

[*] 作者简介:王玲,暨南大学硕士研究生,研究方向为英美文学,电子邮箱:naturallyfollow@126.com。

尼亚·伍尔夫所著之《墙上一点痕迹》的翻译堪称典型译事,对中国现代文学的发展产生了深远影响。社会翻译学研究模式在西方的代言人迈克拉·沃夫（Michaela Wolf）认为,"主要从社会科学之中借鉴而来的分析工具,既加深了我们对译者隐身背后所潜藏的各种运作机制的理解,也加深了我们对译本创作外部条件与译者采用的翻译策略这二者相互作用背后所潜藏的各种运作机制的理解。"(王洪涛,2017:13)因此,本文借助布尔迪厄社会学理论中的三大核心概念——场域、资本、惯习,对叶公超的《墙上一点痕迹》译介个案展开深度剖析,首先考察"五四"新文化运动时期的文学翻译场域是如何被建构起来的,其次分析行动者如何利用自己积累的文化资本及资本转化在场域内运作,然后探讨译者如何调整其基于场域和文化资本形成的惯习,最终构建起翻译发起、出版和生产的网络,实现《墙上一点痕迹》汉译本在中国的成功输入,揭示叶公超的翻译活动及作为翻译活动载体的《墙上一点痕迹》对中国文学的"现代性"转换发挥的重要作用,折射出他的翻译活动在社会演进过程中的时代意义,从而为文学译作的传播与接受提供有效借鉴和启发。

2　场域与翻译活动

根据布尔迪厄的观点,社会空间由人的行动场域组成。他将场域定义为"不同的位置之间的客观关系构成的一个网络,或一个构造"(布尔迪厄,1997:142)。分析塑造文化生产的场域,就需要关注相应的社会关系网络。在二十世纪上半叶,中国人民未曾因为中华民国的成立(1912)而迎来和平、统一与繁荣。相反,"民国早期的特征是道德沦落、君主复辟运动、军阀割据,以及外国帝国主义势力加剧"(徐中约,2002:495)。既然共和体制的实施没有解决中国社会的基本矛盾,自强不息的中国人必然要继续探索救国救民的真理。于是,大批接受过西方教育或受到影响的新知识分子开始围绕"改造国民性"的主题,展开了一场激烈的变革,史称新文化运动。这些目光敏锐、思想活跃的知识分子主张"在思想文化领域发动一场新的运动,借助西方的现代思潮,与传统的政治文化和意识形态相对抗"(李喜所,2017:496)。新文化运动刺激了新思想、新观念的生长,而新思想、新观念的生长又推动了新文学运动的兴起与发展。"五四"文学革命的口号"打倒旧文章",提倡新文学成为新文化运动的重要内容之一。文学革命中的主将胡适较早地提出白话文等的文体改革,并得到了陈独秀的坚定支持。一场以白话取代文言为发端的文学革命,看似是文字表现形式的变化,"但在中国几千年的封建社会中,文言一统着天下,做着'载道'的工作"(刘长鼎,

2013:9)。如果不打破这种旧的形式,传播民主与科学的思想就会受到严重的束缚,新文学就更无从谈起。所以,文学革命将白话取代文言作为突破口,加以大力提倡,亦顺理成章。在"五四"文学革命的影响和感召下,不少为公众接受的白话报刊、白话文学作品相继出现。其中,现代小说的问世标志着新文学的诞生。因此,塑造叶公超的"经验现实"(人口、机构、群体或组织)的潜在模式窥见一斑。

与"五四"新文学的诞生同时起步的,还有学习外国文学,翻译介绍外国文学作品的热潮。"那时的一批思想界的文化界的文艺界的先进人士,几乎都异口同声地指出,汲取异域文化艺术的营养,对于我们的重要意义。"(刘长鼎,2013:54)在建设新文学的过程中,文学革命思潮的倡导者提出许多有效的建设性意见,大都借鉴了外国文艺运动或文学创作的经验,故而学习、介绍西方文学已经成为普遍的趋势。这是近代中国少有的一段"思想狂飙激荡,学术百家争鸣的历史时期"(汪朝光,2013:257)。众多文学社团的崛起,不同文学流派的形成彰显出新文学的成熟和壮大。那些留学归国和接受过新式教育的莘莘学子踊跃上阵。他们既是新文学的先驱者,也是译海的弄潮儿。文学翻译是诸多社团流派的共同行动。布尔迪厄指出,"从场的角度思考,就意味着要对有关社会世界的整个日常见解进行转换"(布尔迪厄,1997:141)。就"五四"新文化运动时期的语境而言,文学翻译逐渐变成具有价值的资源,文学翻译场域也在外国文学译介热潮的推动下初步生成。这一时期的翻译主体包括当时很多有名望的文人学者,尤以"新月派"的叶公超为典型。他们广泛译介世界各国文学,在一向闭塞的中国文坛中掀起了巨大的思想波澜。沈雁冰曾明确表明,"介绍西洋文学的目的,一半是欲介绍他们的文学艺术来,一半也为的是欲介绍世界的现代思想——而且这应是更注意些的目的。"(沈雁冰,1935:146)文学翻译对思想建设的重要价值恰好呼应了新文化运动的中心议题。外国文学作品中蕴含"对民主、自由、科学的向往和礼赞,对人格独立、个性解放、精神自由的追求,对封建观念和旧礼教的批判,对尚武精神、复仇精神的倡导"(郑春,2002:108)。这些思想观念的流入,将有助于国民了解西方国家的新景观和新气象,促进传统观念与价值的变革。

由于新文化运动的强力推动,文学翻译场域迅速扩大,西方文学作品、文学理论、文艺思潮大量涌入中国。西方的各种文化思潮,极大地感染了那些受新思潮影响的知识分子。叶公超自少年起,就进入新式学堂。五四运动爆发的时候,他为国家的命运心急如焚,积极参加游行请愿活动。之后,他远渡重洋,接受人文主义教育。这些得天独厚的条件让叶公超对当时世界文学的发展趋势了然于心。"场域是那些参与场域活动的社会行动者的实践同周围的社会经济条件之间的一个关键性的中介环节。"(布尔迪厄,1992:105)只有让行动者通过由场域构成的特定环节,经历一次重新形塑的过程,场域才能在他们身上施加影响。在变幻莫测的文学潮流和形形色色的作家作品中,他青睐西方现代主义文学思潮,译介此类作品和理论的成就也令人瞩目。"在叶公超看来,如果能引入这种带有先锋性的世界文学潮流,对于正在寻找现代性的中国文学来说有着特殊的意义。"(文学武,2015:177)个体的行为是场域作用的产物。在文学翻译场域的作用下,叶公超选择把英国著名的现代主义作家弗吉尼亚·伍尔夫的意识流小说介绍到中国。作为一部现代主义时期经典的意识流短篇小说,《墙上一点痕迹》汉译本在中国的出版无疑有益于巩固新文化运动的成果。正如叶公超所言,"先有了扩大经验的方法,先知道了生活里有什么是该注意的,然后你再开步走。这样你决不会落后,……"(叶公超,1998:36)伍尔夫的作品始终深切关注人的精神世界,呼唤心灵的和谐。这种对内心世界的重视,对精神自由的执着,代表着人自身的另一种解放。它直接地响应了"五四"时期的社会思潮——"个性独立,个性解放"(刘长鼎,2013:52)。文学具备知识和价值重整的重要功能。叶公超对《墙上一点痕迹》的译介,怀揣人的个性解放的愿景,催生着国人的普遍觉醒。

3 文化资本与翻译活动

布尔迪厄认为,场域是争夺有价值资源的斗争领域,在风格与知识急剧变化的文学翻译场域尤其如此。"在进入场域的过程中,只要人们拥有了某种确定的禀赋构型,他们在被遴选出来的同时,就被赋予了合法性。"(布尔迪厄,1997:135)而行动者在场域中能够发挥作用的禀赋,就是特有的资本形式。置身于新文化运动的文学翻译场域中,叶公超拥有的、不可或缺的资本主要是文化资本。文化资本"以教育资格的形式被制度化"(布尔迪厄,1997:192),在某些条件下能转换成经济资本。从南开学校到剑桥大学,叶公超的整个人生都是在他优越教育背景下展开的。"能力或才能本身就是时间上与文化资本上投资的产物。"(布尔迪厄,1997:194)通过不断地积累文化资本,叶公超获得了为社会结构的再生产作贡献的能力。文化资本以三种形式存在着:具体的状态、体制的状态、客观的状态。具体的状态是指"精神和身体的持久'性情'的形式"(布尔迪厄,1997:192),即文化、教育、修养的形式。在国外留学期间,叶公超考取了爱默思大学,主修历史与哲学,毕业后又到剑桥大学攻读文艺心理学。这些学科的知识让他的思维富有哲理性,对其日后写文章有很大的帮助,他后来写的文学批评也因思路严谨、措辞缜密而享誉文坛。不过,叶公超年少时就早早出国,因此他对中国文化习俗的了解不及一般留学生。据梁实秋回忆,"本来他不擅中文,而且对于中国文化的认识也不够深。闻一多先生常戏谑地呼他为'二毛子',意思是指他的精通洋文而不懂国故。"(汤晏,2015:34)这虽然只是调侃的话语,但激发了叶公超学习中国文学艺术的决心。凭借自身的禀赋和勤奋好学的本性,很快他就变成一位名副其实的中国文人。所以,费正清评价他"两种文化兼容于一身"(汤晏,2015:35)。可见,这种博采东西、融和中外的知识结构塑造出叶公超包容、开放、自由的精神气质。

1926年初夏,叶公超学成归国,随后进入北京大学,担任外文系讲师。文化资本的体制化状态则"采取学术资格这一形式"(布尔迪厄,1997:200)。叶公超取得高校教职意味着其原本具有相对自主性的文化资本转变为在学术上得到认可的文化资本。它赋予拥有者参与场域竞争的合法性或准入权。因为同是英美留学生,又一起在北大外文系共事,他结识了闻一多、徐志摩、梁实秋等人。他们都是新月社文化活动的主要参加者,与之交往使叶公超成为"新月派"的重要成员之一,开始在新文学圈崭露头角。好景不长,1927年春,时局突变。蒋介石在南京建立国民政府,张作霖的奉系军阀独控北方。由于北京已在风雨飘摇之中,学校陷入困境,教授们只能南下,另寻出路。叶公超于秋天抵达上海,应上海暨南大学聘请,出任外文系的教授。与此同时,新月社的活动基地也从北京南移至上海。"上海的新月圈是很明显地模仿剑桥才子斯特雷奇(Lytton Strachey)等人在伦敦的布鲁姆斯伯里(Bloomsbury Circle)这个小团体的。"(汤晏,2015:75)布鲁姆斯伯里团体在英国现代主义文艺运动中居于核心地位,而弗吉尼亚·伍尔夫刚好是组织者之一。显然,叶公超对《墙上一点痕迹》的译介并非巧合。当时,很多中国的文人学者,如徐志摩、林徽因、叶公超、萧乾等,皆前往英国读书或访学,和剑桥大学的知识精英分子有较多交流。因此,他们创建的新月社,"无论在组成形式还是美学趣味上均与英国的'布鲁姆斯伯里团体'颇为类似"(杨莉馨,2009:29),从某种程度上甚至可以说是以该文艺团体为模板建立的。行动者在被考察的场域里,"被各种社会因素构成为积极而有所作为的"(布尔迪厄,1992:107)。叶公超从自身掌握的文化资本出发,发挥自己在场域中占据的位置优势,有意引进布鲁姆斯伯里团体的精神领袖伍尔夫的作品,让英国现代主义文学与中国现代文学结下了不解之缘。

闻一多曾在诗中写道,"秩序不在我的能力之内"(蓝棣之,2011:118),面对错综复杂的局势,"新月派"成员唯有专注他们本职的文学活动。叶公超南下后不久,就参加了《新月》杂志的编辑工作,负责编撰书评专栏。客观化状态中的文化资本"以文化商品的形式"出现,并呈现物质性的特征,可以和经济资本一样被一代代传递下去(布尔迪厄,1997:192)。《新月》杂志的创办为叶公超持有的文化资本的客观化提供了重要途径,也就是说,叶公超的文化资本经由这份期刊被客观化,在其物质性方面可流传于后世。《新月》的形式颇有现代感,它不但采用了盛行于西方的毛边装帧,而且在封面排版上极为方正。梁实秋说:"方的版式大概是袭取英国 19 世纪末的著名文艺杂志 Yellow Book(《黄面志》)的形式。"(黄红春,2015:78)然而,《黄面志》不仅是英国当时非常重要的文学刊物,也是布鲁姆斯伯里团体的出版物。尽管新月社的成员们深谙西方文明,他们仍然牢牢根植于中国大地。他们之间的共同点即刻骨铭心的爱国之情。对新月派来说,"社会与文化的现代化是他们共同的追求"(黄红春,2015:290)。以《黄面志》为蓝本,《新月》的栏目同样囊括了文学诸领域。该刊的发行在国内文艺界引发强烈反响,为新文学的开拓做出了贡献。叶公超积累的这些文化资本必然也使其认识到文学翻译场域中的核心问题——中国文学的现代转型。他把现代派小说《墙上一点痕迹》作为翻译对象,并将自己的译作刊登在《新月》杂志上,"成为迄今所见最早的伍尔夫意识流小说中译文"(杨莉馨,2009:14),首开中国伍尔夫文学作品翻译之先河。这样做是为了实现中国文学艺术与西方的同步,打通中国现代文学走向世界文学的通道,最终向文艺现代化积极迈进。叶公超的翻译活动极具先锋性和探索性,映照出二十世纪中国文学现代性进程的一个侧面。

4　译者惯习与翻译活动

二十世纪三十年代以后,伴随中外文化与文学的交流日益频繁,文学观念与形式技巧方面的变革渐渐成为有识之士的自觉追求。叶公超力图通过翻译伍尔夫的意识流短篇名作来推进中国文学的发展与革新,可谓用意深远。"由于中国传统小说是从说书发展来的,因此它注重故事情节,注重从人物行动中刻画性格,除《红楼梦》外,一般都比较少写心理,尤其缺少很细致的心理描写。"(严家炎,2021:24)中国古典小说倾向于关注事件的发展过程而不是人的内在精神生活。"五四"文学革命经过激烈的斗争和创作实践,终于使中国文学从禁锢束缚走向自由开放。具体地说,"以人物的性格和心灵表现为主要叙事追求的特知式叙事模式的崛起"体现出"五四"以后的新小说在叙事模式上的变革(季桂起,2003:66)。而那些新小说是如何吸取欧美小说中心理描写、心理分析的特点,又是如何开创心理小说和意识流小说的新机制,以促进中国小说的现代化转型的,则不能不归功于文学翻译场域。

从布尔迪厄的视角来看,个体的主体性与社会的客观性相互渗透。依照这一见解,他"从实践操持的意义上",提出惯习概念,即"深刻地存在于性情倾向系统中的、作为一种技艺存在的生成性能力"(布尔迪厄,1992:122)。叶公超基于所处场域、持有的文化资本早已养成了兼容并蓄的思想习惯和行为倾向,或称惯习。在翻译的过程中,他采取了直译与意译并用的翻译方法,正是其惯习使然。"如果从文化的价值取向上来看,就是追求'归化'和'异化'相结合。"(胡翠娥,2007:252)这种灵活的翻译方法不但能迎合本国文化的价值标准,还有利于外来文化在中国的传播。此外,他还对意识流本身及意识流小说技巧进行了准确的评说,"成为继赵景深之后,中国文坛最早对意识流小说的题材特点和形式结构进行较为深入的探索的学者"(杨莉馨,2009:15)。简而言之,叶公超依靠翻译、介绍、研究等方式,尝试推广意识流这种现代写作技巧,昭示着中国作家对现代人心理真实的挖掘。

《墙上一点痕迹》真实地展现了一个人物的意识活动。小说从主人公发现痕迹开始到弄清痕迹结束,其间既没有行动,也没有情节,更没有对外部世界的描述。叶公超在《译者识》中指出,伍尔夫注重的是"极渺茫,极抽象,极灵敏的感觉,就是心理分析学所谓下意识的活动"(叶公超,1998:128)。小说里无数细碎的回忆、恍惚的印象、零星的思考都随着意识的流动在主人公的脑海中飘然而过。为了表现个人精神生活隐秘幽微、瞬息万变的复杂特征,伍尔夫通篇采用非逻辑的、碎片式的语言,用来描写人物飘忽不定、流动不居的主观意识之流。例如:

(1) The cows swish their tails beneath them on hot afternoons; they paint rivers so green that when a moorhen dives one expects to see its feathers all green when it comes up again. (Greenblatt, 2006: 2086)

叶译:热天下午老牛在树下摇着尾巴;岸上的树染绿了江河,当一只水鸡潜入了水中,我们准想他上来的时候羽毛都会变绿了。(叶公超,1933:115)

在此句中,原作者并未明确说明"they paint rivers so green"的"they"是指"岸上的树"。她有意使用第三人称代词"they",让句子的主语模糊不清,以呈现叙述者混沌朦胧的意识活动。如果采用直译的方法,亦步亦趋地翻译,不加调整,虽然符合原作者的意图,但读者读起来可能会不知所云,不利于译本的传播与接受。由于长期封闭,绝大部分的中国读者对西方的认识是有限的,其秉持的价值观也与西方读者迥异。在这种情况下,一味直译也许会让读者对西方文化中的某些元素产生抗拒心理。因此,译者在此处运用意译的方法或归化的翻译策略,点明代词"they"指代的事物,使译文易被广大中国读者理解。

(2) Rather to my relief the sight of the mark interrupted the fancy, for it is an old fancy, an automatic fancy, made as a child perhaps. (Greenblatt, 2006: 2082)

  叶译:墙上那痕迹的发现打破了这段幻想,我倒觉得轻快,这不过是一个旧日的幻想,一个自己跑来的幻想,大概还是童年期的印象。(叶公超,1933:107)

汉语中,多数情况是"因"在前,"果"在后。译者将介词短语"Rather to my relief"("我倒觉得轻快")的译文置于"the sight of the mark interrupted the fancy"("墙上那痕迹的发现打破了这段幻想")一句的译文后面,让整个句子遵循因果顺序,令译文更加符合汉语的表达习惯。由此看来,叶公超充分考虑到了目标语境对异域文化的认可和接受程度。

福斯特认为伍尔夫本质上是一位诗人,这是因为她的作品"总是具有一种优美而抒情的诗的气氛和意境"(瞿世镜,2015:233)。为了与人物难以捉摸的意识状态相适应,伍尔夫小说的语言同样缥缈、空灵,具有象征色彩并富有诗意,《墙上一点痕迹》也是如此。

(3) I like to think of the fish balanced against the stream like flags blown out; and of water-beetles slowly raising domes of mud upon the bed of the river. (Greenblatt, 2006: 2086)

  叶译:我爱想那鱼在逆流中挣扎着,像风中的旗帜;我爱想水甲虫在河底上面慢慢的建筑那些圆顶形的土堆子。(叶公超,1933:115)

此句呈现出典型的诗化倾向。原作者选用内心独白的艺术手段,意象、比喻、拟人等修辞手法,描绘出一幅生命与自然和谐共生的图景。其中,"fish"("鱼")和"water-beetles"("水甲虫")是主导意象,暗示着人物内心的复杂思绪。鉴于人类对自然美景的欣赏是共通的,译者直接采取了异化的翻译策略,译出全部字面意义。这种方法一样有其长处：它能够让译者完美地展现伍尔夫小说的诗化风格，将原文的诗意性移植到译文中，使译文也添上一层抒情的韵味，继而为读者的想象提供了空间，为读者的思维开放了通道。

依据译文判断，叶公超采取了适合文学翻译场域的行为、知觉和态度。他的译文既做到了忠实于原作，也做到了充分为读者考虑，便于读者在中西方文化具有共通性和互补性的认识基础上和国际接轨。不过，惯习与场域之间的关系是双向进行运作的。一方面，场域及资本塑造了个体的惯习。另一方面，"惯习有助于把场域建构成一个充满意义的世界"（布尔迪厄，1992：127）。这个世界值得人们投入精力，用心领悟，以求有所突破。在叶公超的努力下，一些富有革新思想的中国作家开始借鉴和吸取意识流小说的写作手法，其中就包括了"新月派"诗人林徽因和叶公超的高徒废名。林徽因在叶公超主编的《学文》（《新月》的继承者）第一期上发表了自己创作的意识流短篇小说《九十九度中》。李健吾称赞这篇小说是当时"最富有现代性"的小说（李健吾，2005：35）。废名则将自己的诗化小说《桥》刊于《学文》杂志的第二期。朱光潜视这部小说为"破天荒的作品……而中国以前实未曾有过这种文章"（贺照田，1998：202）。这些中国意识流小说的出现可被看作是叶公超汉译《墙上一点痕迹》的翻译活动在现代中国作家中的回应。他对伍尔夫作品的译介与推广不仅影响了中国现代小说的发展，而且加快了"国语的文学"之建立，构成中国文学现代性进程之中的一个重要环节。

5 结语

通过引入布尔迪厄社会学理论的场域、资本、惯习三大核心概念来分析叶公超汉译《墙上一点痕迹》的翻译活动，可以看到"五四"新文化运动时期的文学翻译和当时社会环境的结合是如此紧密，看到这篇译作是如此实实在在地参与"五四"文学革命，为关心和致力于文学革命的文人学者提供相应的文学资源。叶公超对翻译对象的选择，显然与"五四"文学革命对文学的特定需求有关，他译介的现代主义意识流小说经典之作《墙上一点痕迹》有着极强的预见性和前瞻性。经由翻译为文学革命提供可资参考的具体方案，这与叶公超宏阔开放的知识视野和兼容并包的文化胸襟是相符的。当然，这同时反映了"五四"新文化运动时期引入外国文艺思潮的复杂性。文人学者想要引进西方的先进思想，实现"国语的文学，文学的国语"这一终极目标，不仅仅依靠同人译介维持，还常常依附一定的社会条件。这时候，翻译出版的内容必然与各种社会因素有密切的关联。只有通过探索每个个案具体的关联究竟如何,才能更好地理解"五四"时期的翻译热潮,进而为文学译作的传播与接受提供可行路径和方法。

参考文献

[1] 陈众议.当代中国外国文学研究[M].北京:中国社会科学出版社,2011.

[2] 傅国涌.叶公超传[M].郑州:河南人民出版社,2004.

[3] 贺照田.朱光潜学术文化随笔[M].北京:中国青年出版社,1998.

[4] 胡翠娥.文学翻译与文化参与:晚清小说翻译的文化研究[M].上海:上海外语教育出版社,2007.

[5] 黄红春.古典与浪漫:新月派文学观念研究[M].南昌:江西人民出版社,2015.

[6] 季桂起.中国小说体式的现代转型与流变[M].济南:山东大学出版社,2003.

[7] 柳鸣九.意识流[M].北京:中国社会科学出版社,1989.

[8] 李健吾.咀华集·咀华二集[M].上海:复旦大学出版社,2005.

[9] 蓝棣之.新月派诗选[M].北京:人民文学出版社,2011.

[10] 刘长鼎.中国现代文学运动史[M].济南:山东文艺出版社,2013.

[11] 李喜所.中国近代史:危局与变革[M].北京:中信出版社,2017.

[12] 布尔迪厄.文化资本与社会炼金术[M].包亚明,译.上海:上海人民出版社,1997.

[13] 沈雁冰.新文学研究者的责任与努力[C]//郑振铎.中国新文学大系文学论争集.上海:上海文艺出版社,1935:145-149.

[14] 钱理群.中国现代文学三十年[M].北京:北京大学出版社,1998.

[15] 瞿世镜.意识流小说家伍尔夫[M].上海:上海译文出版社,2015.

[16] 汤晏.叶公超的两个世界[M].台湾:卫城出版社,2015.

[17] 汪朝光.中国近代通史:民国的初建(1912—1923)[M].南京:江苏人民出版社,2013.

[18] 王奇生.中国近代通史:国共合作与国民革命(1924—1927)[M].南京:江苏人民出版社,2013.

[19] 文学武.重识叶公超在中国现代文学史上的地位[J].社会科学,2015(4):174-180.

[20] 王洪涛.社会翻译学研究:理论、视角与方法[M].天津:南开大学出版社,2017.

[21] 徐中约.中国近代史[M].香港:香港中文大学出版社,2002.

[22] 叶公超.墙上一点痕迹[J].新月,1933,4(1):105-116.

[23] 叶公超.现实世界与艺术世界[C]//陈子善.叶公超批评文集.珠海:珠海出版社,1998:31-36.

[24] 叶公超.《墙上一点痕迹》译者识[C]//陈子善.叶公超批评文集.珠海:珠海出版社,1998:127-129.

[25] 严家炎.中国现代小说流派史[M].北京:新星出版社,2021.

[26] 杨莉馨.20世纪文坛上的英伦百合:弗吉尼亚·伍尔夫在中国[M].北京:人民出版社,2009.

[27] 杨莉馨."布鲁姆斯伯里团体"现代主义与中国文化关系研究[M].北京:北京大学出版社,2022.

[28] 郑春.留学背景与中国现代文学[M].济南:山东教育出版社,2002.

[29] BOURDIEU P, WACQUANT L. An invitation to reflexive sociology[M]. Chicago: University of Chicago Press,1992.

[30] GREENBLATT S. The Norton anthology of English literature[M]. New York: W. W. NORTON & COMPANY, 2006.

概念史视域下进化论术语汉译历时研究
——以"Natural Selection"为例

广东外语外贸大学　熊瑾如[*]

摘　要：西方概念在中国语境中的植入和生长与翻译的中介作用及概念的载体形态紧密相关，考察概念译名定夺能够揭示社会认识在概念层面渐趋深化的过程，并透视概念译介对社会思想转变的推动作用。运用概念史研究方法，追溯作为时人科学思想基础的重要生物学概念"Natural Selection"的译名流变和概念在引介中的重构图景与引介后的接受情况，我们发现"Natural Selection"概念译名的不同表述反映了概念语义重心和语义取向差异，且知识精英与官方机构译名的社会接受方式和接受程度不尽相同，从而揭示了生物学领域术语译名的发生和发展机制。

关键词：概念史；进化论；术语翻译

1 引言

"概念史"作为一种史学研究范式，源于思想史研究中对"概念"的历史作用和"概念"能动性、多重性等历史特点的关注。概念史研究将"概念"视为理解历史、社会与文化的切入点，侧重围绕"概念"广泛发掘史料，并以共时或历时方式串联史实，从而扩展史学关注范围及书写方式。自概念史研究范式引入国内学界(方维规，2020)以来，比较视野下的概念史在中国情境下展现出强大的适应

---

[*] 作者简介：熊瑾如，广东外语外贸大学硕士研究生，研究方向为术语翻译、翻译史，电子邮箱：xjr130516@163.com。

性和生命力。当前,翻译史研究中也已尝试融入概念史方法,突破传统翻译史线性叙事的局限性,形成对传统历史书写中宏大叙事倾向的有效反拨。翻译概念史相关研究一方面关注将概念史应用于翻译史研究的可行性分析和方法论探讨(蓝红军、彭莹,2022;王剑,2020;胡开宝,2021),另一方面关注通过实证研究带来的新发现,其中既有通过史料考辨的方法展开的研究(刘瑾玉,2019;张必胜,2022),又不乏以数字人文方法展开的研究(朱一凡、秦洪武,2018)。可见,翻译概念史研究应用前景广阔,学理价值可观。

"进化论"在西方的提出及其在中国社会的引入,在以西学东渐为表征的清末民初中国社会转型期,推动了时人进化观由传统"生生为易"的循环论到现代"适者生存"的竞争论的转向,以应对救亡图存、反对帝国主义的需要。其中,"Natural Selection"概念成为解读"进化"思想的关键面向。现有研究在清末民初知识精英对社会进化理论的理解及传播方面已有初步考察,但对该群体以社会理论改写自然进化理论的方式有待系统探讨。事实上,"进化"思想依托一系列具体概念展开,"自然选择""适者生存"等相关关键概念与"进化"概念一起构成了"进化"思想的概念网络。鉴于此,本文运用概念史方法,考察"Natural Selection"概念中文译名流变,以增进对概念内涵及概念与社会互动关系的认识。

2 "天择":"Natural Selection"概念译名创制

"Natural Selection"概念与中国传统哲学"生生之谓易"的自然生态观完全相反,因而在中国语境下并无对应中文概念。因此,译名的确定成为这一西方生物学领域概念以社会学概念形式的引入过程及接受状况中的关键因素。清末知识精英严复出于译者的社会责任感,几经斟酌后首次将该概念译为"天择"。该译名的文本语境、哲学理据、传播普及可以有效洞察概念在该时期社会需求中的作用。

2.1 "天择"的文本语境

"天择"一词出自严复1898年出版的译著《天演论》,其底本由英国生物学家赫胥黎(Thomas Huxley)1894年出版的《进化与伦理》(*Evolution and Ethics*)的导论及此前1893年就此话题的讲稿部分汇集综合而成(宋晓煜、王广涛,2021;朱晶,2019;刘梁剑,2019)。严复在《天演论》译例言中写道:"他如物竞天择、储能效实诸名,皆由我始。一名之立,旬月踟蹰。"(1898:14)对于该译名的创制,译者严复借按语等方式,在译作中谈及了"天择"一词的来源、作用结果与应用。

首先,严复解释了"天择"概念的来源,"物竞天择二义,发于英人达尔文,达著《物种由来》一书"(1898:21)。在此基础上,严复辨析了"天择"与相关概念"物竞"(今言"生存竞争")和"天演"(今言"进化")的关系,"天演者,西国格物家言也,其学以天择、物竞二义,综万汇之本原"(1898:1)。严复认为,"物竞"与"天择"均为其"天演"思想的组成部分,"'天演'思想包含'天择'与'物竞'两种基本含义"(陶李春、朱希伟,2020:80)。

其次,严复说明了"天择"概念的作用,"物竞者,物争自存也。以一物以与物物争,或存或亡,而其效则归于天择。天择者,物争焉而独存"(1898:20),"夫物既争存矣,而天又从其争之后而择之。一争一择,而变化之事出矣"(1898:20)。可见,严复将"物竞"视为"天择"的结果,"物竞"不仅独立于"天择"而存在,而且"天择"与"物竞"间存在逻辑上的因果关系。严复在译文中进而写道,"若是物特为天之所厚,而择焉以存也者。夫是之谓天择。天择者,择于自然,虽择而莫之择。犹物竞之无所争"(1898:20)。此处严复提到"天择"的标准,认为"天择"作为一种自然过程,只有得天独厚之物才能在竞争中生存下来。但严复又进一步指出,"天择者,存其最宜者一也"(1898:20),将"物竞"与"天择"中生存下来的群体范围精确到"最宜者"。然而,需要说明的是,这并非原作者赫胥黎所持观点,而是严复对斯宾塞观点的挪用,他以此论证自己支持的"适者"方存的道理。出于同样目的,严复在译作中也化用了达尔文的观点,"此达氏所谓天择者也。嗟夫物类之生乳者至多,存者至寡。存亡之间,间不容发。其种愈下,其存弥难"(1898:29),以反面案例支持其观点。在"最宜者"外,严复还为能存者增添了一条新标准,即"善群者",其译言中有言"能群者存,不群者灭,善群者存,不善群者灭"(1898:54),由此可见一斑。

最后,严复借题发挥,从"天择"谈"人治"。虽然事实上赫胥黎原作中明确区分了"天择"和"人择",其本意也认为自然社会和人类社会不能相提并论,但是严复改写了这种观点,将二者加以类比,从而将"人择"提升至"天择"高度。"所谓物竞天择体合三者,其在群亦与在生无以异。"(1898:126)如此,严复在"日与之以含生之欲,辅之以自动之机,而后冶之以物竞,锤之以天择"(1898:48)中,强调了"人"对于"天"的主动性。

2.2 "天择"的哲学理据

如何达成思想的有效沟通、概念的跨文化旅行和中西文化的优势互补,是西学东渐译书一事的难点所在。为此,不仅需要理解西方思想原意,而且需要采用国人能接受的方式加以介绍。严复取"格义"和"会通"之法,将"Natural Selection"译为"天择"一词。

严复以"天择"一词对译"Natural Selection"概念,使该概念在中国语境中发生了语义变化。在生物学领域中,赫胥黎是达尔文进化论的坚定捍卫者,但他拒绝生物进化法则在社会中的运用,认为适合自然领域的法则不适合社会领域,社会领域需要的是人道和伦理规范。这也是他在《进化与伦理》一书中阐述的基本立场。严复在翻译这部书的同时,也将达尔文的"天演"法则应用于人类社会。

在"天择"这一译名的创制中,"天"字的使用颇为考究。一方面,该字融入了斯宾塞的社会达尔文主义。与达尔文和赫胥黎的主要观点相反,严复采纳了斯宾塞对达尔文主义的理解,译本用社会达尔文主义取代了赫胥黎原著中的进化伦理观。例如,译著中提及,"斯宾塞赫胥黎二家言治之殊可以见矣。斯宾塞之言治也,大恉存于任天,而人事为之辅"(1898:34),这明确体现了严复十分清楚所译之书原作者赫胥黎与其所引斯宾塞在演化方面迥然相异的观点。但严复译本中,社会启蒙的意图胜过了对忠实于原文的考量。吴汝纶在为《天演论》所作序言中也承认这一点,即严复的"天择"有别于"任天为治",更强调"以人持天"(1898:4)。

另一方面,"天"字的使用体现了对中国传统哲学中"天"的内涵的理解和阐发。自该概念"在商周获得宗教意义,经先秦诸子逐渐发展为重要的哲学概念"(黄鑫宇、魏向清,2020:88)后,便逐渐演化为具有多元意义的范畴。大致说来,所谓天有三种涵义:"一指最高主宰,二指广大自然,三指最高原理。"(徐春,2014:41)鉴于"天"既可以指"天命",又可以指"自然",那么严复所谓的"天择",又是在何种意义上使用"天"的呢? 对此,严复本人在另一译著《群学肄言》中,以"谨案"的方式对"天"字的意义和用法作了如下说明:"中国所谓天字,乃名学所谓歧义之名,最病思理而起争端。以神理言之上帝,以形下言之苍昊。至于无所为作而有因果之形气,虽有因果而不可得言之适偶,西文各有异字,而中国常语皆谓之天。如此书天意天字,则第一义也;天演天字,则第三义也,皆绝不相谋,必不可混者也。"(1903:9)从一般意义来说,严复的"天"一是指"自然",二是指"必然";从具体意义上来说,严复的"天"是指自然演化的普遍原理和法则。严复的"天"不仅意味着"自然而然"的"自然",而且意味着"不得不如此"的"必然"。因此,严复的"天择"既是自然性和必然性,实则又是斯宾塞的社会达尔文主义与中国传统哲学"天"为最高原理的融合。

如果说"天择"之"天"体现了以中释西的格义方式和会通努力,那么"天择"之"择"则融入了严复"且演且进"的主观阐释。达尔文使用"自然选择"是为了强调进化的机制,并且他认为有机体本身并没有努力进化和完善的趋势。严复更加关注的是竞争和优胜劣败。在严复看来,进化有意识、有目的,适者生存是那些使自身变得适应的人或物能够生存,物种为了生存而有意识地发生改变。也就是说,"物竞"和"适者生存",以及由此衍生的进步观念,才是他接受的(董起帆,2020)。

可见,译者自身的哲学思想不仅体现在译名词汇特征中,也为译名词汇提供了理据性。《天演论》的译名影响深远,严复的许多译名及其方法极大丰富了汉语词汇的创制,推动了词汇意义的内部变化,唤起了人们对儒家学术思想的再度重视及中西融通的积极尝试,"有效地推动了西学东渐的纵深发展"(王家根,2020:90)。

2.3 "天择"的传播普及

通过检索北大汉语语料库(CCL),我们发现"天择"一词在唐代和北宋各使用过一次,均指官员的任命来自天意。这也证明了该词并非继承原有词汇含义,其词汇含义在严复经翻译与阐发后首次得以扩展。纵观全书,"天择"一词使用频率达18次。在该词创制之时,晚清民国期间各大报刊中该词的使用频率增至129次之多,其中不乏54条对"天择"说的反对、批评、延伸和拓展之论。当下,"天择"一词已与相关概念"物竞"一起,固化为成语,进入日常用语。可见,严复的译名无疑是成功的。"天择"这一译名,已从"造词者个人的行为"转变为"全体使用者的社会知识"(沈国威,2020)。

3 "自然淘汰":"Natural Selection"概念译名并存

严复首次提出了"Natural Selection"概念的中文译名,该译名及其内涵凝聚了严复本人对该概念的独到理解,并体现出严复为增进该概念与中国时代和文化语境相关性所做的努力。在严复为概念引入奠定的基础上,马君武对进化论思想的译介更为真实全面。"马君武译出的《达尔文物种原始》《人类原始及类择》等达尔文进化论名著译本较之严译《天演论》更清楚地显示了达尔文进化论与斯宾塞社会达尔文主义的区别。"(宋菁、徐惟诚,2021:16)在严复译名的基础上,马君武既未完全舍弃严复的译名,在沿用严复提出的译名的同时又提出了自己的译名,即"自然淘汰"。该概念的文本语境及其背后的哲学理据值得加以挖掘,其传播普及亦可观察概念在该时期社会需求中的作用。

3.1 "自然淘汰"的文本语境

"自然淘汰"一词最早出自马君武1901年出版的译文《物竞篇》,该篇为英国生物学家达尔文(Charles Darwin)1859年出版的《物种起源》(*On the Origin of Species*)的第三章。随后的1902年,马君武又译出该书第四章,名为《天择篇》并同第三章一样以节译本的形式发行。1920年,该书全译本由马君武再次译出并出版。对其全译本做通篇考察后发现,译文中对与"自然淘汰"相关概念及其间关系的解释仍存在局限。

一方面,译文中明确体现了生存竞争和自然淘汰的关系,"当进论此章本旨之前,不可不略述数言以明生存竞争与自然淘汰相关之理"(1920:85),并在译文中几处体现二者间相关关系,如"因物种产出之数远过于其能存活之数,故每致起生存之竞争。于是生物之以任何方法稍起变异,而于己有利者,在复杂殊异之生活状态下,将有较良之生存机会,而能受自然之淘汰。据遗传之有力原理,既经淘汰之变种必务繁殖其变更之新体焉"(1920:20)指出了生存竞争和自然淘汰产生的原因和结果。其中认为生存竞争为产生变种的过程,生存竞争中产生的变种还需经过自然淘汰的筛选方能持续。

但另一方面,译文中又将适者生存等同于自然淘汰,由"天择(一名自然淘汰)即最宜者存之理"(1920:105),"凡此保存个体差异及变异之有利者,而消灭其有害者,予名之为天择,又名自然淘汰,或名为最宜者存"(1920:164)等论述可见一斑。事实上,在达尔文理论中,生物因食物和空间有限而必须为生存斗争"竞争",由此产生了自然选择或适者生存。如此,在自然淘汰之法的作用下,原一物种将成为二亚种。

3.2 "自然淘汰"的哲学理据

在已有译名的情况下,后来译者如何对待同一术语,是其翻译观念的具体真实呈现。马君武的译本中在理论上区别了"天择"与"自然淘汰"两种译法不同的语义指向,在实践上又不乏两术语混用的情况。一方面,马君武从对"天择"一词可能存在的误解或反对出发,澄清"天择"的实际含义:"或则想象以为,不知天择仅保存已起之变异,在其生活境遇之下有益于此生物者……当是之时,个体差异必最初出于自然。人类乃为某目的加以淘汰也。"(1920:106)这段话鲜明地指出,"天择"的作用仅在于保存或筛选自然界已有变体。马君武进一步指出"天择"之用"择"字方面的考量,从而再次强化了达尔文观点中进化的无方向性及无目的性:"以为是含有动物起变更者故意选择之意。且言植物无知觉天

/241/

择不能应用于是,仅就字义言,天择一名词固不免于假伪……固不能言其有所选择也。"(1920:106)另一方面,译者马君武又时而混用"天择"与"自然淘汰",见"此种原理,即每一轻微变异,若有利益,即被保存者,予名之为自然淘汰,又名天择,以明其对于人力淘汰之关系"(1920:86)。

在马君武给出的"自然淘汰"这一译名中,"淘汰"一词的使用颇为考究。从译文中可见,"自然淘汰"中的"淘汰"与译者的"淘汰原理"密切相关。译者认为淘汰原理的力量之大,可以起到筛选的作用,"淘汰原理之言曰,淘汰原理不惟能使农家变更其牧畜之特性,且能全变之。是如魔术家之杖,以此杖可随己所欲,任意召唤何种形状以得生活"(1920:48)。结合译文全文分析发现,"自然淘汰"还与译者对"生存竞争"的断章取义有关,其中的危机意识掩盖并曲解了达尔文的本意。达尔文认为,"自然淘汰"属于"进化论"的一部分内容,而进化论(theory of evolution)中的"evolution"一词有演变和进化两种概念,达尔文进化论使用演化概念,是用来解释生物在世代与世代之间具有发展变异现象的一套理论的。达尔文认为,不是所有的进化都朝着"进步"的方向发展,即"evolution 不等于 progress"(苏明鸣,2016)。有别于"天择"背后"进步"的含义及由此而发对"社会进步"的希求,"自然淘汰"则尤为关注自然过程中未能得以存留的个体。在此基础上,译者又将物种变异、淘汰原理与人类社会结合论述,"在半开化之国,交通不甚自由者,新亚种之传布甚缓,及贵重之诸点大着,予所谓不识淘汰之原理,乃常显其作用。因诸种之时好不同,故在某一时代内或较他一时代为甚。又因居民之文明状态不同,故在某一地方内或较他二地方为甚"(1920:57),体现出译者的社会关怀。但作者又明确区分了自然淘汰和人力淘汰。如果说严复的"天择"中有浓厚的"人治"内涵,那么马君武则明确区分了"自然淘汰"和"人力淘汰"。译文也着重体现了这一点,见于"吾侪既见因人力淘汰每能产出甚大之结果,且能使有机物适于自己之用,其道在聚集自然发现之轻微而有用之变异,惟在自然淘汰,则其作用永不止息,其权力较之人类之弱小效力,优尚几不可量度。因自然之工,固大于人为之力"(1920:86)。由此,马君武如实呈现了达尔文的观点,支持人为选择即"人力淘汰"的方向性和"自然淘汰"的普遍性。

此外,"自然淘汰"这一译名中"自然"一词的分量也不可忽视。在中国的传统思想中,"有生死有命、富贵在天的宿命论,有以为神灵时刻都在监督指挥人类一切行动的神权论,有主张时代兴衰周而复始、否极泰来的循环论"(宋菁、徐惟诚,2021:21)。一般来说,传统变易观强调两个要义,一是生生不息而恒动不居的变易,二是周而复始且始终重合的循环,而后者更常为人强调。但作者并未在传统意义上使用"自然"这个春秋时期即已出现的词汇,而是指出其所谓"自然"中包含"普遍规律"的含义:"自然一字颇难求,人以实之惟予所谓自然者,乃指许多自然定律之聚合作合,及其产物而所谓定律者。乃吾侪所确定诸事件之结果稍熟习之后,此等表面上之反驳自将止息尔。"(1920:107)

3.3 "自然淘汰"的传播普及

鉴于该词属于双音节偏正短语,不符合古汉语词汇构成规则,因而在古代并无使用,北大汉语语料库(CCL)的检索结果也证实了这一点。纵观全书,"自然淘汰"一词使用频率多达42次。在该词创制之时,晚清民国期间各大报刊中该词的使用频率增至40次之多。其中潘光旦于1929年汇编及翻译的埃尔斯沃思·亨廷顿(Ellsworth Huntington)所著的《种族的品性》(The Character of Races)中述及中华民族的篇章和段落,于1929年以《自然淘汰与中华民族性》为题名加以出版,使该词的影响力得以进一步扩大。然而,该词的使用也经历了盛极而衰的过程,现今的使用频率显著降低。该词未能流传下来固然有其历史原因,但其时代价值也无法否认。

4 "自然选择":"Natural Selection"概念译名定型

"天择"译名的固化和"自然淘汰"译名的衰落,对其成因有多种不同的理解。虽然促成这一改动的行为主体、行为过程及行为动因存在差异,但改动方向相同,均指向"自然选择"这一译法。

4.1 新中国成立后科学名词及术语审定

清末民初西学东渐过程中,大量西方书籍经译介传入中国。其中许多名词均为首次引入中国语境,因此为其拟定中文译名的迫切任务便由译者承担下来。不同译者间沟通不畅致使同一概念往往存在多个译名,译名不统一的现象十分突出。鉴于此,从清末至民初,先后由官方成立了科学名词编订处、大学院译名统一委员会、国立编译馆等机构,负责科学概念的术语编译和审查工作,但由于其时并未采取有力措施推广核定后的译名,因而统一译名的努力收效甚微(温昌斌,2011)。

新中国成立后,中国科学院编译局于1950年接管国立编译馆,并于同年成立学术名词统一工作委员会。此时,"Natural Selection"的译名最终确定为"自然选择"。此后全国科学技术名词审定委员会的成立,标志着我国术语译名规范化工作步入正轨。官方机构对译名的确认,有助于日后学科知识的扩充和学科体系的建立。译名统一的意义还在于，如今科技发展日新月异，术语规范关乎科学共同体的学术交流，也关乎社会生活中的日常语言使用（李宇明，2017）。

4.2 新中国成立后《物种起源》新译本出版

1954年达尔文关于物种起源的原著问世近一个世纪之后，周建人、叶笃庄和方宗熙以《物种起源》的第六版为母本合译的白话文中文译本由三联书店出版。其中的"Natural Selection"已改译为"自然选择"（达尔文，1997）。其中既可见译名统一工作的痕迹，亦体现译者群体经协商后达成对该概念的一致认识。该书版权由三联书店转给商务印书馆后，于1963年重印一次，1981年后又多次重印，适逢国内学习进化论的高潮时期，极大地促进了"自然选择"概念的普及。此时，随着社会历史背景的巨大变化，"自然选择"概念逐渐回归了其本来含义，其接受程度也得以提升。

5 余论

"Natural Selection"概念的译介和传播，参与了中国现代化的构建，是翻译与社会、概念与历史间互动的体现。通过观察其汉语译名的演变、接受及使用情况，可以发现译者个体和官方机构以不同方式为异域概念定名，从而赋予其得以延续下来的生命活力和承担的社会文化功能。

译者个体创制的译名是译者主体性的充分体现。事实上，虽然当时严复、马君武等知识精英融通中国传统思想和西方与进化论理论旨向殊异的学派来理解进化论，一定程度上违背了原著本意，但是因其契合社会对思想转变的需求，展现出明显的救亡图存及现代建设的意图，从而逐渐由科学概念演变为社会概念，在精英与百姓间均广为接受，显示出其广泛的社会影响。"天择"和"自然淘汰"概念创制后，不仅为介绍进化论的报刊和专著广泛使用，提到"Natural Selection"必称"天择"，遇见"Selection"必言"淘汰"；而且梁启超也在"物竞天择"的基础上阐发了"适者生存"的概念，宣扬社会进化论。相比而言，官方机构审定的译名常通过权力话语的方式将译名经典化，且专家参与的审定过程确保了译名的准确性和客观性。此过程产生的译名已在《物种起源》《进化与伦理》等学术名著重译中得到尤为明显的体现。

本文通过对"Natural Selection"概念译名史的梳理，说明了生物学领域概念译名的发生和发展机制。本研究表明译名定夺不仅反映了社会认识在概念层面渐趋深化的过程，亦揭示了概念译介对社会思想转变的推动作用。

参考文献

[1] 达尔文.物种原始[M].马君武,译.北京:中华书局,1920.
[2] 达尔文.物种起源[M].叶笃庄,周建人,方宗熙,译.北京:商务印书馆,1997.
[3] 董起帆.严复天演思想中"天"观念的祛魅与返魅[J].哲学分析,2020(5):89-100.
[4] 方维规.什么是概念史[M].北京:生活·读书·新知三联店,2020.
[5] 赫胥黎.天演论[M].严复,译.北京:中华书局,1898.
[6] 胡开宝.数字人文视域下现代中国翻译概念史研究:议题、路径与意义[J].中国外语,2021(1):10-11.
[7] 黄鑫宇,魏向清.认知术语学视角下中华思想文化核心术语翻译的概念建构模型:以"天"相关术语为例[J].中国翻译,2020(5):88-97.
[8] 蓝红军,彭莹.翻译概念史研究的价值与面向[J].外语教学理论与实践,2022(2):130-140.
[9] 李宇明.术语规范与术语立法[J].中国科技术语,2017(1):5-6.
[10] 刘瑾玉.一项概念史角度的考察:economy 汉译名与中国古代经济词汇的对接[J].东方翻译,2019(1):12-21.
[11] 刘梁剑.翻译—阐发与严复造天演论:中国现代思想生成的一个面向[J].哲学分析,2019(5):53-65.
[12] 沈国威.新语往还:中日近代语言交涉史[M].北京:社会科学文献出版社,2020.
[13] 斯宾塞.群学肄言[M].严复,译.北京:商务印书馆,1903.
[14] 宋菁,徐惟诚.近代翻译对中国现代性的建构:从马君武翻译序跋谈起[J].文化与传播,2021(5):16-21.
[15] 宋晓煜,王广涛.状况的共有与分歧:近代中日社会科学翻译史比较研究[J].复旦学报(社会科学版),2021(6):99-108.
[16] 苏明鸣.《物种起源》在中国的译介研究[J].江南大学学报(人文社会科学版),2016(1):106-111.
[17] 陶李春,朱希伟.社科术语翻译的适选机制研究:以严复的翻译实践为例[J].南京邮电大学学报(社会科学版),2020(5):80-89.
[18] 王家根.《天演论》译名的生态述评与思考[J].上海翻译,2020(3):90-94.
[19] 王剑.概念史视野对翻译史研究的启示[J].东方翻译,2020(4):12-19.
[20] 温昌斌.民国科技译名统一工作实践与理论[M].北京:商务印书馆,2011.
[21] 徐春.儒家"天人合一"自然伦理的现代转化[J].中国人民大学学报,2014(1):41-47.
[22] 张必胜."质数"译名的历史探源与意义分析[J].上海翻译,2022(4):78-83.
[23] 朱晶.论民国时期科学理想与社会诉求的建构:以进化论的传播为例[J].上海交通大学学报(哲学社会科学版),2019(3):92-103.
[24] 朱一凡,秦洪武.Individualism:一个西方概念在中国的译介与重构:一项基于语料库的研究[J].中国翻译,2018(3):34-43.

文学经典复译研究
——以《少年维特之烦恼》两译本为例

华东师范大学　袁宁卉[*]

摘　要:本文以《少年维特之烦恼》两译本为例,探讨译本间的差异、造成差异的内外部原因和译本之间的关联性。通过比较文本的语言特征、文体风格、文本内容和成书形式,总结译者主体和外界环境因素对译本的影响。前译珠玉在前,复译承继其题名及人名,并对前译的漏译、误译等问题进行了修正。文学经典作品因其阐释的个体化特征无法得到定本,在不同的时代都被期待复译的来临,以满足读者阅读需求。

关键词:文学经典;复译;《少年维特之烦恼》;郭沫若;杨武能

1　《少年维特之烦恼》成书与汉译

当论及德语经典文学作品时,歌德所著小说《少年维特之烦恼》(*Die Leiden des jungen Werther*)(后文简称《维特》)无疑位列其中。作为"狂飙突进"运动代表作之一,《维特》一书不但在德国和欧洲社会掀起一股"维特热",更是远涉重洋,在中国引起了大众的强烈反响。《维特》于1774年在德出版,是歌德根据自身和朋友经历创作的作品,歌德正是借维特之口,表明自己的感情和心迹。他与艾克曼在谈话中提到,"使我感到切肤之痛的、迫使我进行创作的、导致产生《维特》的那种心情,毋宁是一些直接关系到个人的情况。原来我曾生活过,恋爱

---

[*] 作者简介:袁宁卉,华东师范大学硕士研究生,研究方向为中德翻译研究和比较文学,电子邮箱:yuanninghui@yeah.net。

过,苦痛过,关键就在这里"(艾克曼,2018:22)。

《维特》是德国文学史上第一部具有世界影响的小说(余匡复,1991:141),其出版时值德国从封建制度向资本主义过渡的时代。作为"狂飙突进"运动的代表作,《维特》描绘了主人公细腻、热烈的情感和与不合世俗的人物形象,具有浓烈的"回归自然"的特点,也深刻揭露了社会的现实等级差异,激发了正在崛起中的市民阶级的强烈共鸣。勃兰兑斯如此评价《维特》:"它表现的不仅是一个人孤立的感情和痛苦,而是整个时代的感情、憧憬和痛苦。"(勃兰兑斯,1980:22)因此,《维特》中充沛的情感和青春的激情打动了世界各地的无数读者,中国读者也不例外。

《维特》最早的汉译本出自郭沫若,于1922年由上海泰东图书局出版,题名为《少年维特之烦恼》。此时的中国青年仍处在五四运动的余热影响下,郭译本一经推出,便广受好评,"到1924年8月,已印至第8版"(卫茂平,2004:85)。短诗"青年男子谁个不善钟情?妙龄女人谁个不善怀春"切合了青年心中对自由的向往和对封建礼教的反叛,得到口口传颂。《维特》得到多次重印,直到抗日战争爆发前,泰东、联合、现代和创造社四家书店先后再版重印,共达37版之多(陈甜、徐晓梅,2020:13)。

郭沫若是现代著名作家、诗人和历史学家,1892年出生于四川乐山市,1914年赴日本医学系留学,在此期间学习了德文,开始了文学翻译之路。《维特》也是他最早翻译的德语小说作品,此书与他所处时代背景和他的个人思想十分贴合,"开启了郭沫若崭新的创作理念,催生了中国读者现代化的转变,加速了五四新文化运动世界化的步伐"(张勇,2019:74)。除《维特》外,他还翻译过《茵梦湖》《浮士德》等多部德语作品。

郭译本推出后,又出现了黄鲁不、罗牧等译本。此时的译者德语水平有限,其中一些译本为节译本或从英语转译而来。新中国成立后,侯俊吉、杨武能、卫茂平等译者先后重译《维特》,直至今日,这部作品仍得到重译和再版。其中杨武能1981年出版的《少年维特的烦恼》是改革开放后的首译,其传播范围之广、印数之众不亚于初译时"维特热"的盛况。截至2008年,"印数超过了150万册"(孔令翠,2008:3)。

翻译家杨武能1938年生于重庆,就读于南京大学德语文学专业,1978年于中国社会科学院外国文学研究所,师从冯至先生专攻歌德研究,曾先后获得"国家功勋奖章"、洪堡奖金和"德国金质奖章"。2018年11月,他又获得了中国翻译界的个人最高荣誉——"翻译文化终身成就奖"。

本文选择郭沫若译本与杨武能译本作为分析对象,一方面因为这两部译本影响深远，初译开启了汉译先河，具有重大历史价值，复译则满足时代的需求，得到广大读者接受和认同，得到多次重印与再版；另一方面，两译本所处社会时代不同，在语言和文化背景上都有各自代表性特点，也反映在译本的内容与风格中，因此值得对其进行探讨研究。

2 《少年维特之烦恼》译本对比

2.1 语言与文体

两部译本整体语言大有出入：郭译本文言和白话交杂，与古文有相似助词结构，用词也多有古语出处，符合所处时代转变下的语言特点。杨译本则以现代汉语写成，不似文言用词的古旧，但为了符合原文的时代风格，他有意采用四字词语，使行文简练明了的同时增加古雅色彩，尽量避免使用现代流行的口头语，而尽可能使用那种经过锤炼的文学语言和较高层次的（如知识分子中通行的）口语（杨武能，1985：9）。

例1：Der Garten ist einfach, und man fühlt gleich bei dem Eintritte, daß nicht ein wissenschaftlicher Gärtner, sondern ein fühlendes Herz den Plan gezeichnet, das seiner selbst hier genießen wollte. (Goethe 6)

郭译：园之结构单纯，一入园门即可知非专门园艺家所擘画，乃成诸素心人之手，欲于此以自行娱乐者。（歌德，郭沫若译8）

杨译：花园布局单纯，一进门便可感觉出绘制蓝图的并非某位高明的园艺家，而是一颗渴望独享幽寂的敏感的心。（歌德，杨武能译4）

这段话中，郭译本有浓厚的文言色彩，行文似乎出自中国文人笔下的山水游记，词约义丰，以较少的文字表达复杂的内涵，其中的"擘画""成诸"有明显古体特征。而原文的定语后置句，杨译本按照汉语习惯将其前置，保持原文自然流畅的语言，现代汉语特征明显。

在文体风格层面，两位译者都尽量使译文贴近读者，可算作"归化"的翻译策略。郭沫若曾言："译诗于直译、意译之外，还有一种风韵译。字面、意义、风韵三者均能兼顾，自是上乘。"（郭沫若，1922b：28）杨武能也阐释过自己的翻译选择："《维特》这样的诗一般的散文，也必须是节奏优美、音韵和谐的。"（杨武能，1985：10）但在某些具体翻译中，郭译本采用了直译的方法，杨译本则更倾向用汉语的俗语和成语表达。如"spanischeDörfer",直译即为"西班牙的村落",是德语中的一个比喻,形容完全无法理解。郭译本中采用了字对字直译的方法,在后文注释中进行补充说明了其奇特难于了解之意。杨译本则用了中国成语"对牛弹琴",并未特意说明。

2.2 内容与成书形式

译者在进行翻译时,也会由个人对文本的不同理解得到不同的翻译结果。整体上,二人翻译都再现了原文文本内容,仅在语言使用风格上有所差异。但在某些文本中,郭译偶有理解的偏误。

例2: Im Gehen gab sie Sophien, der ältesten Schwester nach ihr, einem Mädchen von ungefähr elf Jahren, den Auftrag, wohl auf die Kinder acht zu haben und den Papa zugrüßen, wenn er vom Spazierritte nach Hause käme. (Goethe 23)

郭译:临行还嘱咐她最长的一个妹子,有十一岁光景的,素菲,教她好好看护弟妹,等爷爷散步回来时,问候。(歌德,郭沫若译25)

杨译:临走,她又嘱咐她的大妹妹索菲——一个约莫十一岁的小姑娘,好好照看弟妹,并在爸爸骑马出去散心回来时向他问安。(歌德,杨武能译19)

在此文中,存在两处地方译者有不同的理解。"Papa"是德语中的"爸爸",多为儿童用语,且原文并未提到绿蒂和弟妹们的爷爷,因此郭译本有误译成分。"Spazierritte"是"spazieren"——"散步"及"Ritte"——"骑马"的合成词,郭译只翻译了前半部分"散步",杨译本的"骑马散心"则更为全面。

语言层面以外,两译本在成书结构上也有所差异。郭译本内容分别为译者引序、正文、附录中包含《春祭颂歌》和统一的文末注释;杨译本则是正文、译后记,注释为每页加脚注。二人都考虑到了读者的接受与知识背景,介绍了作品的主题和作者其人。但由于郭沫若是第一次引入此书,引序能使读者熟悉内容,激起读者的阅读兴趣;杨武能重译《维特》时,郭译本已经广为流行,读者对内容已有所涉猎,因此译后记既是对作品的分析,也是他复译过程的心得总结。

当涉及相关文化概念和人名翻译时,二人分别使用文末注和正文脚注。郭译本在文末单独注解,分别为原文每一节及附录《春祭颂歌》增加了注释,一共有56处;杨译本则在原文章节进行脚注,一共有37处,数量相对较少。二者都增补了目的语中缺失的源语文化信息,包括人物、民间故事、宗教传说等,便于读者补充知识,了解上下文的关联。

3 译本影响因素简述

3.1 译者主体性

　　作为文本阐释的中心,译者的理解与诠释对译本具有最重要的影响。译者主体性指译者在翻译活动中创造性地发挥自己的主体意识,在翻译策略和翻译方法上凸显译者的独特性(许钧、穆雷,2009:191)。除去翻译策略和方法的选择,在文本产生的选择、理解、诠释过程中都有译者主体的现身,贯穿于翻译活动的全过程。译者主体性不仅体现在译者对作品的理解、阐释和语言层面上的艺术再创造,也体现在对翻译文本的选择、文化目的、翻译策略和在译本序跋中对译作预期文化效应的操纵等方面(查明建、田雨,2003:22)。

　　"译者的选择涉及并作用于翻译过程的方方面面,也因而对译本的品质具有决定意义。"(刘云虹,2015:160)郭沫若在序引中交代了自己早有翻译打算:"这部《少年维特之烦恼》我存心移译已经四五年了。"(郭沫若,1922a:131)他决心翻译此书,是因为《维特》中隐含的思想与他相契合,既有主情主义,又有泛神论的色彩。此外,青年郭沫若积极参加政治活动,响应五四运动号召,而"狂飙突进"中的《维特》感情饱满激昂,同样有反抗封建礼教的内容。因此"'维特'已经不仅仅是单纯外国文学形象的输入和介绍,更是郭沫若开始有意识参与五四新文化运动的重要标志"(张勇,2019:79)。

　　杨武能在选择翻译文本时,也有个人的考量:"我几乎是只译有恒久价值的和我喜爱的文学经典。"(熊辉,2014:47)他也在访谈中提到:"随着时代的发展变化,郭译本的语言已经变得陈旧过时,不再为现代的读者特别是青年读者所接受。"(李小青,2020:3)而他希望为今日的广大读者,特别是青年提供读本,因此在翻译过程中尤其考虑了读者的接受。

　　译者的译文基于其对原作理解,是十分复杂的,还会受到他本身所处的时代和民族文化传统乃至个人经历、修养、性格的影响(杨武能,1987:5)。郭沫若是四川乐山人,又有日本留学经历,因此他的译文中有方言和日语的印迹,例如将"Ellenbogen"——"胳膊肘"翻译成"手拐",将"讨饭"译为"讨过口",两者均是四川方言;"同 B 大佐谈话,大佐才来","大佐"是日军的军衔,原文只表示军政府成员,因此翻译无疑受到日本求学时环境和语言的影响;此外还有咸立强指出的"良人""找交""些子""拆白",都有译者主体的某些特点(2019:62)。杨武能是重庆人,其译文中方言语汇相对较少,有一处是将"die Scharre des Breis"——"残余的粥"译为"粥脚子",具有方言特色,也体现了译者主体性特点。此外,他既是文学翻译家,又是德语文学研究学者与作家,对德语语言有精湛的理解和掌握,因此其译文内容准确而流畅。

前文分析了文本中译者采用的具体策略,这与二人的翻译理念联系紧密。在郭沫若看来,好的文学翻译作品,无论是采用直译还是意译,都应该再现原作风格,不损坏原作格调(傅勇林等,2009:43)。因此,在遣词造句进行翻译的过程中,他都潜心思索,既再现原文的内容情节,也尽量使译文流畅贴切。同样,杨武能也强调翻译作品应具有文学性,甚至被视作翻译文学,追求有文学味的美文,尽量贴近原著中的文学品质和因素。他在文学翻译过程中,从选材、风格的把握,乃至词语的选用,经常考虑的都是读者的接受(莫光华,2007:50)。

3.2　时代背景

伽达默尔(Hans-Georg Gadamer)在《真理与方法》(*Wahrheit und Methode*)一书中提出了阐释学的三大哲学理论原则。理解者和理解对象都是历史的存在,文本的意义和理解者一起处于不断形成过程之中的过程,称为"效果历史"。在不同的时代,文学作品的复译都是在当前时代语境下对文本的理解,需要结合具体历史背景进行探讨。

郭沫若翻译的《维特》诞生于五四运动之际,五四运动是一场以青年学生为主,广大市民群众、工商阶层人士共同参与的反帝反封建的爱国运动。而原作正体现了主人公对阶层制度的不满与反抗,对自由和个人追求完全发展的期望,因此确切该作品满足了时代的要求,得到读者认同。

例3:Wie er meine allzu große Empfindlichkeit zurechtweiset, wie er meineüberspannten Ideen von Wirksamkeit, von Einfluß auf andere, von Durchdringen in Geschäften als jugendlichen guten Mut zwarehrt. (Goethe 79)

郭译:教我凡我所有的活动精神,想对于别人的感化心,想对于事业的贯彻热,是青年的气概。(歌德,郭沫若译79)

杨译:他说,我对办事效率、对影响他人、对干预政务等等问题的想法,固然表现了年轻人的朝气。(歌德,杨武能译64)

此例中，原文陈述了维特工作期间的想法态度，较为中性客观，而郭译本的"活动精神""事业""贯彻热"等用词，都是五四运动下活动者们倡导和疾呼其主张的用词，具有浓烈的情感态度，因此体现了时代背景对译者译文的影响。

郭沫若翻译的《维特》由创造社与泰东图书局合作发行，其出版商赵南公眼光敏锐，他看到了《维特》出版的商业市场价值，推动了郭译本的出版。"其出版行为适应了市场经济的运行规律，使《维特》一度成为供不应求的商品。"（刘香，2001:49）因此译文符合时代与市场的规律，受到广大读者欢迎。

杨武能的译本则在1981年出版，此时国家实行改革开放政策，开始了对西方学术著作和文艺作品的大量翻译，这也是中国翻译史上迄今为止的第五次高潮（陈甜、徐晓梅，2020:14）。他曾自述："最初提出重译，并非一时狂妄冲动，实在是因为当时（20世纪80年代，改革开放初期）社会氛围解冻，读者对德语文学一方面渴求，另一方面又存在很多隔膜，因而让我有了这个想法。"（杨武能、张意，2020:25）

例4：wie einer, der sich durch Gesetze und Wohlstand modeln läßt, nie ein unerträglicher Nachbar, nie ein merkwürdiger Bösewicht werden kann.（Goethe 15）

郭译：犹如循规蹈矩的人不至成为市井无赖和十恶不善者的一样。（歌德，郭沫若译16）

杨译：就像一个奉法惟谨的小康市民，决不至于成为一个讨厌的邻居或者大恶棍。（歌德，杨武能译11）

原文中的"sich durch Gesetze und Wohlstand modeln läßt"意为"以法律和富裕生活塑造自己"，杨武能将对象译为"小康市民"，"小康"出自《礼记》，原指生活安定，而直到1979年，邓小平在规划中国社会发展蓝图时才提出小康社会这一经济概念。因此，杨译本体现了译文的产生受到时代发展和国家政策变化的潜移默化的影响。

杨武能进行翻译时，人民文学出版社的责任编辑绿原既对他严格要求，又给他具体指点和热情帮助（杨武能，1985:42）。在看过一万字的试译稿后，身为诗人的绿原对他的翻译提出了要求，因为原作是两百多年前的经典，重译时一定要在保持原著的格调上狠下功夫，要做到"化"（杨武能、张意，2020:25）。随后的两三个月，他埋头翻译，对语言进行多次修订删改，才臻于"化境"。由此可见，翻译结果也受到出版环境的影响，最终的译文是多方共同作用、通力合作的结果。

此外,如前文所述,两部译本的语言风格有较大差别:郭译本文白夹杂,因为二十世纪二十年代中国正处于语言转型时期,白话文运动开展得如火如荼,但并未广泛普及,因此译文采用的句式或词语还带有较浓厚的文言色彩。杨译本更通俗简练,是因为二十世纪八十年代的普通话已具有良好的白话文基础,且经过半个多世纪的演变,在语法、句法、词汇方面更趋成熟,融合了更多欧化表达方式和语法结构,给翻译更多空间(陆颖,2008:37)。

4 论复译与前译关系

自外国文学作品译入国内以来,关于复译是否"经济"和"必要"的讨论便不曾休止。就文本类型而言,告示、说明书等祈使性文本信息量较低,因此一旦翻译成功,较少有修改的必要,而文学作品作为表达性文本,将"人"置于理解的中心,表达主观的感情和思想,因而有较强的阐释空间。本雅明曾言:"在译文中,原作的生命获得了最新的、继续更新的和最完整的展开。"(2005:3)若说初译可以拓展一部文学作品流传的空间,复译则可延伸一部文学作品流传的时间(许钧,1994:2)。

鲁迅也曾叙述复译的必要性:"即使已有好译本,复译也还是必要的。"(2005:284)随着白话文的出现,现代汉语不断变化、发展、完善,直到三十年代才趋于定型。因此1922年的郭沫若译本与杨武能等人的改革开放后复译本已有显著的语言、时代差异,旧译不再符合读者的阅读需求,无法成为"定本"再现原作,不同时代的译者进行的复译活动将使原作生命得以延续与拓展,译作获得传承与丰富(陈嘉琨、刘云虹,2019:80)。

前译与复译并非水火不容、非此即彼的关系,而是"一种互补的关系,是一种继承与拓展的关系"(许钧,2007:67)。杨武能所译《少年维特的烦恼》就承袭了郭沫若译作中的主要人名、书名,他也谦虚承认从前辈的劳作中获得不少启示。德语书名原文为 *Die Leiden des jungen Werther*,须知汉语中的"少年"是指十岁到十五六岁,原文的"jung"实际对应中文的"青年",也符合书中人物行为举止的年龄段。但郭译"少年"为作品增添了年轻人对于爱情朦胧的渴盼色彩,其书出版多年以来,译名早已深入人心,因此在他之后,大多数译名都以"少年维特"为题,这已经约定俗成。类似的还有《浮士德》与《茵梦湖》等题名。

前译对复译文本有参考借鉴的作用;复译也能对前译进行补充和修正,使其在文体和内容上都适应新时代的发展。有价值的经典文学作品在各个时代都能带给读者启迪与审美的品鉴,其内涵信息能在不同受众心中激起各异的浪花,因此具有复译的必要。且译本对于原作的生命"馈赠"不可能一次性完成,只能在不断延续与更新的过程中趋向原作生命之真(刘云虹,2017:615)。

5 结语

于"狂飙突进"中诞生的《维特》在五四时期被引入中国,契合所处时代对文艺作品的要求,郭沫若的译本也随之成为经典作品;八十年代杨武能在改革开放背景下对其复译,使文本焕发了新的生命力。相较之下,郭译本语言文白夹杂,杨译本采用现代汉语表达;郭译本与杨译本都尽量将译文贴近读者,前者采用直译表达较多,后者采用成语、俗语较多,语言风格各异;两译本都再现原文内容,郭译本偶有误译、漏译现象,杨译本则对此有修正和改进;两部译本成书形式也略有差异,译者序和注释位置不同,体现出时代特点。

影响译本的因素可分为译者主体性和外界环境的影响:译者个人的翻译目的、经历和惯常风格都会导致不同的翻译结果;外部因素如时代背景差异、语言差异、出版环境差异也作用于译文的翻译过程和出版流通。郭译本与杨译本在多处都体现了译者个人和外界环境因素造成的翻译差异,因此具有系统研究的价值。从二人译本的差异可总结发现,经典作品文本信息阐述具有多样性,在不同时代都能获得读者的青睐,具有历久弥新的生命力,原作也因此不断呼唤复译文本的出现。在复译的不断延续和更新中,译文能够逐渐趋向原作的真实生命,向读者传递原作的本色。

参考文献

[1] 陈嘉琨,刘云虹.复译与文本新生命的生成:以《魔戒》汉译为例[J].外语教学,2019,40(3):80-85.

[2] 陈甜,徐晓梅.从效果历史角度谈重译的必要性:以《少年维特之烦恼》译本为例[J].海外英语(下),2020(5):13-14,21.

[3] 傅勇林,王维民,俞森林.郭沫若翻译标准管窥[J].外语与外语教学,2009(5):42-44.

[4] 勃兰兑斯.十九世纪文学主流(第一分册)[M].张道真,译.北京:人民文学出版社,1980.

[5] 歌德.少年维特之烦恼[M].郭沫若,译.北京:人民文学出版社,2007.

[6] 歌德.少年维特之烦恼[M].杨武能,译.北京:人民文学出版社,2014.

[7] 郭沫若.少年维特之烦恼序引[J].创造,1922a(1):131-137.

[8] 郭沫若.批判《意门湖》译本及其他[J].创造,1922b(9):28.

[9] 孔令翠."作为歌德译介者,我自视为郭老的传人!":杨武能教授访谈录[J].郭沫若学刊,2008(1):1-6.

[10] 李小青,杨武能.传承与超越:著名德语文学翻译家杨武能教授访谈录[J].外国语文,2020(2):1-5.

[11] 刘香.中国"维特热"与20年代文化市场[J].郭沫若学刊,2001(3):44-49.

[12] 刘云虹.翻译批评研究[M].南京:南京大学出版社,2015.

[13] 刘云虹.试论文学翻译的生成性[J].外语教学与研究,2017(4):608-618.

[14] 鲁迅.鲁迅全集(第6卷)[M].北京:人民文学出版社,2005.

[15] 陆颖.历史、社会与文化语境中的复译:Gone with the Wind 中译研究(1940—1990 年)[J].同济大学学报(社会科学版),2008(4):84-92.

[16] 莫光华.文学翻译家中的思想者:德语文学翻译家杨武能教授访谈[J].中国翻译,2007,28(3):49-52.

[17] 卫茂平.歌德《维特》民国时期汉译考:兼论其书名汉译同浪漫主义的关系[J].四川外语学院学报,2004,20(2):84-88.

[18] 咸立强.译者主体性视野里的郭译《少年维特之烦恼》[J].郭沫若学刊,2019(1):59-66.

[19] 本雅明.译者的任务[M]//陈永国.翻译与后现代性.北京:中国人民大学出版社,2005.

[20] 熊辉.成功路上,他始终不忘感恩:德语文学翻译家杨武能教授访谈录[J].东方翻译,2014(5):45-51.

[21] 许钧.生命之"轻"与翻译之"重"[M].北京:文化艺术出版社,2007.

[22] 许钧.重复·超越:名著复译现象剖析[J].中国翻译,1994(3):4-7.

[23] 许钧,穆雷.翻译学概论[M].南京:译林出版社,2009.

[24] 杨武能.我译《维特》[J].中国翻译,1985(10):8-10,42.

[25] 杨武能.阐释、接受与再创造的循环:文学翻译断想[J].中国翻译,1987(6):3-6.

[26] 杨武能,张意."却顾所来径,苍苍横翠微":杨武能教授文学翻译六十载的访谈录[J].中外文化与文论,2020(2):22-29.

[27] 余匡复.德国文学史[M].上海:上海外语教育出版社,1991.

[28] 艾克曼.歌德谈话录[M].朱光潜,译.北京:外语教学与研究出版社,2018.

[29] 查明建,田雨.论译者主体性:从译者文化地位的边缘化谈起[J].中国翻译,2003(1):21-26.

[30] 张勇.郭沫若所译"维特"形象在中国的传播与接受[J].中国翻译,2019,40(3):75-85,189.

[31] GOETHE J W V. Die Leiden des jungen Werther[M]. Ditzingen:Reclam, 2000.